Harvey / Penzo
Hilfe! Mein Kind rastet aus

Pat Harvey ist seit über 30 Jahren als klinische Sozialarbeiterin tätig. Sie betreut Familien und Menschen mit ernsthaften emotionalen Störungen. Als Expertin auf dem Gebiet der Dialektischen Verhaltenstherapie unterstützt sie Eltern, die ein Kind mit emotionaler Fehlregulation haben. Sie lebt und arbeitet in Rockville, Maryland, USA.

Jeanine A. Penzo arbeitete als Lehrerin, wandte sich dann aber der Dialektischen Verhaltenstherapie zu. Heute ist sie klinische Sozialarbeiterin und hat drei Kinder – eins davon mit emotionaler Fehlregulation.

Danksagung

Für Danielle,
die uns als Freundinnen und Kolleginnen zusammengebracht hat. Deine Beharrlichkeit gegenüber den Herausforderungen des Lebens ist uns allen eine Inspiration.
– JP und PH

Für alle Eltern, die mir ihre Geschichten anvertraut haben: Euer Mut, eure Erkenntnisse und eure Lernbereitschaft lehrten mich mehr, als ihr euch vorstellen könnt.
– PH

Pat Harvey
Jeanine A. Penzo

Hilfe! Mein Kind rastet aus

Ihr Notfallplan bei extremem kindlichen Verhalten

Aus dem Englischen übersetzt von Christine Sadler

TRIAS

Liebe Leserinnen, liebe Leser,

da Sie dieses Buch zur Hand genommen haben, fragen Sie sich vielleicht, ob Ihr Kind intensive Emotionen hat. Schreit Ihr Kind im Supermarkt, weil es etwas nicht haben darf? Weint es ständig, während alle anderen Kinder anscheinend gut gelaunt sind? Sieht Ihr Kind Sie zornig an, wenn Sie ihm sagen, es dürfe etwas nicht tun? Bekommt es einen Wutanfall, wenn Sie es einfach nur bitten, sich fürs Bett fertig zu machen? Sind die Hausaufgaben ein Albtraum? Fürchten Sie sich davor, zu Ihrem Kind »Nein« zu sagen?

Falls Sie irgendeine dieser Fragen mit Ja beantwortet haben, ist dieses Buch das richtige für Sie. Mögen sich die in den Fragen erwähnten Verhaltensweisen auch unterscheiden, sind sie doch alle ein Anzeichen dafür, dass ein Kind in gewissem Maße an der sogenannten emotionalen Dysregulation leidet. Ein Kind, das emotional dysreguliert ist, reagiert intensiv und unmittelbar auf Situationen oder Umstände, auf die andere möglicherweise gar nicht reagieren, und hat Schwierigkeiten, sich selbst zu regulieren. Man könnte sagen, dieses Kind ist binnen Sekunden von null auf hundert. Solche Verhaltensweisen sind die Antworten Ihres Kindes auf Emotionen, mit denen es anders nicht umgehen kann.

Marsha Linehan entwickelte die Dialektisch-Behaviorale Therapie (DBT), um Menschen zu helfen, die Schwierigkeiten mit ihren Emotionen und den daraus entstehenden Verhaltensweisen haben.[1] Bei der DBT erlernen Patienten neue, effektivere Verhaltensweisen, die problematische oder gar gefährliche ersetzen sollen. Ein weiterer Schwerpunkt liegt auf dem Erlernen dialektischen Denkens, um zu akzeptieren, dass unterschiedliche, widersprüchlich erscheinende Sichtweisen wahr sein können. Die Maßnahmen, die wir im gesamten Buch besprechen werden, helfen Menschen bei einem wirksameren Umgang mit ihrer Denk-, Fühl- und Verhaltensweise.

Im Jahr 2001 begann ich (Pat Harvey), den Eltern von Jugendlichen und jungen Erwachsenen, die in DBT-Wohngruppen in Massachusetts lebten, die DBT nahezubringen. Mein Ziel war, die klinische Behandlung der jungen Menschen dadurch zu verbessern, dass ich ihren Eltern dieselben DBT-Fertigkeiten vermittelte, die sie selbst in dem Programm erwarben. Dort traf ich auf meine Co-Autorin, Jeanine. Als Mutter eines Kindes mit emotionaler Dysregulation zeigte sie mir, wie hilfreich diese Fertigkeiten für Eltern sein konnten. Während ich Jeanine die DBT-Fertigkeiten beibrachte, brachte sie mir bei, sensibel für die Geschichten der Eltern zu sein, deren Leben von der intensiven Emotionalität ihres Kindes beherrscht wird. Ich erfuhr vieles über die überwältigenden Emotionen, die Eltern empfinden, wenn ihre Kinder an emotionaler Dysregulation leiden – Emotionen, die von anderen häufig ignoriert oder abgetan werden. Als die Eltern Wege kennenlernten, ihren Kindern zu helfen, wurde klar, dass diese Fertigkeiten ihnen auch in anderen Bereichen ihres Lebens halfen.

Eltern von Kindern, deren Verhalten häufig außer Kontrolle gerät, erzählen mir von ihren Schwierigkeiten, wirkungsvolle Beratung und Hilfe zu erhalten. Jeder scheint einen Rat auf Lager zu haben, und oft unterscheiden sich die Ratschläge oder widersprechen einander. So wird ihnen vielleicht gesagt: »Keine Angst, das ist nur eine Phase« oder »Sei nicht so streng mit deinem Kind« – oder genau das Gegenteil: »Dein Kind braucht mehr Disziplin.« Eltern, die nach Orientierung, Anleitung und praktischen Ratschlägen suchen, fühlen sich weiterhin überfordert. Mit Wut, Traurigkeit und manchmal auch Schuldgefühlen berichten diese Eltern außerdem davon, dass sie von Angehörigen, Schulpersonal und manchen Psychologen für die Verhaltensweisen ihrer Kinder verantwortlich gemacht werden. Ich hoffe, dass dieses Buch Ihnen die Gefühle, die Sie bislang nicht mit anderen teilen konnten, verdeutlicht, deren Berechtigung bestätigt und Ihnen zeigt: Sie sind nicht alleine.

In diesem Buch geht es nicht um Schuld oder Fehler. Es geht um Lernen, Veränderung und Hoffnung. Wir zeigen Ihnen, dass Sie und Ihr Kind lernen können, Dinge anders zu machen. Dies wird nicht leicht sein und es wird Geduld und Beharrlichkeit erfordern. Mit Einsicht, Bewusstsein und neuen Strategien und Techniken können ineffektive und fehlangepasste Verhaltensweisen durch neue, effektivere und angepasste ersetzt werden. Die sich im Laufe der Zeit eingeschlichenen Muster können durch ruhigere und positivere Interaktionen ersetzt werden.

»Hilfe, mein Kind rastet aus« richtet sich auch an all die Eltern, die mir gesagt haben: »Ich wünschte, ich hätte diese Fertigkeiten besessen, als mein Kind jünger war.« Zwar ist das Buch für Eltern von Kindern im Alter von fünf bis zwölf Jahren konzipiert, doch habe ich über die Jahre festgestellt, dass die hierin aufgeführten Fertigkeiten und Anleitungen Eltern unabhängig vom Alter ihres Kindes helfen. Viele der Fragen, die mir Eltern von Kindern jeglichen Alters stellen, werden in den folgenden Kapiteln beantwortet. Die Methoden sind unabhängig davon wirksam, ob das betroffene Kind offiziell eine DBT bzw. eine andere Form der Behandlung durchläuft, und auch nützlich für

Lehrer und andere Personen, die mit den Kindern und Eltern arbeiten. Seit ich mit der Vermittlung der DBT-Fertigkeiten begonnen habe, berichten mir Eltern, die Fertigkeiten würden ihnen helfen, Kinder zu verstehen, zu akzeptieren und zu beruhigen, deren Verhaltensweisen zuvor unkontrollierbar erschienen. Ganz gleich, ob Ihr Kind regelmäßige Ausbrüche hat, sich aggressiv verhält, sich zurückzieht oder bei ihm eine emotionale Störung diagnostiziert worden ist – diese Fertigkeiten werden Ihnen weiterhelfen.

Beim Lesen dieses Buches werden Sie etwas über die Dialektik von Akzeptanz und Veränderung lernen, die Linehan als eines der Kernprinzipien der Dialektisch-Behavioralen Therapie bezeichnete.[2] In Bezug auf die Erziehung bedeutet dies, dass Sie – und Ihr Kind – Ihr Bestes geben (und gegeben haben) und dass Sie beide neue Fertigkeiten erwerben können, um noch besser zu werden. Sie werden sehen, dass dieses Verständnis Ihnen helfen wird, Ihr Kind so zu akzeptieren, wie es ist, und es gleichzeitig darin zu unterstützen, an der Verbesserung jener Verhaltensweisen zu arbeiten, die für das Kind und für Sie eine Herausforderung darstellen. Sie werden nicht nur zu Annahmen (oder Aussagen) gelangen, die Ihnen helfen, Ihr Kind besser zu akzeptieren; Sie werden zudem lernen, mithilfe dieser Annahmen auch sich selbst besser zu akzeptieren und weniger zu bewerten. Vielleicht werden Sie sich wünschen, Sie hätten Dinge anders gemacht. Es wird Tage geben, an denen Sie nicht in der Lage sind, die Fertigkeiten aus diesem Buch anzuwenden, oder schlichtweg gar nicht daran denken. In solchen Momenten ist es für Sie als Mutter oder Vater wichtig, Ihre negativen Urteile und Schuldgefühle loszulassen. Wir ermuntern Sie dazu, sich selbst und Ihre Handlungen zu akzeptieren, indem Sie sich sagen: »Ich habe mein Bestes getan. Ich gebe mein Bestes.« Wenn Sie dieses Buch lesen, versuchen Sie Ihrem Kind zu helfen und bemühen sich zudem, auch selbst an sich zu arbeiten. Das erfordert Stärke und Mut. Sie können stolz darauf sein, dass Sie diesen Wunsch verspüren.

Durch meine klinische und Jeanines persönliche Erfahrung wissen wir, dass das Leben mit einem Kind mit intensiven Emotionen Auswirkungen auf die gesamte Familie hat. Ich habe von Ehen gehört, die an Meinungsverschiedenheiten darüber zerbrochen sind, ob ein Kind mehr Disziplin braucht oder mehr Liebe. Ich habe Geschwister sagen hören, sie fühlten sich neben dem Kind, dessen Verhalten die Familie beherrscht, unsichtbar, nicht wahrgenommen. Ich habe zugehört, als Eltern beschrieben, wie es sich anfühlt, wenn Freunde, Verwandte und Fremde meinen zu wissen, wie man dem Kind mit intensiven Emotionen eine bessere Mutter oder ein besserer Vater wäre. Dieses Buch wird Ihnen Wege dafür aufzeigen, anderen zu antworten und mit Ihren eigenen Gefühlen umzugehen.

Das Buch ist das Ergebnis der Zusammenarbeit zwischen Jeanine und mir. Es vereint mein klinisches Verständnis dessen, was für die Eltern von Kindern mit intensiven Emotionen am hilfreichsten ist, mit Jeanines Erkenntnissen über die Achterbahn der Gefühle und Verhaltensweisen, welche die Eltern dieser Kinder erleben. Gemeinsam haben wir die Höhen und Tiefen in unserem Berufs- und Privatleben überstanden – indem wir die DBT-Fertigkeiten anwendeten, um mit Schwierigkeiten zurechtzukommen. Während wir Dilemmata und Bedürfnisse der Eltern und Kinder, deren Leben von intensiven Emotionen beherrscht wird, verstehen, lernen wir kontinuierlich weiter etwas über den Nutzen der DBT.

Die DBT-Fertigkeiten bilden heute das Rückgrat von allem, was ich in meinem Beruf tue. Jeanine wiederum haben diese Fertigkeiten geholfen, ihr eigenes an emotionaler Dysregulation leidendes Kind besser zu unterstützen und gleichzeitig auch mit ihrem eigenen Leben voranzukommen. Während Jeanine die DBT-Fertigkeiten jetzt beruflich nutzt, indem sie sie bei ihrer Arbeit mit Soldaten mit Rückenmarksverletzung und deren Familien am VA Boston Healthcare System anwendet, stelle ich immer wieder fest, dass sie mein persönliches Leben bereichern, meine Beziehungen zu meinen eigenen Kindern, aber auch zu anderen Menschen. Uns beide hat es sehr bereichert, wir leben bewusster, wertschätzender und können besser akzeptieren, was ist. Wir hoffen, die in diesem Buch beschriebenen Fertigkeiten werden auch Ihnen auf Ihrem Weg helfen.

Wie Sie dieses Buch benutzen

Das vorliegende Buch besteht aus vier Teilen. Im ersten Teil (Kapitel 1, Seite 12, und 2, Seite 30) geht es um die Grundlagen sämtlicher im Nachfolgenden behandelten Fertigkeiten. Der zweite Teil (Kapitel 3, Seite 58, bis 5, Seite 86) konzentriert sich auf das Thema Emotionen und erklärt Schritt für Schritt spezielle Fertigkeiten, die Sie und Ihr Kind anwenden können, um mit störenden und besorgniserregenden Emotionen umzugehen. Der dritte Teil (Kapitel 6, Seite 98, bis 8, Seite 122) zeigt Ihnen, wie Sie mit ähnlichen Fertigkeiten das Auftreten von Verhaltensausbrüchen reduzieren und bereits eskaliertes Verhalten handhaben. Der vierte Teil (Kapitel 9, Seite 134, und 10, Seite 145) beschäftigt sich mit den emotionalen Bedürfnissen, die Sie selbst und andere Familienmitglieder haben. Nachdem Sie den ersten Teil gelesen haben, können Sie entweder der Reihe nach die verbleibenden Kapitel durchgehen oder die Abschnitte auswählen, die Ihnen am wichtigsten erscheinen. Falls Sie sich von der Fülle der Informationen erschlagen fühlen, können Sie aber auch direkt zu Kapitel 10 (Seite 145) vorrücken und lernen, wie Sie für sich selbst sorgen. Wir hoffen, dass Sie in diesem Buch die praktischen Ratschläge und Strategien finden, nach denen Sie gesucht haben.

Viele Fertigkeiten werden im gesamten Buch wiederholt. Wiederholung hilft beim Lernen. In der Dialektisch-Behavioralen Therapie (DBT) lernen Sie durch praktische Anwendung, und dieses Buch bietet eine Vielzahl von Übungen, Beispielen und Vorschlägen für den Einsatz der Fertigkeiten. Die Antworten zu den Fragen und Übungen schreiben Sie am besten in ein speziell zu diesem Zweck angelegtes Notizbuch oder in eine Computerdatei. Probieren Sie unterschiedliche DBT-Fertigkeiten aus und schauen Sie, was funktioniert. Haben Sie Geduld mit sich selbst und mit Ihrem Kind. Eltern berichten, dass man lange braucht, um diese Fertigkeiten zu verstehen und beständig anzuwenden; das ist auch unsere Erfahrung. Ich kann Ihnen jedoch versichern, dass sie wirklich helfen, wenn sie über einen längeren Zeitraum trainiert werden.

Pat Harvey

Sie, Ihr Kind und emotionale Intensität

Ein Kind mit extremen Emotionen ist eine Herausforderung. Wenn Sie verstehen, wie solche Emotionen entstehen, können Sie auch besser mit ihnen umgehen.

Die Gefühle Ihres Kindes

Äußert Ihr Kind seinen Unmut, indem es schmollt, jammert oder sich auf den Boden wirft? Wimmert es, wenn es sich verletzt hat, weint es kurz oder schreit es ewig?

Fordert es so unerbittlich und vehement, dass Sie versucht sind nachzugeben? Fragen Sie sich, warum Ihr Kind so emotional wirkt, warum es dazu neigt, so intensiv auf Situationen zu reagieren, die anderen Kindern egal sind, oder warum es so lange braucht, um über etwas hinwegzukommen?

Kinder, genau wie Erwachsene, haben Emotionen. Diese Emotionen sind echt und lassen sich nicht einfach abtun. Wie wir uns fühlen, hat Einfluss auf alles, was wir tun, auf die Art, wie wir es tun, und auf unser gesamtes Selbstempfinden. Deshalb ist das Verständnis der Emotionen von zentraler Bedeutung für das Verständnis der intensiven Verhaltensreaktionen Ihres Kindes, resultieren diese doch aus Emotionen, mit denen es nicht umgehen kann. Dieses Kapitel soll Ihnen helfen zu verstehen, was die Verhaltensweisen Ihres Kindes und Ihre eigenen Reaktionen auf Ihr Kind antreibt. Auf dieser Grundlage können Sie die im Buch behandelten Fertigkeiten in Ihrem Alltag und besonders in schwierigen Situationen anwenden, um Ihrem Kind beim Umgang mit seinen Emotionen und Verhaltensweisen zu helfen.

Primäre und sekundäre Emotionen

Jeder Mensch hat primäre und sekundäre Emotionen. Die primären Emotionen haben eine biologische Basis und sind automatisch da, während die sekundären Emotionen erzeugt werden, wenn wir auf unsere primären Emotionen reagieren.[3] Wir haben wenig Kontrolle über unsere primären Emotionen, aber ziemlich viel Kontrolle über die Entwicklung und Fortdauer unserer sekundären Emotionen. Sekundäre Emotionen dauern normalerweise länger an und verursachen mehr fehlangepasste Verhaltensreaktionen.

Primäre Emotionen finden statt
Primäre Emotionen (wie Angst) sind normalerweise fest verdrahtet. Sie sind unsere

ursprüngliche Reaktion auf Situationen, die uns berühren – oder die erste Emotion, die wir unter derartigen Umständen empfinden. Wir erleben sie physiologisch in unserem Körper. Normalerweise kommen und gehen diese Emotionen, so wie am Ufer auftreffende Wellen kommen und gehen.[4]

Lassen Sie uns zum besseren Verständnis die »Übung: Primäre Emotionen« betrachten. Darin wird eine Situation beschrieben, die eine solche Emotion bei Ihnen auslösen könnte.

Sekundäre Emotionen werden erzeugt

Fahren wir mit unserem Beispiel fort. In der Übung haben Sie einige der ursprünglichen oder primären Emotionen aufgelistet. Ihre primären Emotionen können Sorge, Angst oder Ärger gewesen sein, insbesondere wenn Ihr Kind in der Vergangenheit am Anzetteln von Streitigkeiten schuld gewesen ist. Als Sie das Büro der Schulleiterin betreten, erzählt diese Ihnen, Ihr Kind sei von einem anderen Kind geschlagen worden und nicht der Anstifter gewesen. Jetzt fangen Sie an, über Ihren anfänglichen Ärger und die voreilig gezogenen falschen Schlüsse nachzudenken. Diese Gedanken erzeugen die sekundäre Emotion des Schuldgefühls.

Sekundäre Emotionen sind Reaktionen auf Ihre primären Emotionen und resultieren aus Überzeugungen und Annahmen, die Sie Ihr gesamtes Leben hindurch begleitet haben. Hat es Ihren Eltern beispielsweise missfallen, wenn Sie als Kind wütend waren, empfinden Sie bei Wut möglicherweise weiterhin ein Schuldgefühl – insbesondere dann, wenn die Wut nicht durch die Handlungen einer anderen Person gerechtfertigt ist. Es ist möglich, als Reaktion auf eine

primäre Emotion mehrere sekundäre Emotionen zu erleben. Sie oder Ihr Kind können sogar so viele sekundäre Emotionen haben, dass Sie sich nicht mehr daran erinnern können, durch welche primäre Emotion sie eigentlich ausgelöst wurden.

Das Kontinuum der Kindheitsemotionen

Genau wie alle Kinder unterschiedlich aussehen, unterscheiden sich auch ihre emotionalen Reaktionen voneinander. Die Emotionen variieren in ihrer Intensität, in ihrer Dauer und in den durch sie motivierten Verhaltensreaktionen.

Manche Kinder vergießen viele Tränen wegen eines Vorfalls, der andere Kinder möglicherweise überhaupt nicht zum Weinen bringt. Einige Kinder lieben den Nervenkitzel und den Schrecken einer Achterbahnfahrt, während andere ängstlich sind und nur Karussells ausprobieren, die ihnen sicherer vorkommen. Manche Kinder scheinen sich leicht an Situationen anzupassen, andere hingegen tun sich mit Veränderungen schwer. Die meisten Kinder bewegen

---

Übung: Primäre Emotionen

Stellen Sie sich vor, man hätte Sie gerade gebeten, ins Büro der Schulleitung Ihres Kindes zu kommen. Sie wissen lediglich, dass Ihr Kind in eine Auseinandersetzung verwickelt gewesen ist. Hieran denken Sie, während Sie zur Schule fahren. Schreiben Sie in Ihrem Notizbuch die Gefühle auf, die Sie beim Fahren empfinden könnten.

sich irgendwo dazwischen. Unterschiedliche Situationen können bei ein und demselben Kind Reaktionen größerer oder geringerer Intensität hervorrufen; verschiedene Kinder können auf dieselbe Situation mit ungleicher emotionaler Intensität reagieren. Schauen Sie sich die nachfolgende Tabelle an und beachten Sie, wie unterschiedliche Kinder zunächst auf den Sturz von einem Fahrrad reagieren können (unter »Ursprüngliche Reaktion«).

Welche Annahmen können Sie aufgrund der Verhaltensweisen dieser Kinder treffen? Wie würden Sie jedes einzelne Kind nach den von Ihnen beobachteten Verhaltensweisen bewerten? Vermuten Sie, dass Kind A mutig ist oder keine Angst hat? Nehmen Sie an, dass Kind B ängstlich ist,

auch wenn es sich seiner Angst stellt, um seine Fahrradaktivität fortzusetzen? Würden Sie Kind C als »wütend« charakterisieren? Ist Kind D übermäßig abhängig, weil es auf Hilfe von jemandem wartet? Glauben Sie, dass Kind E mit seinem Unwillen, wieder auf das Rad zu steigen, verunsichert und stur ist? Was ist Ihre Reaktion auf eine jede dieser Verhaltensweisen? Schätzen Sie diese Kinder stark oder schwach ein?

Unsere Reaktionen auf das Verhalten von Kindern werden von Annahmen geprägt, die wir über ihre Verhaltensweisen treffen. Ihre Annahmen oder Urteile (die Art und Weise, wie Sie über Ihr Kind denken) haben Einfluss darauf, wie Sie zu Ihrem Kind stehen und auf Ihr Kind reagieren. Wenn Sie voreilig Schlüsse ziehen, verhalten Sie

Kontinuum der Emotionen und des Verhaltens

		Ursprüngliche Reaktion	Verzögerte Reaktion
weniger intensiv	Kind A	• Steht auf • Steigt wieder aufs Rad	• Spricht mit seinen Eltern über den Vorfall
	Kind B	• Steht auf, sieht sich um • Wimmert • Steigt wieder aufs Rad	• Erzählt Freunden und Familienmitgliedern, was passiert ist
	Kind C	• Steht auf • Tritt gegen sein Rad • Geht mit hängendem Kopf weg	• Spricht nicht darüber, was passiert ist • Schreit seine Eltern an
	Kind D	• Bleibt liegen • Weint • Wartet auf Hilfe • Steigt nicht wieder aufs Rad	• Lässt sich trösten und beruhigt sich • Spricht später darüber, was passiert ist
intensiver	Kind E	• Steht weinend auf • Läuft los und schreit nach Hilfe • Steigt nicht wieder aufs Rad	• Lässt sich nicht trösten • Weint weiter • Ist wütend auf seine Eltern und kann nicht erklären, warum

sich womöglich so, als sei etwas wahr, auch wenn es nicht unbedingt wahr ist. Beispielsweise nehmen manche Eltern an, das wimmernde und um sich schauende Kind suche nur nach Aufmerksamkeit und es gehe ihm gut, während es in Wirklichkeit verängstigt sein kann. Eltern, die vermuten, dass ihr Kind nach Aufmerksamkeit sucht, ignorieren unter Umständen sein tatsächliches Bedürfnis. Wir werden hierüber an späterer Stelle in diesem Kapitel sprechen, wenn es um die Verbindungen zwischen Gedanken, Gefühlen und Verhaltensweisen geht.

Ereignisse rufen bei Kindern manchmal eine verzögerte Verhaltensreaktion hervor. Die Eltern merken erst später, dass Ihrem Kind etwas widerfahren ist, wenn es sich in unerwarteter Weise verhält. Dieses Verhalten ist in der oben abgebildeten Tabelle in der Spalte »Verzögerte Reaktion« aufgeführt. Schauen Sie, ob eines der Kinder sich so verhält wie Ihres.

Wie Sie sehen, haben dieser Vorfall und die daraus erwachsenen Gefühle weiterhin Auswirkungen auf das Verhalten eines jeden Kindes. Möglich wäre, dass Ihr Kind später am Abend schreit, still und wortkarg ist, bereitwillig von dem Geschehenen erzählt oder sich an den nachfolgenden Tagen weigert, wieder auf ein Rad zu steigen.

Ihr Kind zu fragen, warum es sich so verhält, trägt unter Umständen nur wenig zu Ihrem Verständnis bei. Je nach seiner Natur vergisst Ihr Kind diesen Vorfall schnell oder erinnert sich recht lange daran. Möglicherweise sind Sie durch die Verhaltensweisen, die Sie sehen, verwirrt. Versuchen Sie, Ihr Kind nicht zu beschuldigen, wenn sein Verhalten Sie verwirrt. Vielleicht braucht es etwas

Zuspruch, um zu verstehen und zu erzählen, was passiert ist und wie es sich fühlt.

Besorgniserregende Reaktionen und Verhaltensweisen erkennen

Wie können Sie Reaktionen und Verhaltensweisen, die für das Alter Ihres Kindes typisch sind, von solchen unterscheiden, die zusätzliche Hilfe oder Beratung erforderlich machen könnten? Die Antwort auf diese Frage liegt nicht einfach nur in der Betrachtung des Verhaltens, das sie sehen. Es kommt auch darauf an, wie intensiv die Reaktion ist, wie lange es dauert, bis Ihr Kind sich wieder beruhigt hat, ob die emotionale Reaktion verallgemeinerbar ist und auch in anderen, ähnlichen Situationen auftritt und ob Ihr Kind auch in anderen Situationen ähnlich reagiert. Mit anderen Worten, es gibt mehrere entscheidende Faktoren, die eine gewisse Zeit beobachtet werden sollten.[5]

Kehren wir zu dem Beispiel zurück, in dem Ihr Kind mit dem Fahrrad gestürzt ist. Wir haben bereits über unterschiedliche Reaktionen gesprochen; das Spektrum reicht von der, dass Ihr Kind überhaupt keine Reaktion zeigt, bis hin zu der, dass Ihr Kind nicht in der Lage ist, den Vorfall hinter sich zu lassen. Wie Sie unten sehen werden, können seine Reaktionen Aufschluss darüber geben, ob Sie Grund haben, sich Sorgen zu machen.

Was bedeutet es, wenn Ihr Kind nach dem Sturz nicht länger bereit ist, zum Spielen nach draußen zu gehen? Die Unsicherheit und die Ängste, die aus dem Sturz resultieren, werden jetzt ganz allgemein auf jede im Freien ausgeübte Aktivität übertragen. Ihr Kind ist nicht in der Lage, zwischen dem Fahrradfahren und anderen Betätigungen an der frischen Luft zu unterscheiden. Dieses fehlende Unterscheidungsvermögen könnte Anlass zur Sorge sein.

Was ist, wenn Ihr Kind glaubt, der Grund für seinen Sturz vom Fahrrad sei die Tatsache, dass Sie nicht da waren, um seine Sicherheit zu gewährleisten? Es könnte weniger selbstständig werden und an Ihrer Seite bleiben wollen, ängstlich sein, wenn es von Ihnen getrennt ist. Dies wäre ein Rückschritt Ihres Kindes in einen abhängigeren Zustand, was ebenfalls Anlass zur Besorgnis sein könnte.

Denken Sie an die Verhaltensweisen Ihres Kindes, wenn Sie die unten aufgeführten Fragen betrachten. Ihre Antworten werden Ihnen Aufschluss darüber geben, ob Ihr Kind von zusätzlicher Hilfe profitieren könnte oder nicht. Sie können entweder einfach über die Antworten nachdenken oder Ihre Gedanken in Ihr Notizbuch schreiben.

- Hat Ihr Kind einen Wutanfall, der seinen ganzen Körper erfasst, wie es vielleicht geschah, als es kleiner war? Fällt es auf eine frühere Stufe der Bewältigung zurück? Falls ja, wie lange bleibt es da?
- Reagiert Ihr Kind auf emotionale Situationen genauso wie in einem jüngeren Alter?
- Wie lange braucht Ihr Kind, um sich zu beruhigen? Ist es immer noch aufgewühlt, wenn andere Kinder sich bereits erholt und die Sache hinter sich gelassen haben?
- Reagiert Ihr Kind mit demselben Grad an Interesse, Intensität und Reaktivität auf sämtliche Umweltreize und emotionale Stimuli? Ist es in der Lage, zwischen ihnen zu unterscheiden und Prioritäten zu setzen?
- Haben Sie häufig den Eindruck, dass Ihr Kind binnen Sekunden auf hundert ist?

Die Antworten auf diese Fragen werden Ihnen helfen, den nächsten Abschnitt zu Ihrem Kind in Beziehung zu setzen.

Wann Sie sich für Ihr Kind Hilfe holen sollten

Sie sollten sich besser mit einem Fachmann beraten, wenn Sie beobachten, dass Ihr Kind

- nicht in der Lage ist, zwischen Situationen, Reaktionen, Ursachen und Wirkungen zu unterscheiden.
- auf Vorfälle in extremer Weise reagiert.
- sehr schnell einen hohen Grad der Intensität erreicht.
- Schwierigkeiten hat, wichtigen Dingen Priorität einzuräumen, und durch die Möglichkeit auszuwählen überfordert ist.
- lange braucht, um nach einem aufwühlenden Vorfall wieder in einen ruhigen Zustand zurückzukehren.

Sprechen Sie mit dem Hausarzt/Kinderarzt, Früherziehungspädagogen oder Lehrer Ihres Kindes. Zögern Sie nicht, von Ihren Sorgen um Ihr Kind zu erzählen. Schildern Sie die Verhaltensweisen Ihres Kindes immer klar und beschreibend. Falls Sie und/oder die Fachperson weiterhin besorgt sind, könnte es an der Zeit sein, einen Termin bei einem Kinder- und Jugendlichenpsychotherapeuten zu vereinbaren. Zeigt Ihr Kind tatsächlich ernsthaft intensive emotionale Reaktionen, wird das Ergebnis umso besser sein, je früher es Hilfe bekommt. Denken Sie jedoch daran, dass ein einziger Vorfall normalerweise nicht auf ein Problem hindeutet. Alle Kinder legen gelegentlich emotional intensive Reaktionen an den Tag. Des Weiteren haben sämtliche Kinder Zeiten, in denen sie länger emotional bleiben, als Sie es erwarten würden. Um zu verstehen, wann Ihr

Kind professionelle Hilfe benötigen könnte, betrachten Sie noch einmal die oben aufgeführten Punkte und prüfen Sie, wie oft und wie regelmäßig diese Reaktionen auftreten.

Es gibt viele Möglichkeiten für ein Kind, auf eine Situation zu reagieren, doch werden manche Reaktionen unter Umständen zu festen Mustern. Vielleicht verändern Sie eine bestimmte Art, auf das Verhalten Ihres Kindes zu reagieren, wenn Sie erfahren, dass Reaktionen Trigger, also Auslöser, für einen Gefühlsausbruch sein können. Sie und Ihr Kind belehren einander, selbst wenn Sie sich zu fragen beginnen, warum Ihr Kind auf seine Weise reagiert.

Emotional, vernünftig und weise reagieren

Marsha Linehan beschreibt drei Denkweisen oder Geisteszustände, die gut erklären, wie Menschen auf die Erfahrungen des Lebens reagieren: den emotionalen Zustand, den vernünftigen Zustand und den weisen oder wissenden Zustand.[6] Bei manchen Menschen dominiert ein bestimmter Zustand. Andere wechseln je nach Situation zwischen dem einen und dem anderen hin und her. Menschen denken, handeln und entscheiden nun einmal ganz unterschiedlich. Das Ziel der DBT besteht darin, weise zu denken. Viele DBT-Fertigkeiten helfen Ihnen dabei, dies zu lernen.[7]

Emotional reagieren

Laut Linehan werden einige Menschen hauptsächlich von ihren Emotionen geleitet.[8] Ihre Interpretationen und Reaktionen hängen direkt davon ab, wie sie sich in dem bestimmten Augenblick fühlen. Ihre Wahrnehmungen der Realität können gar verzerrt sein, sodass sie die Tatsachen der Situation in einer mit ihrem Gefühl übereinstimmenden Weise sehen. Auf der Basis dieser Verzerrungen treffen sie dann Entscheidungen. Wenn andere Sie als hoch emotional beschreiben, wird Ihr Verhalten wahrscheinlich häufig durch den emotionalen Zustand bestimmt.

Erziehen Sie vor allem mit Frustration und Ärger, mit Unbeherrschtheit und viel Geschrei, reagieren Sie höchstwahrscheinlich emotional. Wenn Sie emotional sind, fällt es Ihnen schwerer, Probleme zu lösen. Vielleicht stellen Sie zudem fest, dass Planung jeder Art (selbst bei so einfachen Fragen wie der, was es zum Abendessen geben soll) Ihnen sehr schwerfällt.

Ihr Kind reagiert emotional, wenn es jammert, schreit, fordert oder ständig weint. Wenn es emotional ist, ist es möglicherweise unfähig, Aufgaben zu erledigen, und ändert die Tatsachen einer Situation, damit sie zu seiner Stimmung passen. Sie glauben unter Umständen, dass es lügt, wenn es seine Handlungen in einer von seinen Emotionen diktierten Weise rechtfertigt. Sie sind frustriert über Ihr »emotionales Kind« und finden es schwierig, es zu trösten, so sehr Sie dies auch wollen.

Vernünftig reagieren

Es gibt Menschen, die vornehmlich rational und logisch denken und offensichtlich von der Vernunft oder dem vernünftigen Zustand geleitet werden.[9] Jemand, der meistens vernunftgesteuert reagiert, versteht möglicherweise nicht, warum Emotionen Auswirkungen auf andere Menschen haben.

Eine Person, deren Reaktionen in den meisten Fällen vernünftig sind, lässt bei Entscheidungen seine Emotionen außen vor.

Wenn Sie vernünftig reagieren, sind Sie ruhig und scheinbar unberührt von der Emotionalität, die Sie umgibt. Sie finden Lösungen für die meisten Konflikte und fühlen sich sehr wohl dabei, Probleme zu beheben. Jedoch fühlen Sie sich möglicherweise unwohl mit Emotionen und sind nicht imstande, die Ihres Kind oder anderer Familienmitglieder zu verstehen. Probleme, für die es keine fertigen Lösungen gibt, bringen Sie in große Bedrängnis. Die Ruhe eines Elternteils, der vernünftig und ruhig agiert, sorgt häufig für Frustration bei einem eher emotional agierenden Elternteil und umgekehrt. Zu lernen, dass jede Mutter und jeder Vater anders funktioniert, kann Eltern helfen, Wege zu finden, einander zu unterstützen, anstatt sich übereinander zu ärgern.

Wenn Ihr Kind normalerweise vernünftig auf Situationen reagiert, macht es sich wahrscheinlich viele Gedanken, ist diszipliniert und konzentriert sich in der Regel stark auf Aufgaben und Erwartungen. Dieses Kind lässt sich als »kleiner Erwachsener« oder als »ernstes Kind« beschreiben.

Weise reagieren

Wenn Sie den vernünftigen und den emotionalen Zustand als die zwei Enden eines Kontinuums betrachten, verstehen Sie die Notwendigkeit, die beiden zu integrieren. Eine Person, die emotional denkt, wird normalerweise nicht vernünftig oder logisch denken. Ebenso wird eine Person, die vernünftig denkt, Schwierigkeiten haben, Gefühle in ihre Entscheidungen oder Verhaltensweisen einfließen zu lassen oder bei anderen Menschen anzuerkennen.

In Linehans DTB-Rahmenwerk wird die Integration und Überschneidung des emotionalen und vernünftigen Denkens, ergänzt durch die entscheidende Komponente des intuitiven Wissens, als weiser oder wissender Zustand bezeichnet. Dieser Zustand (eine Art innere, intuitive Weisheit) zeigt den Weg zum weisen Denken auf.[10] Wenn Sie Ihre Entscheidungen weise fällen, entscheiden Sie intuitiv, sehen die gesamte Situation klar und deutlich und vereinigen Gefühle und Logik. Der wissende Zustand wird Ihnen helfen, sich ruhiger und wohler mit Ihren Entscheidungen zu fühlen. Weises Denken wird Ihnen helfen, an Ihren Reaktionen auf Ihr Kind die notwendigen Änderungen vorzunehmen.

Wenn Ihr Kind auf diese Weise denkt, kann es vernünftige Entscheidungen treffen und wird mit der Art, wie es Probleme löst, zufrieden sein. Ein Beispiel: Ein Kind kommt von der Schule nach Hause und macht sich umgehend daran, seine Hausaufgaben effizient und ohne Klagen zu erledigen, wenn es weiß, dass es nicht mit seinen Freunden spielen kann, solange die Arbeit nicht erledigt ist. Es wird imstande sein, sich selbst und seinen Anstrengungen gegenüber ein gutes Gefühl zu haben.

Falls Ihr Kind intensive Emotionen zeigt oder die meiste Zeit emotional reagiert, ist es sehr wichtig, dass Sie so oft wie möglich weise denken, um auf die Emotionalität Ihres Kindes klar, ruhig und intuitiv einzugehen.

Wir werden den wissenden Zustand an späterer Stelle im Buch sehr viel detaillierter untersuchen. Sie werden zudem Fertigkeiten erwerben, die Ihnen helfen, öfter aus diesem Zustand heraus zu handeln.

Der Anlage-Umwelt-Konflikt

Da sie nun etwas über die Geisteszustände erfahren haben, denken Sie möglicherweise über Ihr eigenes Kind nach und fragen sich, wie es dazu gekommen ist, dass es sich so häufig im emotionalen Zustand befindet. Vielleicht fragen Sie sich, warum Ihr Kind so außer Kontrolle wirkt und warum es sich so schwer beruhigen lässt. Eventuell haben Sie sich bereits gefragt, ob Sie etwas falsch machen oder ob mit Ihrem Kind etwas nicht stimmt. Diese Gedanken können Sie zu der Frage führen, ob Ihr Kind das Produkt seiner genetischen Ausstattung (seines angeborenen Temperaments oder seiner Natur) oder ein Produkt seiner Umwelt (seiner Erziehung) ist. Dies bringt uns zu dem Thema Anlage versus Umwelt und zu der Frage, wie Ihr Kind intensive Emotionen entwickelt hat.

Die Antwort auf die Frage, ob Ihr Kind durch seine Anlage (genetische Ausstattung und Biologie) oder durch die Umwelt (Erziehung) beeinflusst wird, lautet: sowohl als auch. Es ist eine Kombination aus beidem am Werk. Jedes Kind wird mit einem einzigartigen und individuellen Temperament geboren. Forschungsergebnissen aus den 1950er Jahren zufolge[11], die heute noch immer angeführt werden[12], sind gewisse charakteristische Merkmale eines Kindes (Grad der Ablenkbarkeit, Intensität, Risikobereitschaft, Reaktionen auf Veränderung oder auf neue Situationen und so weiter) bei der Geburt vorhanden und können ein Leben lang Einfluss darauf nehmen, wie ein Kind bzw. ein Mensch auf die Welt reagiert oder sich an sie anpasst. Diese angeborenen Kindheitsmerkmale existieren entlang eines Kontinuums und können die Umwelt beeinflussen, in der das Kind lebt, sowie durch sie beeinflusst werden.

Emotionale Dysregulation

Vielleicht fragen Sie sich, warum Ihre eigenen Kinder sich voneinander unterscheiden und warum Ihre Erziehungsstrategien bei einem Kind gut funktionieren und bei einem anderen wirkungslos zu sein scheinen. Marsha Linehan entwickelte eine sogenannte biosoziale Theorie, die das Verständnis einer tiefgreifenden emotionalen Dysregulation ermöglichen soll.[13] Laut Linehan werden einige Kinder mit einer Prädisposition oder Anfälligkeit für eine emotionale Dysregulation geboren.[14] Diese Kinder reagieren unmittelbar und intensiv auf emotionale Situationen und haben Schwierigkeiten, sich zu beruhigen und in den Zustand zurückzukehren, in dem sie sich vor Auftreten der Situation befanden. Ein Kind, das an emotionaler Dysregulation leidet, ist unfähig, seine Verhaltensreaktionen auf diese von ihm als überwältigend empfundenen intensiven Emotionen zu modulieren. Seine Verhaltensweisen spiegeln seine überwältigenden Gefühle wider. Deshalb sehen Sie ein Kind, dessen Verhalten vollkommen außer Kontrolle geraten ist.

Hört sich dies nach Ihrem Kind an? Werden die Probleme Ihres Kindes gänzlich durch diese biologische Anfälligkeit für emotionale Intensität erzeugt? Sind die Verhaltensweisen Ihres Kindes angeboren? Die Antwort auf die letzten zwei Fragen lautet grundsätzlich »Nein«. Als Nächstes werden wir uns ansehen, was sonst noch beteiligt ist.

Die Interaktion zwischen den Reaktionen Ihres Kindes und Ihren eigenen

Ein Kind, das intensive Reaktionen zeigt, kann Eltern überfordern, die nicht wissen, wie sie darauf eingehen sollen. Selbst Eltern, die ihr Kind im Allgemeinen unterstützen, sind durch die Intensität der Reaktionen verwirrt und möglicherweise geneigt, sie infrage zu stellen oder abzutun. Hierbei handelt es sich einfach um einen Versuch, mit Verhaltensweisen ihres Kindes zurechtzukommen, die sie nicht gänzlich verstehen. Eltern möchten ihrem Kind ein besseres Gefühl verschaffen und ihr eigenes Unbehagen minimieren, ohne zu erkennen, dass sie die Gefühle ihres Kindes ungewollt bagatellisieren. Der Versuch von Eltern, ihren Kindern beim Umgang mit inneren Gefühlen zu helfen, die sie eigentlich selbst nicht verstehen, verfehlt das Ziel. Wie oft kann eine Mutter oder ein Vater sagen: »Keine Angst, Liebling, es wird dir gleich wieder besser gehen«? Auch wenn es gut gemeint ist und hilfreich sein soll, kann diese Art der Aussage das Kind doch zu dem Schluss kommen lassen, dass seine Gefühle keine Rolle spielen. Ein hoch reaktives Kind ruft bei seiner Mutter oder seinem Vater unter Umständen eine abweisende Reaktion hervor, wodurch das Kind noch verzweifelter wird. Dies ist ein interaktiver Prozess, an dem niemand schuld ist.

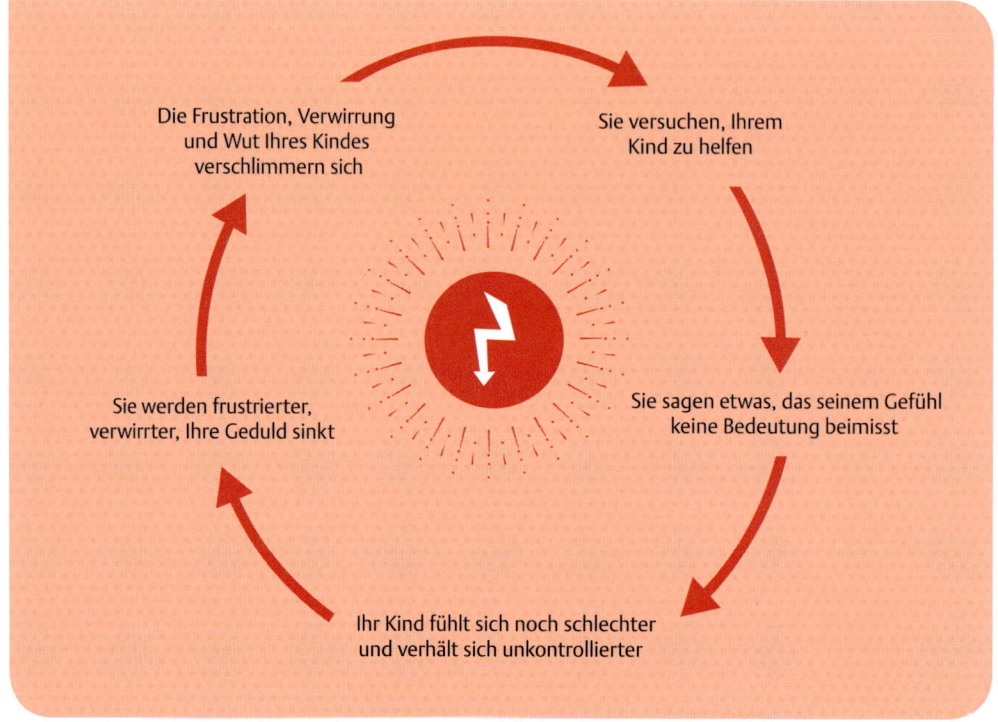

Die Frustration, Verwirrung und Wut Ihres Kindes verschlimmern sich

Sie versuchen, Ihrem Kind zu helfen

Sie werden frustrierter, verwirrter, Ihre Geduld sinkt

Sie sagen etwas, das seinem Gefühl keine Bedeutung beimisst

Ihr Kind fühlt sich noch schlechter und verhält sich unkontrollierter

Unbeabsichtigte Invalidierung

Es ist für alle Eltern schwierig, ihr Kind völlig außer sich zu sehen, und wie jede Mutter oder jeder Vater werden Sie sich die größte Mühe geben, dafür zu sorgen, dass Ihr Kind sich wieder besser fühlt. Wenn Sie versuchen, es mit Worten zu trösten wie: »Bald geht es dir wieder besser«, »Das ist doch nicht so schlimm« oder »Keine Angst«, invalidieren Sie die Erfahrung Ihres Kindes jedoch, ohne sich dessen bewusst zu sein.[15] Das heißt, Sie erkennen diese Erfahrung nicht an, nehmen sie nicht ernst. Mit Ihrem Bemühen, Ihr Kind zu beruhigen, bagatellisieren Sie unbeabsichtigt eine Angelegenheit, die für das Kind von großer Bedeutung ist. Bei einigen Kindern verursacht dies keine zukünftigen Schwierigkeiten. Sie sind in der Lage, sich schnell wieder aufzurichten und zu erholen, ganz gleich, wie durcheinander sie gewesen sein mögen. Anderen Kindern aber fällt das nicht so leicht.

Ist ein Kind für intensive Emotionalität prädisponiert, bewirkt die Invalidierung oder fehlende Anerkennung durch die Menschen seiner Umgebung, dass es verwirrt und noch aufgelöster wird. Es weiß nicht, wie es sich fühlen soll oder warum Sie es nicht verstehen. Dies kann sich zu einer Familiendynamik entwickeln. Schauen Sie sich die Abbildung (Seite 20) an, um zu erkennen, welchen Verlauf diese Dynamik nehmen kann.

Oft setzt sich der Kreislauf aus Verwirrung, Frustration und Dysregulation immer weiter fort. Extreme, intensive Emotionen und die Unfähigkeit, die daraus folgenden Verhaltensreaktionen angemessen zu kontrollieren, treten immer häufiger auf und scheinen die Macht über Ihre Familie zu übernehmen. In Kapitel 2 (Seite 30) werden wir darüber sprechen, wie Sie die Gefühle Ihres Kindes anerkennen, um diese weit verbreitete Dynamik zu durchbrechen.

Gedanken, Gefühle und Verhaltensweisen

Denken Sie daran, dass Emotionen sich nicht isoliert entwickeln oder ereignen. Sie sind das Ergebnis physiologischer Reaktionen und/oder kognitiver Prozesse. Etwas Inneres (ein Gedanke) oder Äußeres (ein Ereignis) veranlasst Sie dazu, eine Emotion zu empfinden. Manchmal kommt die Emotion so schnell, dass Sie sich ihrer Ursache gar nicht bewusst sind.

Gedanken führen zu Gefühlen, die zu Verhaltensweisen führen

Was eine Person fühlt, hängt unmittelbar damit zusammen, was sie über etwas denkt, und führt zu bestimmten Verhaltensreaktionen.[16]

Die Abbildung (Seite 22) soll diese Dynamik veranschaulichen. Gedanken sind innere Sätze, Einstellungen, Überzeugungen oder sogar Bilder, die Sie zu sich selbst sagen. Manche dieser Gedanken können so automatisch erfolgen, dass Sie sich ihrer Existenz gar nicht bewusst sind. Gefühle hingegen werden fast immer durch Gedanken erzeugt. Gefühle sind die physiologischen Reaktionen, die in Ihrem Körper stattfinden und Ihre laufende Erfahrung prägen. Verhaltensweisen sind das Ergebnis dieser Gedanken und Gefühle; sie sind die Art, wie Sie infolge Ihrer Gefühle reagieren und handeln.

Natürlich können Sie nicht sehen, was Ihr Kind denkt oder fühlt. Sie können lediglich seine Verhaltensweisen sehen, die das

Warum tut mein Kind nicht, was ich will?

Diese Situation kennen alle Eltern: Ihr Kind tut nicht, was Sie von ihm wollen (Ereignis). Sie denken: »Warum hört sie nie auf mich? Warum müssen wir das hier jedes Mal durchmachen, wenn ich sie um etwas bitte?« Sie werden wütend (Ihr Gefühl) oder schreien sie an (Ihr Verhalten).

Vielleicht denken Sie aber auch: »Okay. Sie hat einen schweren Tag. Ich lasse das heute durchgehen.« In diesem Fall sind Sie erleichtert (Ihr Gefühl) und wenden sich etwas anderem zu (Ihr Verhalten).

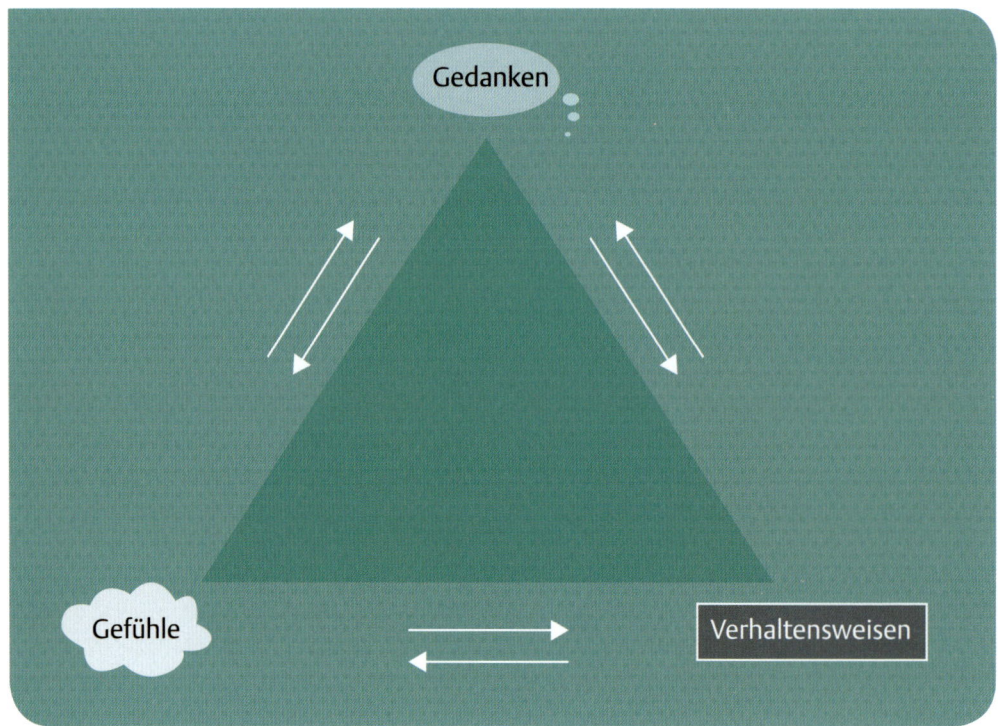

unmittelbare Ergebnis seiner Gedanken und Gefühle sind. Weil Sie nicht genau wissen, welche Gedanken und Gefühle hinter dem von Ihnen beobachteten Verhalten stecken, stellen Sie wahrscheinlich bestimmte Interpretationen oder Vermutungen an. Wie genau Ihre Interpretationen sind, hängt von mehreren Faktoren ab. Es kann einen Unterschied zwischen Ihren Vermutungen und der Realität Ihres Kindes geben. Zu Ihrer großen Frustration oder Verwirrung ist Ihr Kind möglicherweise nicht in der Lage, zu erklären, was es fühlt oder warum es so fühlt. Wir werden hierüber in Kapitel 3 (Seite 58) eingehender sprechen, wenn Sie lernen werden, Ihrem Kind beim Mitteilen seiner Gefühle zu helfen.

Schauen Sie sich die Situation »Warum tut mein Kind nicht, was ich will?« an, um zu verstehen, wie Gedanken zu Gefühlen führen, und beachten Sie, wie unterschiedliche Gedanken über dasselbe Ereignis zu unterschiedlichen Gefühlen und Verhaltensweisen führen können.

In diesem Beispiel hatte das, was Sie zu sich selbst über das Ereignis gesagt haben (Ihre Gedanken), Einfluss darauf, wie Sie sich fühlten und was Sie als Reaktion darauf taten. Wenn Sie lernen, sich Ihrer Gedanken bewusst zu sein, wird Ihnen dies die notwendigen Fertigkeiten verleihen, um Ihre emotionalen Reaktionen und Verhaltensantworten auf Situationen zu ändern.

Ihr Kind reagiert ebenfalls auf seine Gedanken, egal, ob es (oder Sie) sich deren bewusst ist oder nicht. Im Beispiel »Gedanke – Emotion – Verhalten« können Sie sehen, wie ein anderer Gedanke bei Ihrem Kind zu einer anderen emotionalen Antwort und Verhaltensreaktion führt.

Wie Sie sehen, wirkt sich das, was Sie über eine Situation denken, darauf aus, wie Sie sich in dem Fall fühlen und verhalten.

Ihr Kind ist nicht sein Verhalten

Verhalten lässt sich ändern. Die Verhaltensreaktionen von Kindern sind erlernt und nicht in ihren Persönlichkeiten verwurzelt. Um Ihr Kind zu verstehen und ihm zu helfen, müssen Sie es von seinen Verhaltensweisen trennen. Ihr Kind ist nicht sein Verhalten. Seine Verhaltensweisen sind das, was es tut, nicht aber, wer es ist. Ihr Kind mag sich wütend gebaren, es mag sogar schreien und brüllen, doch macht das aus ihm kein »wütendes Kind«. Es macht aus Ihrem Kind jemanden, der schreit oder brüllt, wenn er

---

Gedanke – Emotion – Verhalten

Ihr Kind sieht ein Mädchen, das es kennt (Ereignis).
Ihr Kind denkt: »Das Mädchen beachtet mich nicht« (Gedanke). Es ist traurig (Emotion) und zieht sich aus der Situation zurück (Verhalten).

Oder:
Ihr Kind denkt: »Das Mädchen ist meine Freundin« (Gedanke). Es fühlt sich glücklich (Emotion) und geht auf das andere Kind zu, um mit ihm zu spielen (Verhalten).

wütend ist. Ebenso haben Sie kein »ungehorsames Kind«, sondern ein Kind, das Anweisungen nicht befolgt.

Warum ist diese Unterscheidung wichtig? Sie wollen nicht, dass Ihr Kind mit dem Gefühl aufwächst, es sei von Natur aus schlecht, habe einen fehlerhaften Charakter oder solle sich für sich selbst schämen. Sie wollen, dass es lernt, dass es nicht sein Verhalten ist. Sie wollen, dass Ihr Kind sich ungeachtet seiner Gefühle und Verhaltensweisen akzeptiert und geliebt fühlt. Damit Ihr Kind mit einem positiven Selbstverständnis groß wird, muss es lernen, dass seine Verhaltensweisen bestimmen, was es tut, nicht aber, wer es ist.

Die Geschichte einer Emotion

Wir haben die Verbindungen zwischen Gedanken, Gefühlen und Verhaltensweisen untersucht. Wir haben zudem darüber gesprochen, dass unsere Emotionen nicht einfach geschehen, sondern mit Ereignissen, Gedanken und physiologischen Reaktionen in unserem Körper zusammenhängen. Nach der DBT bietet die Geschichte der Emotion eine weitere Möglichkeit, die Schritte zu betrachten, die von einem Ereignis zu einer Emotion und von dieser Emotion zu ihrem Verhaltensergebnis führen.[17] Die Kenntnis der Schritte in der Geschichte wird Ihnen helfen, mehr Kontrolle über Ihre Emotionen und Verhaltensreaktionen zu haben. Und sie wird Ihnen Wege aufzeigen, Ihrem Kind zu helfen, mehr Kontrolle über seine zu gewinnen.

Die Geschichte einer Emotion: Das Beispiel einer Mutter

Schauen Sie sich Tinas Geschichte an und sehen Sie, wie sich ihre Emotion schrittweise entwickelt.

....

Tina, Mutter von Emma, 4, und Lena, 8 Jahre alt

❯❯ *Tina war den größten Teil der Nacht wegen Emma auf, die unter Fieber und Übelkeit leidet. Jetzt ist es 7.30 Uhr und Tina versucht, Lena dazu zu bekommen, aufzustehen, sich für die Schule fertig zu machen und zum Schulbus zu gehen. Außerdem hat Tina die Uhr im Blick, weil sie darauf wartet, dass die Praxis der Kinderärztin öffnet und sie einen Termin für Emma vereinbaren kann, die immer noch jammert und möchte, dass ihre Mutter bei ihr bleibt. Die Minuten verstreichen, aber Lena kommt nicht aus dem Bett. Tina denkt: »Jetzt geht das schon wieder los. Einer dieser Tage, an denen Lena sich nicht alleine für die Schule fertig macht.« Sie fordert sie schreiend auf, das Bett zu verlassen. Lena steht auf und sagt, sie brauche Hilfe im Badezimmer. Tina antwortet, sie habe keine Zeit, und fragt sich: »Warum kann sie das nicht einfach genau wie gestern alleine machen?« Tina glaubt, dass Lena sich absichtlich so verhält, weil ihre Schwester krank ist und weil sie weiß, dass Tina heute Morgen müde ist. Tinas Nackenmuskeln beginnen sich zusammenzuziehen und sie merkt, wie ihr Herz schneller schlägt. Sie wird wütender und schreit noch mehr. Sie befürchtet, dass Lena den Bus verpasst, weigert sich aber weiterhin, ihr im Badezimmer zu helfen. Als Lena loslläuft, um den Schulbus zu bekommen, ist Tina erschöpft und frustriert von Lena und sich selbst. Nachdem sie Emma zur Ärztin gebracht hat und entspannen kann, hat sie wegen ihrer Reaktion auf Lena ein schlechtes Gewissen.*◀

Die Bestandteile der Geschichte

Klingt diese Geschichte irgendwie vertraut? In ihr können Sie jeden Bestandteil der Entstehung einer Emotion sehen: Anfälligkeiten oder Einflussfaktoren (wie jemand sich bereits fühlt), das auslösende Ereignis bzw. den Trigger (was geschah), die Gedanken und Überzeugungen zu dem Ereignis, Körperempfindungen und physische Reaktionen (wie sich der Körper der Person anfühlt), die Emotion selbst (das Wort, das beschreibt, wie sich die Person fühlt) und die Handlungen oder Verhaltensweisen, die daraus folgen (was die Person tut) und die den Ausgang der Geschichte darstellen.[18] Lassen Sie uns das oben beschriebene Szenario durchgehen und der Reihe nach jeden einzelnen Bestandteil betrachten.

Anfälligkeiten und Risikofaktoren

Hierbei handelt es sich um Umstände oder Gefühle, die vor einem Ereignis vorhanden sind und bewirken können, dass eine Person der Gefahr negativer Gefühle unterliegt. Mit anderen Worten: Wenn Sie müde oder hungrig sind, bei der Arbeit einen schlechten Tag hatten oder sich wegen anderer Gegebenheiten Sorgen machen, sind Sie weniger in der Lage, mit einer Situation umzugehen, die Sie sonst vielleicht mit Leichtigkeit bewältigen könnten.

Tinas Anfälligkeiten

- Tina hat nicht genug geschlafen und ist müde.
- Tina macht sich Sorgen um Emma.
- Tina ist ungeduldig, weil sie die Ärztin anrufen will.

Auslösendes Ereignis oder Trigger

Diese Begriffe beschreiben die Situation, auf die Sie in dem Moment reagieren und die entweder in Ihrem Inneren oder in der Umgebung stattfindet. Ein auslösendes Ereignis könnten beispielsweise Kopfschmerzen sein (innerlich) oder dass jemand Ihnen befiehlt, etwas zu tun, das Sie nicht tun möchten (äußerlich).

Tinas Trigger

- Lena steht nicht auf, als ihre Mutter sie dazu auffordert, und bittet um Hilfe im Badezimmer.

Gedanken und Überzeugungen zu dem Ereignis

Dies sind die Aussagen, die Sie zu sich selbst gewandt über die Situation oder das auslösende Ereignis treffen. Das heißt, hier geht es um die Frage, was Sie über das Ereignis denken. Manchmal entstehen diese Gedanken so automatisch, dass Sie sie nicht einmal als Gedanken erkennen.

- »Jetzt geht das schon wieder los. Einer dieser Tage, an denen Lena sich nicht alleine für die Schule fertig macht.«
- »Warum kann sie das nicht einfach genau wie gestern alleine machen?«
- »Sie tut es absichtlich.«

Körperempfindungen oder Reaktionen

Hier geht es darum, wie Sie sich in Ihrem Körper zu fühlen beginnen. Dazu kann gehören, dass sich Ihr Nacken oder Ihre Schultern verspannen, Ihr Herz anfängt zu rasen und/ oder Ihnen schlecht wird.

- Tinas Nackenmuskeln beginnen sich zusammenzuziehen.
- Sie spürt, wie sich ihr Herzschlag beschleunigt.

Die Emotion oder Emotionen

Jetzt geben Sie Ihrer Emotion einen Namen, um sich selbst und anderen mitteilen zu können, was Sie fühlen. Alle vorherigen Schritte haben zu diesem Punkt geführt. Ihre Emotion durch deren Benennung zu kommunizieren, kann nicht ohne die vorherigen Schritte erfolgen. Das gilt auch dann, wenn Sie sich der Tatsache, dass diese Schritte stattgefunden haben, gar nicht bewusst sind.

- Wut
- Frustration
- Besorgnis

Verhaltensweisen und Handlungen: Der Ausgang der Geschichte

Hier geht es um das, was Sie eigentlich mit Ihren Gefühlen tun. Jede Emotion beinhaltet einen Handlungsdrang. Ist man traurig, will man weinen; ist man wütend, will man schreien oder etwas schlagen. Ob Sie Ihrem Drang zum Handeln folgen, bleibt Ihnen überlassen. Das Verhalten, das Sie wählen, hat seine eigenen Konsequenzen und wird Auswirkungen darauf haben, welche Emotionen Sie hinterher empfinden (Ihre sekundären Emotionen).

- Tina schreit.
- Sie weigert sich, Lena zu helfen.
- Letztlich fühlt sie sich wegen Ihres Verhaltens schuldig (sekundäre Emotion).

Den Ausgang der Geschichte ändern

Beim Betrachten eines jeden Schrittes der Geschichte können Sie ein Bewusstsein dafür ausbilden, wie Ihre Emotionen sich entwickeln und Ihre Verhaltensweisen daraus folgen. Sobald Sie sich dieser Schritte bewusst sind, können Sie beschließen, an einem oder mehreren von ihnen Änderungen vorzunehmen. Jede Änderung, die Sie durchführen, beeinflusst oder verändert den Ausgang der Geschichte und kann zu effektiveren Verhaltensweisen führen. Jeder Schritt der Geschichte bietet eine Gelegenheit für Veränderung.

Wissen, wann Sie anfällig sind

Wenn Sie sich Ihrer Anfälligkeiten bewusst sind, können Sie Maßnahmen ergreifen, die Sie vor Stresssituationen bewahren oder Ihnen den Umgang mit derartigen Situationen erleichtern. In diesem Fall war Tina müde und machte sich Sorgen um ihre kranke Tochter. Doch trotz dieser Anfälligkeiten musste sie dafür sorgen, dass Lena aufsteht und sich für die Schule fertig macht. Wäre sie sich der Tatsache bewusst gewesen,

Übung: Eine Geschichte der Emotion

So viel zur Theorie, nun werden wir Sie durch Ihre eigene Geschichte der Emotion leiten.

Ihre erste Aufgabe besteht darin, an eine Situation zu denken, die vor Kurzem eintrat und eine negative Emotion auslöste. Notieren Sie eine kurze Beschreibung der Situation oben auf eine Seite in Ihrem Notizbuch.

Denken Sie als Nächstes über die unten aufgeführten Fragen nach und schreiben Sie die Antworten ebenfalls in Ihr Notizbuch. Achten Sie dabei darauf, wo Sie Änderungen hätten vornehmen können.

Wir werden Ihnen Fertigkeiten beibringen, die Ihnen helfen, Ihre Reaktionen auf Situationen wie diese zu ändern. Im Moment ist es erst einmal wichtig, dass Sie ein Bewusstsein entwickeln. Ihre Geschichten können sich mit der Aneignung der im Buch vermittelten Fertigkeiten ändern.

Anfälligkeiten und Risikofaktoren
Wie fühlten Sie sich vor dem Ereignis?

Trigger (Auslöser)
Was passierte dann?

Gedanken und Überzeugungen zu dem Ereignis
Was haben Sie über das Geschehene gedacht? Welche Worte kamen Ihnen nach dem Ereignis in den Sinn?

Körperempfindungen und Reaktionen
Wie fühlte sich Ihr Körper an?

Benennen Sie Ihre Emotion
Welcher Begriff beschreibt, was Sie fühlten?

Verhaltensweisen und Handlungen
Wie handelten Sie aufgrund Ihres Gefühls? Welches wäre eine hilfreichere Antwort gewesen?

Das Verständnis Ihrer eigenen Geschichte der Emotion ist ein wichtiger Schritt in Richtung Selbsterkenntnis und der Änderung der Art und Weise, wie Sie mit Ihrem Kind interagieren. Ihr Kind hat seine eigenen einzigartigen Geschichten der Emotion, die Auswirkungen darauf haben, wie es sich fühlt und verhält. Wir werden über die Geschichten Ihres Kindes in Kapitel 3 (Seite 58) sprechen.

dass sie Gefahr lief, negative Emotionen zu entwickeln, hätte sie unter Umständen beschlossen, Lena im Badezimmer zu helfen. Sie hätte aus dem Sich-fertig-Machen ein Spiel machen können, anstatt von Lena zu erwarten, dass sie die Aufgabe alleine bewerkstelligt. Ein Kind besitzt die verblüffende Fähigkeit, zu wissen, wann Eltern gestresst sind, und kann dann selbst unter Stress geraten. Wenn Sie einen Weg finden, ruhig zu bleiben, steigt die Wahrscheinlichkeit, dass Ihr Kind kooperiert, und sinkt die Wahrscheinlichkeit, dass Sie sich schuldig fühlen.

Gedanken ändern

Sie können die Gedanken, die negative Emotionen zur Folge haben, bewusst ändern. Genau wie manche Gedanken zu Emotionen wie Wut oder Frustration führen können, können andere zu Zärtlichkeit und Optimismus führen. Hätte Tina gedacht: »Okay, Lena braucht ein bisschen Hilfe; wenn ich ihr helfe, wird sie schneller fertig«, wäre sie möglicherweise weniger wütend gewesen. Und hätte sie nicht zu sich gesagt: »Jetzt geht das schon wieder los« (ein üblicher Gedanke von Eltern), sondern stattdessen gedacht: »Wie können wir dies für uns alle einfacher gestalten?«, hätte sie ihre Tochter vielleicht nicht angeschrien oder sich später am Tag nicht schuldig gefühlt.

Sich seiner Körperreaktionen bewusst sein

Bisweilen sind Sie sich Ihrer Anfälligkeiten oder Gedanken möglicherweise gar nicht bewusst. Ihr einziger Hinweis darauf, dass irgendetwas los ist, sind die Reaktionen Ihres Körpers. Sie beginnen zu spüren, dass Ihr Körper auf Ihre Gedanken über das auslösende Ereignis reagiert, und empfinden ein Engegefühl in der Brust, haben Schmetterlinge im Bauch oder merken, wie Ihr Herz anfängt zu rasen. Selbst wenn Sie nicht wissen, warum Sie sich so fühlen, können Sie Ihren emotionalen Zustand und den Ausgang Ihrer Geschichte ändern. Sie brauchen nur ein paar Sekunden, um ein paar Mal tief durchzuatmen, bis zehn zu zählen oder bewusst die Hände oder Schultern zu entspannen – irgendetwas tun, das Ihren Körper langsamer werden lässt. Diese Handlungen können Ihnen einen Augenblick schenken, um eine Verhaltensantwort zu finden, die effektiver ist und sich für Sie und für Ihr Kind besser anfühlt.

Verhaltensweisen ändern

Ihre letzte Chance, den Ausgang der Geschichte zu ändern, besteht darin, dass Sie sich anders verhalten: dass Sie Antworten auf die Situation finden, die sich besser anfühlen. Hätte Tina erkannt, dass Schreien nicht helfen würde und dass Ihre Weigerung, Lena zu helfen, den Prozess nur in die Länge ziehen würde, hätte sie vielleicht beschlossen, ihr doch zu helfen oder ruhiger mit ihr zu sprechen. Durch das Ändern dieser Verhaltensweisen hätte sich der Ausgang der Geschichte für Tina wie für ihre Tochter besser anfühlen können.

Sie können von jeder Geschichte einer Emotion etwas Neues lernen. Jedes Ereignis ist eine Gelegenheit, verschiedene Teile der Geschichte zu ändern, bis der Ausgang einer ist, mit dem Sie sich wohlfühlen und der für Ihr Kind am hilfreichsten ist.

Zusammenfassung

Dieses Kapitel liefert die Grundlage für den Rest des Buches, indem es Ihnen Wege aufzeigt,

- die Emotionen Ihres Kindes zu verstehen.
- zu sehen, dass jedes Kind mit einem angeborenen Temperament auf die Welt kommt, das dazu beiträgt, wie es sich fühlt und verhält.
- zu verstehen, dass das Temperament Ihres Kindes und daraus folgende emotionale Reaktionen sich von Ihren eigenen oder sogar von denen Ihrer anderen Kinder unterscheiden können.
- zu verstehen, wie Unterschiede zwischen Ihnen und Ihrem Kind bewirken können, dass Sie weniger Akzeptanz oder Unterstützung zeigen, als Sie es sonst täten.
- zu verstehen, wie die Emotionen Ihres Kindes zu seinen Verhaltensweisen führen.
- die Verhaltensergebnisse von intensiven Emotionen zu ändern.

Wir werden weiterhin betonen, dass es niemandes Schuld oder Fehler ist, dass Ihr Kind intensive Emotionen und Verhaltensschwierigkeiten hat, und dass Hoffnung auf zukünftige Veränderung besteht.

Wirksame Erziehung

Was bedeutet es, wirksam zu erziehen? Es bedeutet, dass Sie so mit Ihrem Kind interagieren und/oder auf es eingehen, dass Sie Ihr Erziehungsziel erreichen.

Ihr Erziehungsziel ist: Ihrem Kind zu helfen, mit Selbstachtung, Werten und dem Glauben an sich selbst aufzuwachsen. Wenn Sie wirksam erziehen, antworten Sie weise und haben klare, beständige und realistische Ziele für Ihr Kind. Ihre Reaktionen auf Ihr Kind beruhen auf Verständnis, Validierung und dem Tun dessen, was am besten funktioniert.[19]

In diesem Buch werden Sie lernen, wirksamer zu erziehen. Die Tatsache, dass Sie vom Erwerb neuer Fertigkeiten profitieren können, bedeutet jedoch nicht, dass Sie bisher eine »schlechte« Mutter oder ein »schlechter« Vater gewesen wären. Lesen Sie dieses Buch und erziehen Sie Ihr Kind, ohne sich selbst zu beschuldigen oder zu bewerten. Vor dem Hintergrund Ihrer einzigartigen Lebenssituation zu diesem Zeitpunkt sowie der Kenntnisse und Fertigkeiten, die Sie besitzen, geben Sie Ihr Bestes.

In der DBT werden Sie aufgefordert, zwei Gegebenheiten zu akzeptieren, die widersprüchlich erscheinen mögen: »Sie geben Ihr Bestes« und »Sie können noch besser werden«.[20] Dies steckt den Rahmen für Veränderung, in dem Fehler und Schuld keinen Platz haben. Die DBT will Ihnen unter anderem beim Entwickeln des Bewusstseins helfen, das Sie brauchen, um zu akzeptieren, dass Sie Ihr Bestes gegeben haben und weiterhin geben. Gleichzeitig sollen Ihnen Fertigkeiten und Kenntnisse vermittelt werden, mit denen Sie Ihre Ziele effektiver erreichen.

Sich selbst zu akzeptieren ist vielleicht eine der schwierigsten Fertigkeiten, die Sie erwerben werden. Aber sie ist von entscheidender Bedeutung. Ein Mangel an Selbstakzeptanz führt häufig zu Erziehungsentscheidungen, die auf Emotionen wie Schuld gründen. Diese mögen Ihnen im jeweiligen Moment ein besseres Gefühl geben, sind aber langfristig nicht unbedingt wirksam. Wenn Sie sich selbst besser akzeptieren können, haben Sie mehr Geduld mit sich selbst und mit Ihrem Kind und sind eher in der Lage, Ihre Erziehungsentscheidungen weise zu treffen. Zollen Sie sich also Anerkennung dafür, dass Sie zu jedem Zeitpunkt Ihr Bestes gegeben haben.

Die Annahmen der DBT

Zur Lenkung der therapeutischen Arbeit in der DBT beschrieb Linehan mehrere Grundannahmen, in der Erwartung, sie würden als Tatsachen akzeptiert werden.[21] Einige dieser Annahmen sind, ebenso wie die von Miller für Jugendliche und ihre Familien entwickelten, besonders relevant für Eltern von Kindern mit intensiven Emotionen.[22] Wir bitten Sie, diese Annahmen als einen wichtigen Teil des mit der DBT verbundenen Lernprozesses zu akzeptieren. Sie lauten:

* Ihr Kind gibt sein Bestes.
* Ihr Kind muss besser werden, sich mehr anstrengen und stärker motiviert sein, um sich zu ändern.
* Ihr Kind will die Dinge anders machen und verbessern.
* Ihr Kind muss in allen wichtigen Situationen seines Lebens neue Verhaltensweisen lernen.
* Familienangehörige sollten eine wohlwollende Haltung einnehmen und nicht vom Schlechtesten ausgehen.
* Es gibt keine absolute Wahrheit.

Lassen Sie uns eine jede dieser Annahmen genauer betrachten.

Ihr Kind gibt sein Bestes

Dies ist eine der wichtigsten Annahmen. Sie bedeutet, dass Ihr Kind zu diesem speziellen Zeitpunkt sein Bestes gibt. Möglicherweise gab es in der Vergangenheit Zeiten, in denen es besser zurechtkam, und möglicherweise wird es in der Zukunft Zeiten geben, in denen es seine Sache besser machen wird. Jetzt, in diesem Augenblick, gibt Ihr Kind sein Bestes.

Denken Sie, um diese Annahme zu verstehen, an Ihr Verhalten als Mutter oder Vater, wenn Sie sich nicht gut fühlen. Sie stehen trotzdem auf, um die Kinder zu versorgen, und dann stellen Sie den Fernseher an. An einem anderen Tag hätten Sie Ihren Kindern vielleicht eine Geschichte vorgelesen, statt sie fernsehen zu lassen, aber heute tut Ihnen der Hals weh. Sie setzen sich mit Ihren Kindern ins Wohnzimmer und beantworten ihre Fragen. Obwohl Sie normalerweise gerne Gespräche mit den Kindern beginnen, sind Sie heute ruhiger. Angesichts dessen, wie Sie sich gerade fühlen, geben Sie Ihr Bestes.

Ihr Kind fühlt sich an bestimmten Tagen oder unter bestimmten Umständen besser oder schlechter. Vielleicht hat es nicht genug geschlafen und wacht quengelig und reizbar auf. Vielleicht akzeptiert es an manchen Tagen Umarmungen und schubst Sie an anderen weg. An jedem Tag gibt Ihr Kind sein Bestes.

Es zu akzeptieren und sich daran zu erinnern, dass Ihr Kind sein Bestes gibt, hilft Ihnen, weniger wütend, weniger enttäuscht und weniger frustriert von Ihrem Kind zu sein. Im Gegenzug ist Ihr Kind ebenso weniger wütend, weniger frustriert und eher in der Lage, zu hören, was Sie zu ihm sagen. An die Annahme zu denken, dass Ihr Kind sein Bestes gibt, wird sich als sehr hilfreich erweisen, wenn Ihr Kind intensive Emotionen zeigt.

Ihr Kind muss besser werden

Die nächste Annahme können viele Eltern leichter akzeptieren: dass Ihr Kind besser werden, sich mehr anstrengen und stärker motiviert sein muss, um sich zu ändern. Wahrscheinlich sind Sie bereits der Meinung, dass Ihr Kind besser werden und sich mehr anstrengen muss. Wie wir unten erläutern, muss diese Annahme jedoch mit der ersten verbunden werden, damit sie einen Nutzen hat.

Dass Ihr Kind sich ändern muss, bedeutet nicht, dass es inakzeptabel, schlecht oder an dem in der Vergangenheit Geschehenen schuld wäre. Ihr Kind wird Feedback und Führung eher annehmen, wenn es nicht das Gefühl hat, beschuldigt oder bewertet zu werden. Stellen Sie für eine wirksame Erziehung ein Gleichgewicht her zwischen der Akzeptanz Ihres Kindes im jeweiligen Moment und der Erwartung daran, dass es in Zukunft besser sein wird. Und helfen Sie ihm, diese Erwartung zu erfüllen.

Falls es Sie irritiert, gleichzeitig zu versuchen, Ihr Kind so zu akzeptieren, wie es ist, und es aufzufordern, sich zu ändern, stehen Sie nicht alleine da. Die meisten Eltern sind hierdurch am Anfang verwirrt. Häufig hilft es, zu glauben, dass das Kind zu diesem Zeitpunkt sein Bestes gibt. Das ermöglicht es Ihnen, ihm beim Schritt in Richtung Veränderung zu helfen.

Ihr Kind will besser werden

Die dritte Annahme ist die, dass Ihr Kind die Dinge anders machen und verbessern will. Manchmal mag es den Anschein haben, als würde Ihr Kind alles so mögen, wie es ist, egal, wie viele Konsequenzen Sie ihm auferlegen oder wie unglücklich es ist. Sie sind möglicherweise der Ansicht, dass Ihr Kind den Familienalltag kontrolliert und alles so tun kann, wie es ihm gefällt. Dass es tatsächlich eine Verbesserung der Situation anstrebt, mag schwer zu glauben sein.

Unabhängig davon, wie Kinder sich verhalten oder was sie sagen, suchen sie die Zustimmung ihrer Eltern. Ihr Kind würde sehr viel lieber in einem Zuhause leben, das frei von Spannung und Wut ist, auch wenn diese Wut bei ihm ihren Anfang nimmt. Kein Kind steht gerne ständig im Konflikt mit anderen, ganz gleich, ob es die Rolle des Gegners oder des Opfers innehat.

Die wütenden, explosiven, aggressiven Verhaltensweisen, die Sie sehen, sind Mittel, die Ihr Kind für den Umgang mit seinen Gefühlen gelernt hat. Das heißt nicht, dass es sich gerne so verhält – es heißt nur, dass dies der effektivste ihm bekannte Weg ist, mit seinen Gefühlen umzugehen. Veränderung kann ihm sehr schwerfallen. Würde ihm jedoch die Gelegenheit geboten, würde es eine andere Lösung wollen.

Ihr Kind muss für alle Situationen neue Verhaltensweisen lernen

Die vierte Annahme besagt, dass Ihr Kind in allen wichtigen Situationen seines Lebens neue Verhaltensweisen lernen muss. Es ist nicht verwunderlich, dass Kinder sich unter bestimmten Umständen besser verhalten als unter anderen. Vielleicht ist Ihr Kind in der Lage, innerhalb der Struktur der Schule zurechtzukommen, und verliert den Halt, wenn es nach Hause kommt, wo es sich sicher und wohler fühlt. Manchmal ist das Gegenteil der Fall: Ihr Kind hat Schwierigkeiten mit der Struktur in der Schule und schafft es, seine Verhaltensweisen erfolgreicher zu Hause zu kontrollieren, wo die Struktur eine andere ist. Vielleicht streitet Ihr Kind pausenlos mit Geschwistern, kommt aber gut mit Freunden zurecht. Diese Ungereimtheiten im Verhalten Ihres Kindes führen häufig dazu, dass andere Ihnen anlasten, nicht mit Ihrem Kind umgehen zu können (ein Punkt, den wir in Kapitel 9, Seite 134 behandeln werden). Oder Sie glauben selbst, dass Ihr Kind sich in jeder Situation für oder gegen angemessenes Betragen entscheidet. Die Annahme, ein Kind sollte wissen, wie es sich unter allen Umständen zu verhalten hat, ist eine unrealistische Erwartung, die für jedermann negative Folgen hat.

Unterschiedliche Situationen erfordern unterschiedliche Kompetenzen. Die Annahme, Ihr Kind sollte wissen, wie effektives Verhalten in einer Situation aussieht, weil es weiß, wie es sich in anderen Situationen zu verhalten hat, ist falsch. Genauso wenig ist der Glaube hilfreich, Ihr Kind entscheide sich dafür, in bestimmten Situationen oder mit gewissen Menschen ein besseres Verhalten an den Tag zu legen. Ihrem Kind müssen für andere Situationen neue Fertigkeiten beigebracht werden, bis es in der Lage ist, in allen Situationen bestimmte Fertigkeiten zu nutzen.

Familienangehörige sollten nicht vom Schlechtesten ausgehen

Die Annahme, dass Familienangehörige eine wohlwollende Haltung einnehmen und nicht vom Schlechtesten ausgehen sollten, wurde speziell für Familien entwickelt. Die Mitglieder einer Familie ziehen häufig voreilige Schlüsse über andere Familienmitglieder und glauben ungeachtet unbekannter oder widersprüchlicher Information, diese Schlüsse seien wahr. Sie mögen denken, dass Ihr Kind sich in einer bestimmten Weise verhält, um Ihre Aufmerksamkeit zu bekommen; Ihr Kind mag denken, dass Sie ihm keine Süßigkeiten geben, weil Sie böse auf es sind. Diese Annahmen erzeugen häufig unnötige Wut, Enttäuschung und Verwirrung innerhalb der Familie.

Die Absicht eines Verhaltens (die oft nicht bekannt ist) wird häufig verwechselt mit der Wirkung eines Verhaltens (die von anderen erfahren wird). Zum Beispiel kann Ihr Sohn glauben, sein Bruder habe ihn verletzen wollen, als er ihn nicht dazu aufforderte, mit den Freunden seines Bruders zu spielen. In Wirklichkeit kann sein Bruder einfach vergessen haben, ihn zu fragen, und wollte ihn gar nicht kränken. Es muss nicht die Absicht Ihres Kindes sein, Sie wütend zu machen, auch wenn Sie genau dieses Gefühl haben.

Es kann viele Gründe dafür geben, dass jemand sich auf seine Art verhält. Einige dieser Gründe haben vielleicht gar nichts mit irgendjemand anders in der Familie zu tun. Wenn Familienmitglieder Fragen stellen und lernen, die Tatsachen zu überprüfen, haben sie mehr Möglichkeiten, einander zu akzeptieren.

Es gibt keine absolute Wahrheit

Die Wahrheit einer Situation beruht auf der Perspektive eines jeden einzelnen und ist deshalb relativ und veränderlich. Wenn Sie akzeptieren, dass der Standpunkt, die Erinnerung oder das Verständnis einer Person sich von Ihren eigenen unterscheiden, empfinden Sie nicht länger das Bedürfnis, zu beweisen, dass Sie recht haben oder die andere Person unrecht hat. Das ruhige Anerkennen, dass Sie unterschiedlicher Meinung sind, verhindert normalerweise Streite, Auseinandersetzungen und Machtkämpfe zwischen Eltern und Kind.

Wie oft streiten Sie und Ihr Kind sich über die Wahrheit? Sie sagen zu Ihrem Kind, es könne am kommenden Wochenende keinen Besuch von einem Freund empfangen, und es jammert: »Du lässt mich nie was tun, was Spaß macht.« Sie wissen, diese Aussage entspricht nicht der Wahrheit, wie Sie sie kennen. Also haben Sie jetzt die Wahl. Sie können bestreiten, was Ihr Kind gesagt hat, und sich mit ihm darüber auseinandersetzen, wessen Wahrheit stimmt. Oder Sie können beschließen, nicht auf seine Aussage einzugehen. Für diesen Moment die Wahrheit Ihres Kindes zu akzeptieren, setzt Ihre eigene nicht außer Kraft. Es hebt auch die Grenze nicht auf, die Sie gesetzt haben und die sich weiterhin durchsetzen lässt. Sie werden jedoch einen Kampf um die Wahrheit vermeiden, einen Streit, der von keiner Seite wirklich gewonnen werden kann und der aus allen Beteiligten Verlierer macht.

Als Vater oder Mutter Ihres Kindes werden häufig Sie die Person sein, die imstande ist, zu verstehen, dass es mehr als eine Wahrheit geben kann. Die kindliche Tendenz, konkret zu denken (ohne in der Lage zu sein, Bedeutung zu abstrahieren oder das große Ganze zu betrachten), kann es Ihrem Kind erschweren, diese Subtilität zu sehen. Deshalb ist es wichtig, dass Sie, die Mutter oder der Vater, akzeptieren, dass Ihr Kind seine eigene Sicht hat, die sich für es selbst sehr real anfühlt. Sie müssen Ihre eigene Sicht nicht verteidigen, noch müssen Sie seine abtun; Sie müssen einfach nur akzeptieren, dass die zwei sich unterscheiden.

Mit Annahmen arbeiten

Vielleicht denken Sie, dass Sie die oben aufgeführten Aussagen nicht glauben und auch nicht glauben können. Diese Annahmen stellen Eltern auf unterschiedliche Weise vor Herausforderungen. Manche von ihnen erscheinen Ihnen möglicherweise glaubwürdig, während Sie sich mit anderen überhaupt nicht wohl fühlen. Mögen einige dieser Annahmen auch schwer zu akzeptieren sein, sollten Sie sich doch so verhalten, als wären sie wahr. Nur so können Sie akzeptieren, ändern und mit sich selbst und Ihrem Kind zufriedener sein.

Falls Sie das Gefühl haben, einige der Aussagen einfach nicht akzeptieren zu können, stehen Sie nicht alleine da. Das gilt für die meisten Eltern, mit denen wir arbeiten; versuchen Sie also, sich keine Sorgen zu machen. Jede Veränderung findet über einen längeren Zeitraum statt, deshalb ist das Üben ein zentrales Element der DBT. Sie müssen üben, um zu lernen. Die folgenden Schritte können Sie mit jeder der Annahmen üben, mit denen Sie Schwierigkeiten haben, oder mit jeder Annahme, die Ihrer Ansicht nach nur wirksam sein kann, wenn Sie sie glauben. Für einige Annahmen geben wir Ihnen Beispiele, über die Sie vielleicht nachdenken mögen.

- Wiederholen Sie zu sich selbst gewandt eine herausfordernde Annahme, auch wenn Sie sie nicht so recht glauben (»Obwohl mein Kind nicht mit mir kooperiert, gibt es sein Bestes.«).
- Denken Sie in Momenten, in denen es wichtig erscheint und/oder Sie mit einer Sache Schwierigkeiten haben, an eine hilfreiche Annahme (»Auch wenn mein Kind nicht zur Therapie gehen will, will es die Dinge trotzdem besser machen.«).
- Wiederholen Sie zu sich selbst gewandt die Worte der herausfordernden Annahme (»Mein Kind gibt sein Bestes.«).

• Erinnern Sie sich immer, wenn es angebracht erscheint, an die Bedeutung der Annahme (»Es tut, was es kann, ungeachtet seiner vielen Schwierigkeiten; genau jetzt gibt es sein Bestes.«).

Wie wir gesehen haben, führt das Ändern von Gedanken zur Änderung von Gefühlen und Überzeugungen. Mit der Zeit werden Sie beginnen, ein wenig anders zu empfinden. Wenn Sie üben, die Annahmen zu glauben, werden diese sich wahr anfühlen.

Weise Antworten finden

Im vorangegangenen Kapitel stellten wir Ihnen die Idee vom wissenden Zustand und weisen Antworten vor.[23] Sie wissen, dass es am wirksamsten ist, weise zu antworten und Entscheidungen nicht auf der Grundlage von Emotionen, sondern auf der Basis eines größeren Zusammenhangs zu treffen, wenn Ihr Kind intensive Emotionen hat.

Die Anwendung der Annahmen der DBT bietet Ihnen eine Möglichkeit, Ihrem Kind weisere Antworten zu geben. Zum weiteren Erlernen des weisen Antwortens werden in der DBT mehrere Fertigkeiten vermittelt, darunter die, innerlich von einer Situation zurückzutreten und die Dinge mit anderen Augen und einer anderen Perspektive zu betrachten.[24] Zu diesen Fertigkeiten gehört auch die Kompetenz, zu fokussieren, nicht wertend zu denken und zu tun, was funktioniert (was wirksam ist).

Fertigkeiten, die Ihnen helfen, Dinge mit neuen Augen zu sehen

Diese Fertigkeiten sollen Ihnen helfen, aktiv und bewusst an Ihrem Leben teilzunehmen.[25] Menschen gehen häufig unachtsam oder automatisch durch ihr Leben und schenken dem, was im Moment passiert, wenig Aufmerksamkeit. Um neue Fertigkeiten zu erwerben und wirkungslose Muster zu ändern, müssen Sie dem, was Sie im

Die Annahmen üben

Schauen Sie sich noch einmal die Annahmen der DBT an und denken Sie darüber nach, wie es Ihr Denken, Fühlen und Verhalten verändern könnte, wenn Sie sie als Tatsachen ansähen. Beantworten Sie die folgenden Fragen in Ihrem Notizbuch:

• Welche Annahmen werden Ihnen Ihrer Meinung nach am meisten helfen?
• Welche Annahme stellt Sie vor die größte Herausforderung? Warum?

Denken Sie über eine Situation nach, in der Ihr Handeln oder Ihr Gefühl Ihrem Sohn oder Ihrer Tochter gegenüber sich ändern würde, wenn Sie eine Annahme

glaubten. Nutzen Sie zur Klärung Ihrer Gedanken die folgenden Punkte:

• Beschreiben Sie die Situation. (Was hat Ihr Kind getan? Was haben Sie gefühlt?)
• Schreiben Sie die Annahmen auf, die Sie nutzen würden.
• Beschreiben Sie eine mögliche Antwort. (Zum Beispiel: »Ich habe mich entschieden, lieber wegzugehen als zu streiten.«)
• Beschreiben Sie, was Ihrer Ansicht nach das Ergebnis der neuen Reaktion wäre. (Etwa: »Weniger Geschrei, mehr Ruhe.«)

jeweiligen Moment tun, Ihre volle Aufmerksamkeit entgegenbringen.

Viele Menschen empfinden es als hilfreich, ein wenig Abstand zwischen einem Ereignis und ihrer Reaktion darauf zu schaffen. Es gibt Fertigkeiten, die es Ihnen ermöglichen, geistig einen Schritt zurückzutreten und sich ganz dem Augenblick zu widmen, in wohlüberlegter Weise zu reagieren. Probieren Sie diese Schritte aus, um bei einem schwierigen Ereignis oder in einer herausfordernden Situation auf weisere Art zu antworten.

- Treten Sie einen Schritt zurück und schauen Sie sich an, was gerade passiert. Beobachten Sie die Situation.
- Fassen Sie die Situation oder Erfahrung in Worte. Beschreiben Sie sie so, dass Sie die reale Situation von Ihrer Einschätzung oder Ihren Gefühlen für sie trennen können. Ein Beispiel: Eine Person, die schreit (die Beschreibung), muss nicht, wie Sie vielleicht denken, wütend auf Sie sein (Ihre Einschätzung der Situation).
- Widmen Sie sich der Situation mit voller Bewusstheit, innerer Aufmerksamkeit und Achtsamkeit. Seien Sie aktiv und vollständig beteiligt an dem, was Sie im gegenwärtigen Moment tun. Befassen Sie sich beispielsweise das nächste Mal, wenn Sie Geschirr spülen, voll und ganz mit den Handlungen, die Sie ausführen. Die meisten von uns erledigen viele Aufgaben unachtsam, verrichten einfach die vertrauten Tätigkeiten, während sie an etwas anderes denken. Wenn Sie sich aktiv und bewusst auf eine Aufgabe konzentrieren, die schwierig ist, können Sie wirksamere Wege für den Umgang mit ihr finden. Dies gilt sogar für herausfordernde Situationen mit Ihrem Kind.

Achtsamkeitsübung zum Fokussieren und Wahrnehmen

Achtsamkeitsübungen helfen Menschen, sich der Gegenwart bewusst zu werden und sich mit vollem Gewahrsein ihrer Handlungen und/oder ihrer Umgebung auf den Moment zu fokussieren. Sie können Achtsamkeitsübungen jederzeit anwenden, um sich zu konzentrieren und Ihren Geist von Ablenkungen zu befreien.

Achtsamkeitsübung

Versuchen Sie, Ihren Namen ganz langsam zu schreiben. Achten Sie darauf, wie:

- Sie den Stift hochnehmen und ihn in Ihrer Hand in die richtige Position drehen.
- Sie den Stift halten.
- Ihre andere Hand liegt.
- Sie Ihre Hand bewegen.

Schauen Sie, wie anders Ihr Name aussieht, wenn Sie langsamer werden und wahrnehmen, was Sie tun. Wie schwer oder wie leicht fiel es Ihnen, dieses Verhalten zu ändern? Beachten Sie, dass Sie eine sonst automatisch erfolgende Reaktion ändern, wenn Sie das Tempo Ihrer Reaktion verlangsamen und sich ganz bewusst konzentrieren.

Fertigkeiten, die zu weisen Antworten führen

Die DBT vermittelt Fertigkeiten von unschätzbarem Wert, die Ihnen helfen, Dinge mit neuen Augen zu sehen und weise Denk-, Kommunikations- und Verhaltensweisen zu entwickeln.[26] Diese Fertigkeiten umfassen das nicht wertende Denken, das Tun dessen, was funktioniert, und das Fokussieren der gesamten Energie auf eine Sache im gegenwärtigen Moment. Wir haben diese Fertigkeiten bereits erwähnt und werden sie jetzt noch einmal genauer betrachten.

Nicht wertend denken

Die buddhistische Qualität der DBT-Philosophie unterstützt ein Denken in Begriffen, die nicht werten.[27] Nicht zu werten bedeutet nicht, dass Sie ausschließlich positiv denken, steht doch jedem Positiven immer etwas Negatives gegenüber. Auf nicht wertende Weise zu denken, bedeutet, überhaupt nicht in Begriffen zu denken, die irgendwie werten. Sagen wir zum Beispiel, Ihr Sohn kommt von der Schule nach Hause und hat in einer Arbeit eine Eins geschrieben. Sie reagieren erfreut und sagen: »Du bist so ein guter Schüler!« Was passiert, wenn Ihr Sohn später mit einer Drei nach Hause kommt? Weil Sie die Situation zuvor, als er eine Eins bekommen hat, als »gut« dargestellt haben, wird er jetzt versucht sein, seine Leistung als »schlecht« zu betrachten, auch wenn Sie selbst das weder so sehen noch aussprechen. Wertende Sprache fordert zu Vergleichen und Urteilen auf, die in der Zukunft Schwierigkeiten mit sich bringen können. Ein Lob ist gut gemeint und schnell dahingesagt, aber behalten Sie im Hinterkopf, was Worte alles intendieren und bei unserem Gegenüber auslösen können.

Versuchen Sie einfach zu beschreiben, statt zu bewerten. Sagen Sie zum Beispiel: »Ich sehe, dass du viele Stunden lang lernst«, und lassen Sie jedes Etikettieren oder Bewerten weg. Halten Sie sich an folgende Schritte, um die wertende Sprache hinter sich zu lassen: Beschreiben Sie das Verhalten genau so, wie Sie es sehen, und beschreiben Sie die Konsequenz dieses Verhaltens. So könnten Sie beispielsweise zu Ihrem Kind sagen: (A) »Du bist so gut (wertende Aussage) und machst mich gerade richtig stolz«, oder: (B) »Du verbringst viel Zeit mit deinen Hausaufgaben (nicht wertend, beschreibend), und es gibt mir ein gutes Gefühl, wenn du das tust (Fokussierung auf die Konsequenzen).«

Aussage A etikettiert und bewertet; Ihr Kind wird wahrscheinlich das Gefühl haben, Sie redeten über es statt über sein Verhalten. Das Kind weiß nicht genau, was es tut, das Sie mit Stolz erfüllt, oder was es in Zukunft hierfür tun muss. Aussage B beschreibt auf eine für das Kind klar verständliche Art, was es tut, wodurch sich dieses Verhalten auch in Zukunft wiederholen lässt. Wirksame Erziehung versetzt Ihr Kind in die Lage, zu verstehen, dass Sie seine Verhaltensweisen beschreiben (die änderbar sind) und nicht es selbst.

In der Tabelle (Seite 38) haben wir einige häufig verwendete wertende Sätze aufgelistet. Die Sätze in der Spalte daneben zeigen Möglichkeiten auf, in nicht wertender Weise zu beschreiben, was Ihr Kind tut. Beachten Sie, dass die nicht wertenden Sätze mehr Möglichkeiten bieten, Ihrem Kind zu helfen, sich anders zu verhalten.

Es ist sehr schwer, in Begriffen zu denken, die nicht werten. Wir haben alle gelernt, das Gesehene zu etikettieren und zu beurteilen,

Übung: Ihr Kind mit nicht wertenden Begriffen beschreiben

Versuchen Sie nun, beschreibende statt wertende Sprache zu benutzen. Stellen Sie sich hierfür vor, wie Ihr Kind vor Ihnen steht. Schauen Sie sich die folgenden Fragen an und schreiben Sie Ihre Gedanken in Ihr Notizbuch.

- Wie sieht Ihr Kind aus? Wie groß ist es? Welche Farbe hat sein Haar? (Anmerkung: Wörter wie »fett« oder »dünn« sind zwar sachlich nicht wertend, werden aber häufig so wahrgenommen.)
- Woran hat Ihr Kind Freude? Was isst es gern? Welche Hobbys hat es? Welches ist sein Lieblingsspiel?
- Wie verbringt Ihr Kind seinen Tag? In welche Klasse geht es? Welches Schulfach mag es? Treibt es Sport? Mit welcher Sportmannschaft fiebert es mit?
- Hat es ein Talent für Kunst, Schauspiel oder ein Musikinstrument?

An Ihrem Kind ist viel mehr dran, das sich beschreiben lässt, als Sie normalerweise im Kopf haben. Sie können von der emotionalen Intensität Ihres Kindes so überwältigt sein, dass Sie an wenig anderes denken. Durch diese Übung sehen Sie Ihr Kind mit neuen Augen und auf neue Art und Weise.

Wertende Sätze versus beschreibende Sätze

Wertende Sätze	Beschreibende Sätze
»Das ist kein angemessenes Verhalten.«	»Dein Verhalten ist ineffektiv und wird dir nicht helfen zu bekommen, was du willst.«
»Du bist so ein guter Junge.«	»Danke, dass du getan hast, worum ich dich gebeten habe.«
»Mein Kind ist so manipulativ.«	»Mein Kind fragt seinen Vater, nachdem ich bereits nein gesagt habe.«
»Er stört immer.«	»Er unterbricht seine Geschwister, wenn sie ihre Hausaufgaben machen.«
»Ich wünschte, er wäre nicht so schwierig.«	»Er hält sich zu Hause nicht an die Regeln und scheint nicht auf mich zu hören.«
»Du bist so faul.«	»Es würde mich freuen, wenn du deine Aufgaben erledigst, wenn ich dich darum bitte.«
»Du bist toll.«	»Es gefällt mir sehr, dass du mir Dinge erzählst und zuhörst, wenn ich dich um etwas bitte.«

statt es zu beschreiben. Nicht zu werten erfordert Übung. Jedoch handelt es sich hierbei um eine sehr wichtige Fertigkeit. Wie wir gesehen haben, hat Ihr Denken Auswirkung auf Ihr Gefühl und auf Ihr Verhalten. Kinder, die etikettiert oder bewertet werden, trennen Etikettierungen nicht von Tatsachen und fühlen sich nicht von ihren Verhaltensweisen getrennt. Das Gefühl Ihres Kindes dafür, wer es ist, und seine Selbstachtung werden durch die Art beeinflusst, wie Sie über es denken, sowie durch die ehrlichen, beschreibenden Worte, die Sie im Gespräch mit ihm verwenden. Je mehr Sie in der Lage sind, beschreibende statt wertende Sprache zu benutzen, umso besser wird Ihr Kind in der Lage sein, sich selbst zu kennen und die Verbindung zwischen seinen Verhaltensweisen, Ihren Reaktionen und seinem Gefühl für sich selbst zu verstehen.

Tun, was funktioniert

Häufig fragen Eltern, wie man einem Kind, das so intensiv reagiert, beibringt, wie es sich zu verhalten hat oder wie es erkennt, welche Auswirkungen sein Verhalten auf andere hat. Möglicherweise befürchten Sie, nicht in der Lage zu sein, Ihrem Kind Werte und Moralvorstellungen zu vermitteln, wenn Sie es akzeptieren und nicht bewerten.

Das Erlernen angepasster Verhaltensweisen erfordert gemäß der DBT-Theorie, dass Sie Ihr gegenwärtiges Handeln untersuchen, um festzustellen, ob Ihre Verhaltensweisen Ihre Bemühungen unterstützen oder behindern.[28] Fragen Sie sich oder Ihr Kind: »Funktioniert das?«

Wenn Sie Ihrem Kind neue Verhaltensweisen beibringen wollen, sollten Sie sich darauf konzentrieren, das derzeitige

Verhalten zu beschreiben und Ihrem Kind zu helfen, die Konsequenzen dieses Verhaltens einzuschätzen. Bekommt Ihr Kind, was es will? Wenn es mehr Freunde haben will, aber mit seinen Freunden streitet, wenn diese bei ihm zu Besuch sind, stellt sich zum Beispiel die Frage, ob sein Verhalten zu neuen Freundschaften führt. Ebenso können Sie sich fragen, ob Ihre Reaktionen auf Ihr Kind das Ergebnis haben, das Sie sich erhoffen. Fragen Sie sich: »Hilft mir diese Reaktion oder Handlung, zu erreichen, was ich möchte? Funktioniert sie?« Zu tun, was funktioniert, bedeutet, weise zu antworten. Es bedeutet, dass Sie Erwartungen, die das Wort »sollte« beinhalten, und Bewertungen wie »richtig« oder »falsch«, »gerecht« oder »ungerecht« abschaffen.

Denken Sie darüber nach, wie Sie auf Ihr Kind reagieren, wenn es aufgebracht ist und die Tür knallt. Das Türknallen verstößt gegen die Regeln in Ihrem Haus, und Sie möchten gerne, dass sein Verhalten eine Konsequenz hat. Sie sagen ihm, dass es eine halbe Stunde lang keine Musik hören darf, weil es die Tür geknallt hat. Jedoch nutzt Ihr Kind Musik, um sich zu besänftigen, wenn es aufgebracht ist. Ist Ihre Reaktion wirksam? Wie wird Ihr Kind sich beruhigen, wenn es nicht in der Lage ist, etwas zu nutzen, das es tröstet oder besänftigt?

Eine effektivere Antwort bestünde darin, das Kind für eine halbe Stunde auf sein Zimmer zu schicken, ohne dass es fernsehen darf, und ihm das Musikhören zu erlauben. Dies würde ihm helfen, zur Ruhe zu kommen, und könnte ihm zusätzlich eine neue Art des Umgangs mit seinen Emotionen beibringen. Diese könnte es dann das nächste Mal anwenden, wenn es aufgebracht ist (ein wenig Zeit alleine mit Musikhören verbringen).

Die gesamte Aufmerksamkeit auf eine Sache richten

Ein weiterer aus dem Buddhismus stammender Aspekt der DBT ermuntert zum Fokussieren auf den gegenwärtigen Moment.[29] Für die letzte Fertigkeit, die zu weisen Antworten führt, gilt es deshalb zu lernen, einer Aktivität seine gesamte Aufmerksamkeit zu widmen, und zwar mit voller Bewusstheit und ganzem Engagement und ohne sich von anderen Dingen ablenken zu lassen. Dies ist das Gegenteil von Multitasking. Viele von uns versuchen ihre Zeit so effektiv wie möglich zu nutzen, indem sie so viele Dinge wie möglich tun. Tatsächlich sind wir aber weniger effektiv, wenn wir mehrere Tätigkeiten gleichzeitig erledigen.

Um in einer Situation die besten Ergebnisse zu erzielen und äußerst weise antworten zu können, sollten Sie jeder Aufgabe Ihre gesamte Aufmerksamkeit widmen. Führen Sie hierfür eine nach der anderen mit voller Bewusstheit aus.

Reagieren versus Antworten

Wenn Ihre Interaktionen mit Ihrem Kind auf Ihren Emotionen gründen, reagieren Sie auf Ihr Kind. Ihre Emotionen diktieren Ihnen, was Sie sagen und wie Sie es sagen. Wenn Sie anfangen, weise zu denken, antworten Sie Ihrem Kind in durchdachter und vernünftiger Weise.[30] Sie berücksichtigen die Gefühle Ihres Kindes und antworten auf

Übung: Die gesamte Aufmerksamkeit auf eine Sache richten

Denken Sie darüber nach, was passiert, wenn Sie Ihrem Kind bei den Hausaufgaben helfen und gleichzeitig mit einer Freundin telefonieren. Während Sie die Hausaufgaben Ihres Kindes anschauen, verpassen Sie etwas, das Ihre Freundin sagt, und bitten sie, es noch einmal zu wiederholen. Oder Sie hören Ihrer Freundin zu und sind nicht in der Lage, einen Fehler zu sehen, den Ihr Kind gemacht hat. Ihr Kind und Ihre Freundin haben unter Umständen beide ein wenig das Gefühl, zu kurz zu kommen und unwichtig zu sein. Sie sind zu abgelenkt, um Ihrem Kind effektiv zu helfen, und Sie sind nicht in der Lage, für Ihre Freundin vollständig präsent zu sein. Weder Ihrer Freundin noch Ihrem Kind ist mit Ihren verschiedenen Bemühungen geholfen.

Wählen Sie für diese Übung eine Aktivität, die Sie häufig ausführen, und versuchen Sie sie mit Ihrer gesamten Aufmerksamkeit und ohne Ablenkungen zu verrichten. Oder suchen Sie sich aus der folgenden Liste eine Aktivität aus:

- Essen Sie etwas sehr langsam. Achten Sie darauf, wie es sich in Ihrem Mund anfühlt und wie es schmeckt.
- Verbringen Sie Zeit mit Ihrem Kind, ohne ans Telefon zu gehen oder mit jemand anders zu sprechen. Hören Sie, was Ihr Kind sagt, und schauen Sie, ob Sie die Worte zu sich selbst gewandt wiederholen können.
- Betrachten Sie etwas, das sich in Ihrem Portemonnaie oder Ihrer Tasche befindet und das Sie ziemlich oft ansehen. Schauen Sie, ob Sie etwas Neues daran entdecken können.

eine Art, die wohlüberlegt und wirkungs-voll ist. Fragen Sie sich beim Interagieren mit Ihrem Kind, ob Sie emotional reagieren oder weise antworten. Sie wollen, dass Ihre Antwort Letzteres ist.

Validierung

»Validierung« bezeichnet das Handeln, mit dem Sie jemandem mitteilen, dass Sie seine Gedanken, Gefühle und Verhaltensweisen im Kontext seiner eigenen Lebenserfahrun-gen verstehen, anerkennen, nachempfinden und akzeptieren.[31] Hierbei handelt es sich um ein sehr wichtiges Konzept der DBT, das wir zuvor bereits erwähnt haben und uns nun genauer ansehen werden.

Eltern aus unseren Gruppen haben berich-tet, Validierung sei die wichtigste Fertigkeit, die sie erworben haben. Wie in Kapitel 1 (Seite 12) angemerkt, fühlt sich Ihr Kind invalidiert, wenn es das Gefühl hat, dass Sie nicht zuhören oder es nicht verstehen. Dadurch kann die Intensität seiner Emotio-nen und Verhaltensweisen zunehmen, will es Sie doch dazu bringen, zu verstehen, was es Ihnen mitzuteilen versucht. Validierungs-fertigkeiten helfen Ihnen, Ihr Kind wissen zu lassen, dass Sie zuhören und es ernst nehmen, dass Sie sein Verhalten im Kontext seiner Lebensumstände verstehen können und dass Sie Ihr Kind akzeptieren. Wenn Ihr Kind sich angenommen fühlt, reagiert es weniger intensiv und ist eher bereit, über seine Gefühle zu sprechen.

Die Validierung kann in unterschiedlicher Form erfolgen. Beispiele hierfür wären:
- Sie sitzen still da und hören zu.
- Sie erzählen jemandem, dass Sie aufmerk-sam zuhören.

- Sie bringen Ihre Anerkennung der Gefühle eines anderen zum Ausdruck.
- Sie versuchen zu verstehen, was jemand fühlt oder Ihnen erzählt.

Egal, welche Form Sie verwenden, um Ihr Kind zu validieren, sie muss für Ihr Kind ak-zeptabel sein. Validieren Sie Ihr Kind nicht, indem Sie sagen: »Ich verstehe«, wenn es das Gefühl hat, dass Sie es nicht verstehen kön-nen. Reagiert Ihr Kind positiv, wenn Sie still dasitzen und zuhören, ist dies möglicher-weise eine wirkungsvolle Validierungsform für Ihr Kind. Manchmal müssen Sie nach dem Prinzip Versuch und Irrtum vorgehen, um den wirksamsten Weg zu finden, Ihr Kind zu validieren. Geben Sie nicht auf; der Nutzen der Validierung ist unermesslich.

Jemandem mitzuteilen, dass Sie seine Gefüh-le akzeptieren, ist nicht unbedingt eine leich-te Aufgabe. Sie fällt Eltern insbesondere dann schwer, wenn die Verhaltensweisen, die aus diesen Emotionen resultieren, seltsam, unbe-herrscht oder gefährlich wirken oder gegen sie gerichtet sind. Es hilft, daran zu denken, dass die Validierung der Gefühle oder Verhal-tensweisen Ihres Kindes nicht bedeutet, dass Sie mit diesen Gefühlen oder Verhaltens-weisen einverstanden sind oder dass Sie sie mögen. Validierung bedeutet lediglich, dass Sie Ihrem Kind zuhören und versuchen, die Dinge aus seiner Sicht zu betrachten.

Die Bedeutung der Validierung
Von allen Erziehungsfertigkeiten ist die Validierung jene, die für Eltern am schwers-ten zu erwerben ist – und die wichtigste. Die Validierung hilft Ihnen,
- emotionale Situationen zu deeskalieren,
- effektiv zu kommunizieren,

- in einer Weise zuzuhören, die Ihr Kind mehr reden, mehr mitteilen und besser zuhören lässt,
- Familienmitglieder in die Lage zu versetzen, einander positiver und offener gegenüberzustehen.[32]

Die Validierung hilft Ihnen zudem, trotz der Emotionalität Ihres Kindes ruhig zu bleiben. Validierung ist die erste Abwehrlinie in chaotischen Situationen.

Akzeptanz und Veränderung

Eine Person muss sich akzeptiert fühlen, bevor sie sich ändern kann.[33] Ein Mensch muss sich gehört fühlen, um zu hören. Denken Sie daran, wie es ist, wenn jemand Ihre Gefühle bezüglich einer Situation ignoriert und stattdessen versucht, Ihnen zu sagen, was Sie zu ihrer Lösung tun sollen. Sie haben womöglich den Eindruck, dass Ihr Gegenüber Sie nicht versteht oder Ihnen nicht zuhört. Ohne Akzeptanz wird es schwieriger für Sie, zuzuhören oder den anschließenden Ratschlag ernst bezüglich nehmen.

Dasselbe gilt für Ihr Kind. Um zu hören, was Sie zu sagen haben, will es wissen, dass Sie ebenfalls zuhören. Damit es Rat akzeptieren kann, muss es erst einmal fühlen, dass es selbst akzeptabel ist. Nur dann kann es sich ändern, ohne das Gefühl zu haben, mit ihm stimme ohnehin etwas nicht.

Durch die Reaktion Ihres Kindes werden Sie wissen, ob Ihre Validierung wirksam ist. Beruhigt es sich oder beginnt es, sich mehr mitzuteilen? Geben Sie nicht auf, wenn es das erste Mal nicht funktioniert. Probieren Sie weiter. Ihr Kind wird Zeit brauchen, um neue Reaktionen auf Ihre neuen Verhaltensweisen zu lernen.

Lernen, wie man validierende Aussagen macht

Unten sind die Schritte aufgeführt, die Sie unternehmen müssen, um das Validieren Ihres Kindes und anderer Personen zu üben. Lesen Sie sie sich ein paarmal durch und schauen Sie sie sich erneut an, wenn Sie wissen, dass Sie eine herausfordernde Situation zu erwarten haben oder wenn Sie noch einmal über eine Interaktion nachdenken wollen, die Sie Ihrer Ansicht nach hätten erfolgreicher handhaben können. Denken Sie daran: Wie bei jeder neuen Fertigkeit ist Übung unerlässlich.

Schritt 1: Finden Sie einen Weg, weise zu handeln. Der erste Schritt in diesem Prozess besteht darin, innezuhalten, einen Schritt zurückzutreten, zu beobachten und über die Situation nachzudenken.
- Nehmen Sie sich einen Moment Zeit, bevor Sie antworten.
- Beobachten Sie die Situation.
- Was müssen Sie tun, um Ihre Reaktionszeit zu verlangsamen? (Probieren Sie es mit ein paar tiefen Atemzügen, schließen Sie für eine Sekunde die Augen, öffnen Sie die Fäuste.)
- Legen Sie Ihr Ziel fest.
- Antworten Sie weise und versuchen Sie, nicht emotional zu reagieren.

Schritt 2: Betrachten Sie Ihr Kind mit neuen Augen. Der nächste Schritt besteht darin, sich alter Muster bewusst zu werden und neue Denkweisen zu entwickeln.
- Denken Sie daran, Ihr Kind gibt unter den gegenwärtigen Umständen sein Bestes. Sie könnten dies auch zur Erinnerung zu sich selbst gewandt sagen.
- Versuchen Sie zu bestimmen, welche Emotion Ihr Kind empfindet. Können Sie es fragen, falls Sie es nicht wissen?

- Überlegen Sie, was zu dem aktuellen Verhalten führen könnte.
- Denken Sie darüber nach, was in Ihrem Kind vor sich geht. Weckt diese Situation bei ihm schwierige Erinnerungen?

Schritt 3: Untersuchen Sie, was Ihnen in die Quere kommen kann. Überlegen Sie als Nächstes, welche Umstände Ihre Validierung Ihres Kindes behindern können.
- Denken Sie über die Anfälligkeiten oder Sorgen nach, die Sie in die Situation hereintragen. Was löst diese Situation bei Ihnen aus?
- Seien Sie sich Ihrer Gedanken und Gefühle bezüglich der Situation bewusst.

- Überlegen Sie, ob das Ereignis in Ihnen alte Erinnerungen oder Gefühle ausgelöst hat.
- Ermitteln Sie, ob Sie in diesem Moment Ihr Kind oder sich selbst bewerten.

Schritt 4: Machen Sie eine validierende Aussage. Üben Sie, Aussagen zu treffen, die Sie selbst und Ihr Kind beruhigen und die Ihr Verständnis und Ihre Akzeptanz Ihres Kindes zum Ausdruck bringen. Vielleicht verfehlen Sie am Anfang Ihr Ziel und vielleicht müssen Sie weiterüben, um Wege der Validierung zu finden, die bei Ihrem Kind funktionieren. Achten Sie darauf, dass Ihre Versuche aufrichtig sind, und Ihr Kind wird beginnen, sich validiert zu fühlen.

Arbeitsblatt: Üben der Validierung

Denken Sie daran, dass es für den Erwerb sämtlicher Fertigkeiten notwendig ist, zu üben, zu üben und nochmals zu üben.

Irgendetwas Neues zu lernen erfordert Offenheit und Wiederholung, bis es zu einer selbstverständlichen Gewohnheit geworden ist. Schauen wir uns ein Beispiel an, das verdeutlicht, wie das Denken an die Validierung die Reaktion auf ein Kind ändern und zu einem besseren Ergebnis führen kann:

Annes siebenjähriger Sohn Paul tut sich heute schwer damit, zu angemessener Zeit ins Bett zu gehen. Eines der Probleme ist, dass Paul sich über seinen Schlafanzug beklagt. Anne versteht das Problem nicht – darüber hat Paul sich noch nie beschwert. Anne weiß, dass ihr Sohn sehr aggressive Wutanfälle bekommt, wenn er übermüdet und frustriert ist. Obwohl sie ebenfalls weiß, dass es der Situation nicht förderlich ist, wenn sie Paul anschreit, ist sie selber zunehmend frustriert.

Anne beginnt sich Sorgen zu machen, dass Paul am nächsten Tag nicht in der Lage sein wird, aufzustehen und in die Schule zu gehen, wenn sie ihn nicht zu einer vernünftigen Zeit ins Bett bekommt. Sie sagt zu ihrem Sohn: »Bitte zieh jetzt deinen Schlafanzug an

und geh ins Bett.« Paul weigert sich, und es folgt ein verbaler Kampf. Am kommenden Tag sieht Anne sich das Arbeitsblatt zum Thema Validierung an, um nach anderen Antworten auf das Verhalten Ihres Sohnes zu suchen. Schauen wir uns ihr Arbeitsblatt für diese Situation einmal an.

Was mein Kind tut:

(Beobachten Sie und beschreiben Sie die Situation.)

....

....

....

»Paul hält seine Zubettgehroutine nicht ein. Er lässt sich Zeit damit, seinen Schlafanzug anzuziehen, und klagt, er fühle sich ›kratzig‹ an. Er hat diesen Schlafanzug zuvor ohne Probleme getragen.«

Meine Gedanken und Gefühle zu dem, was mein Kind tut:

»Warum muss er deswegen so ein Theater machen? Warum kann er nicht einfach diesen Schlafanzug anziehen und ins Bett gehen?«

[Anmerkung: Wenn Sie diese Gefühle ihm gegenüber zum Ausdruck bringen und sagen: »Nein, der ist nicht kratzig, du hast ihn dir doch selbst ausgesucht ...«, invalidieren Sie seine Erfahrung und seine Gefühle. Schauen Sie sich die nächste Aussage an, um zu sehen, wie eine effektive Antwort aussieht.]

Ich kann mein Kind akzeptieren, wenn ich mich daran erinnere, dass es sein Bestes gibt.

(Ich kann ihm mitteilen, dass ich es höre, indem ich Folgendes sage.)

....

....

....

»Ich sehe, dass dieser Schlafanzug sich für dich heute kratzig anfühlt. Meinst du, wir können einen anderen, weicheren Pyjama finden, der sich für dich angenehmer anfühlt? Es ist jetzt Zeit fürs Bett, und ich möchte, dass du dich in deinem Schlafanzug wohl fühlst. Morgen können wir einen neuen Schlafanzug kaufen.«

Das Ergebnis dieser Situation:

(Beschreiben Sie hier Ihre Gefühle sowie die Reaktion Ihres Kindes.)

....

....

....

»Ich habe das Gefühl, dass ich meinem Sohn zugehört habe und dass wir diese Situation gelöst haben, ohne seine Gefühle abzutun oder ihn herabzusetzen. Er ging sofort ins Bett, nachdem wir seinen Schlafanzug gewechselt hatten.«

Wir haben dieses Arbeitsblatt konzipiert, um Ihnen zu helfen, mit der Entwicklung validierender Antworten vertrauter zu werden. Sie können damit die Schritte üben, die zu einer solchen Antwort führen. Denken Sie für die Übung an eine Situation, von der Sie wünschen, Sie hätten Sie effektiver gehandhabt, oder überlegen Sie sich Situationen, die in Zukunft auftreten können. Folgen Sie – wie Anne im obigen Beispiel – den Anweisungen und schreiben Sie Ihre Antworten in Ihr Notizbuch.

Erziehungsrollen, -ziele und -erwartungen

Wie Sie wissen, beinhalten Ihre Rolle und Ihre Ziele als Mutter oder als Vater, dass Sie Ihr Kind lieben, versorgen, beschützen, ihm moralische Werte vermitteln und ihm helfen, ein selbstständiges und in sich gefestigtes Mitglied der Gesellschaft zu werden. Was passiert, wenn die emotionale Intensität Ihres Kindes in Ihnen das Gefühl hervorruft, Sie könnten Ihrer Rolle unmöglich gerecht werden? Verlagern sich Ihre Ziele? Ordnen Sie Ihre Ziele nach Priorität und versuchen Sie als Erstes jene zu erreichen, die Ihnen am wichtigsten erscheinen? Wie gehen Sie mit Ihren Gefühlen für Ihr Kind um, während Sie weiterhin versuchen, so wirksam wie möglich zu erziehen?

Es ist schwierig, ein Kind zu erziehen, das mit emotionaler Intensität auf Regeln, Erwartungen und Grenzen, die Sie seinem Verhalten setzen müssen, reagiert. Aber es ist nicht unmöglich. Die Art Ihrer Erziehung muss sich möglicherweise ein wenig ändern. Sie müssen sich anpassen und weniger Prioritäten haben, während Sie Ihr Bestes geben, um Ihr Kind unter Vermittlung von Werten sowie Respekt vor Erwartungen großzuziehen. In diesem Abschnitt und in den folgenden Kapiteln werden wir Ihnen Strategien und Techniken aufzeigen, mit denen Sie Ihrer Verantwortung als Mutter oder Vater trotz der intensiven Emotionalität Ihres Kindes gerecht werden können.

Effektiv interagieren und kommunizieren

Denken Sie für das effektive Interagieren und Kommunizieren mit Ihrem Kind darüber nach, wie Sie Ihren Standpunkt wirkungsvoll vermitteln und Ihrem Kind neue Verhaltensweisen beibringen können. Auch hier gilt, dass Sie Ihre Gefühle hintanstellen und weise denken müssen. Fragen Sie sich bei sämtlichen Interaktionen mit Ihrem Kind: »Funktioniert das? Erreiche ich meine Ziele?«

Stellen Sie sich zum Beispiel eine Situation vor, in der Ihr Kind bei seiner Rückkehr aus der Schule aufgewühlt wirkt. Es will nicht mit Ihnen darüber reden, aber es scheint wütend zu sein und lässt seine Wut an Ihnen aus. Sie fühlen sich verletzt und sagen ihm, dass es sich Ihnen gegenüber nicht fair verhalte (diese Reaktion basiert auf Emotionen). Ihr Kind beginnt noch lauter zu schreien. Es gebraucht eine Ausdrucksweise, die nicht hinnehmbar ist. Wie hätten Sie von Anfang an weiser antworten können? (Tipp: Validieren Sie seine Gefühle.) Und wie lösen Sie diese Situation, ohne ihm den Eindruck zu vermitteln, sein Verhalten sei akzeptabel?

Wenn Ihr Kind mit intensiver Emotionalität reagiert, ist es nicht in der Lage, vernünftig oder rational zu hören oder zu denken. Das liegt daran, dass der Teil seines Gehirns, der im emotionalen Zustand aktiv ist, denjenigen blockiert, der rationales Denken ermöglicht. Sie können weiterreden, aber Ihr Kind wird wahrscheinlich nicht hören, was Sie ihm sagen oder welche Lektionen Sie ihm zu erteilen versuchen. Es wird so lange nicht imstande sein, zuzuhören und zu lernen, bis es anfängt sich zu beruhigen. Validieren Sie zunächst seine Gefühle. Ihr Kind zu beruhigen oder zu warten, bis es ruhig ist, ist Ihr erster Schritt. Dass Sie darauf achten, selbst ruhig zu sein, ist ebenfalls wichtig. Dann werden Sie bereit sein,

- Ihre Ziele zu überprüfen,
- Prioritäten zu setzen,
- sich erfolgreich zu fühlen.

Die eigenen Ziele überprüfen

Für den effektiven Umgang mit schwierigen Situationen müssen Sie sich daran erinnern, was Sie versuchen zu erreichen und welche Ziele die wichtigsten sind. Stellen Sie sich die folgenden Fragen und denken Sie über die darunter aufgeführten möglichen Antworten nach.

Was will ich jetzt erreichen? Vielleicht wollen Sie:

- dass Ihr Kind aufhört zu schreien.
- Ihrem Kind begreifbar machen, welche Verhaltensweisen akzeptabel sind und welche inakzeptabel.
- verstehen, was Ihr Kind aus der Fassung bringt, damit Sie ihm helfen können, sich wieder besser zu fühlen.

Welches ist mein wichtigstes Ziel? Auf lange Sicht wollen Sie:

- eine Beziehung zu Ihrem Kind haben, die auf Zuwendung, Verständnis und gegenseitiger Akzeptanz beruht.
- dass Ihr Zuhause ein ruhigerer Ort ist.

Wie sollen wir beide uns fühlen, wenn dies vorbei ist? Sie wollen:

- dass Ihr Kind sich besser fühlt.
- das Gefühl haben, die Situation gut bewältigt zu haben.
- das Gefühl haben, dass Sie sich auf Ihre Ziele konzentriert haben und sich nicht haben ablenken lassen.

Prioritäten setzen

Um effektiv voranzukommen, sollten Sie Prioritäten setzen und eine Strategie entwickeln. Für beides sind die bereits besprochenen Fertigkeiten überaus nützlich.

Falls Sie Angst vor Ihrem Kind haben oder befürchten, aufgezeigte Grenzen könnten es

gewalttätig oder aggressiv werden lassen, muss die Sicherheit Ihres Kindes, Ihrer selbst und sämtlicher anderer Mitglieder Ihrer Familie immer oberste Priorität haben. Sie müssen dafür sorgen, dass niemand zu Schaden kommt. Es ist schwierig, ein Kind zu erziehen, wenn Sie Angst haben. Und ist Sicherheit auch immer das vorrangige Ziel, sollte Angst nicht Ihre Verantwortung als Mutter oder Vater außer Kraft setzen. Sie müssen weiterhin Grenzen setzen, sonst glaubt Ihr Kind, es könne mit seiner Wut andere Menschen beherrschen und Drohungen seien ein effektives Mittel, um zu bekommen, was man will. Wir werden in Kapitel 8 (Seite 122) eingehender über das Thema Sicherheit sprechen.

Oberste Priorität hat die Wiederherstellung einer ruhigen und sicheren Umgebung. Wenn Ihr Kind ruhig ist, weil es entweder Ihre Validierung akzeptiert hat oder Sie es allein gelassen haben, damit es sich beruhigt, legen Sie Ihre nächste Priorität fest. Stellen Sie sich die folgenden Fragen und werten Sie die Antworten aus.

Wollen Sie Grenzen setzen oder wegen des Verhaltens Ihres Kindes Konsequenzen verhängen? Dies könnte Ihre Priorität sein, wenn Ihr Ziel darin besteht, einem häufig unbeherrschten Kind effektivere Verhaltensweisen beizubringen.

Wollen Sie herausfinden, was Ihr Kind ursprünglich aus der Fassung gebracht hat? Dies ist Ihre Priorität, wenn die Schwierigkeiten Ihres Kindes hauptsächlich emotionaler Natur sind und es normalerweise in der Lage ist, sein Verhalten zu kontrollieren. Dies ist nicht unbedingt Ihre Priorität, wenn Ihr Kind beim Sprechen über Gefühle noch

Dialektik: In ausgewogener Weise denken

Das dialektische Denken ermöglicht es uns, (1) Verhaltensweisen innerhalb eines Gesamtzusammenhangs zu sehen, (2) unterschiedliche Perspektiven bei anderen und in uns selbst zu berücksichtigen, (3) zu erkennen, dass zwei widersprüchlich anmutende Sätze beide wahr sein können, und (4) weniger extreme, effektivere Denkweisen zu finden.[34] Wenn Eltern in der Lage sind, andere Standpunkte, die den eigenen entgegenstehen, zu akzeptieren, einzubeziehen und mit den eigenen zu synthetisieren (oder sie zumindest neben den eigenen gelten zu lassen), sind sie weniger starr, ausgeglichener und imstande, völlig neue Denkweisen zu entwickeln.[35]

Das ausgewogene Denken erfordert einige neue Fertigkeiten[36]. Diese beinhalten:

- das Verwenden von Begriffen wie »manchmal« und »einige Menschen« und das Vermeiden von extremen Wörtern wie »immer«, »nie«, »jeder« und »ständig«
- das Denken in den Kategorien »sowohl – als auch« statt »entweder – oder«; zum Beispiel: »Ich bin wütend und ich liebe dich trotzdem« oder »Dies fällt mir schwer und ich werde mein Bestes geben«
- das Denken daran, dass andere Optionen zulässig sein können, auch wenn man mit ihnen nicht einverstanden ist
- das Beschreiben von Situationen mit Aussagen dieser Art: »Ich fühle mich« statt: »Du bist«
- das Stellen von Fragen, um zu klären, was andere wollen, und das Mitteilen dessen, was andere wissen sollen

Beispiele für ausgewogenes Denken

Erinnern Sie sich an die scheinbar widersprüchlichen Annahmen, dass Ihr Kind sein Bestes gibt und dass es besser werden muss? Viele Eltern verwirrt der Versuch zunächst, zwei dem Anschein nach gegensätzliche Aussagen zu akzeptieren. Sind sie hierzu aber erst einmal in der Lage, empfinden sie es als sehr wertvoll. Die Welt der Kindererziehung ist voller Paradoxe und Konfusion. Das ausgewogene Denken hilft beim Überwinden der scheinbaren Widersprüche des Lebens. Im Folgenden besprechen wir eine Reihe von Beispielen für ausgewogenes Denken, die für die Eltern von Kindern mit intensiven Emotionen besonders relevant sind.

Akzeptanz und Hoffnung

Manchmal haben Eltern mit der Idee der Akzeptanz zu kämpfen, weil sie fürchten, sie würden ihr Kind damit aufgeben oder, schlimmer noch, die Hoffnung verlieren. Sie machen sich Sorgen, Akzeptanz käme einer Bestätigung gleich, dass ihr Kind sich niemals ändern werde. Die Synthese besteht hier darin, dass Sie Ihr Kind so akzeptieren, wie es in diesem Moment ist, und weiterhin auf Veränderung in der Zukunft hoffen. Diese Hoffnung versetzt Sie in die Lage, mit dem Bemühen um effektiveres Handeln fortzufahren, und ermöglicht die Vision einer besseren Zukunft. Akzeptanz bedeutet nicht, dass Eltern sich mit der Situation in ihrer gegenwärtigen Form abgegeben haben – sondern nur, dass sie diese im Moment akzeptieren, während sie gleichzeitig die Stärke und die Motivation finden, auf eine zukünftige Veränderung hinzuarbeiten.

Selbstständigkeit und Hilfe

Sie wollen, dass Ihr Kind selbstständiges Handeln lernt und weiß, Sie sind da, wenn es Sie braucht. Ein Beispiel: Sie bringen Ihr Kind zu einer Geburtstagsfeier und schicken sich das erste Mal an, zu gehen und es allein zurückzulassen. Sie wissen, dass Ihr Kind ängstlich und unsicher ist. Es beginnt zu wimmern und zu klammern. Ruhig erkennen Sie seine Sorgen an (Validierung) und sagen ihm, sie würden es nach kurzer Zeit anrufen, um zu fragen, ob es ihm gut gehe (Schritt in Richtung Veränderung). Sie überlassen Ihr Kind einer anderen Mutter und gehen weg. Nach kurzer Zeit erkundigen Sie sich nach ihm, lassen es wissen, dass Sie Vertrauen in es haben und bei Bedarf zur Verfügung stehen. Sie erkennen seine Angst an und fördern seine Selbstständigkeit. Ihr Handeln ist gleichzeitig bestimmt und beruhigend.

Entscheidungsmöglichkeiten und Grenzen
Sie können Ihrem Kind Entscheidungsmöglichkeiten lassen und trotzdem letztlich dafür verantwortlich sein, Grenzen zu setzen und Erwartungen zu äußern. Das heißt, Sie verhandeln in einem gewissen Rahmen, bestimmte Dinge aber sind unverhandelbar (Sie lassen Ihr Kind beispielsweise länger fernsehen, jedoch nicht, bevor es seine Hausaufgaben erledigt hat). Sie setzen Grenzen und lassen zugleich Entscheidungsmöglichkeiten zu; Ihr Kind lernt, sich durchzusetzen und Grenzen zu akzeptieren. Verhandlungsgeschick ist für Sie wie für Ihr Kind eine wertvolle Fertigkeit.

Nachgeben und Prioritäten auswählen
Vielleicht fragen Sie sich, ob Sie Ihr Kind wirksam erziehen, wenn Sie »nachgeben« und es bekommt, was es will, obwohl Sie mit seiner Entscheidung nicht einverstanden sind. Möglicherweise glauben Sie, Sie müssten energisch auftreten, damit Ihr Kind weiß, dass Sie die Kontrolle ausüben. Hierbei handelt es sich um ein Beispiel für starres Denken. Sie müssen nicht immer die Kontrolle ausüben, um die Kontrolle zu

haben. Ein ausgewogener Ansatz lässt Sie erkennen, dass die Angelegenheit manchmal nicht wichtig genug ist, um sich darüber zu streiten, und dass Sie loslassen können. Sie können Ihr Kind einige Kämpfe gewinnen lassen, ohne das Gefühl zu haben, es gewinne den Krieg oder kontrolliere den Haushalt. Sie sind in der Lage, die Kontrolle auszuüben und die Kontrolle loszulassen, je nach Situation und je nachdem, was gerade am besten funktioniert.

Die Auswirkung von unausgewogenem Denken und Verhalten

Extremes Denken und Verhalten sorgt für eine Zunahme von Konflikten und Spannung. Je mehr eine Mutter oder ein Vater absolute Kontrolle ausübt (zum Beispiel verlangt, dass ein Kind seinen Teller leer isst, bevor es den Tisch verlässt), umso mehr wird ein Kind dagegen rebellieren. Je extremer die für ein Verhalten verhängte Konsequenz ist, umso geringer ist die Wahrscheinlichkeit, dass ein Kind sie befolgt oder daraus lernt. Extreme Konsequenzen sind selten wirksam.

Eine Person, die einen extremen Standpunkt einnimmt oder extrem reagiert, neigt dazu, bei der Verteidigung dieses Standpunktes starr zu werden. Ebenso werden Eltern, die davon überzeugt sind, dass ihr Weg der richtige ist, andere Möglichkeiten als »falsch« ansehen und keine wirkungsvolleren Antworten ausprobieren. Unausgewogenes Denken führt zu einem Unwillen oder einer Unfähigkeit, alternative Antworten zu prüfen, die effektiver sein könnten. Neues Lernen findet dann nicht statt.

Beispiele für unausgewogenes Denken

Es gibt einige Muster des unausgewogenen Denkens, welche die Probleme mancher Eltern beschreiben.[37] Zu diesen gehören:

- das Ignorieren von problematischen Verhaltensweisen im Gegensatz zum Sich-Sorgen-Machen um Verhaltensweisen, die dem Entwicklungsstand angemessener sind
- das Nichtzulassen von Selbstständigkeit im Gegensatz zum Zugestehen von mehr Freiheit und Autonomie, als dem Kind bereits zumutbar ist
- übermäßige Nachsicht im Gegensatz zu einer durch autoritäre Kontrolle gekennzeichneten Erziehung

Die elterlichen Reaktionen verstehen

Eltern reagieren aus einer Reihe von Gründen auf unausgewogene Weise. Die meisten sind emotionaler Natur. Wenn Ihr Kind sich häufig hochgradig emotional zeigt, trifft möglicherweise Folgendes auf Sie zu:

- Sie wollen gewisse problematische Verhaltensweisen ignorieren oder entschuldigen, weil Sie glauben, das tue jeder.
- Sie bestreiten, dass Ihr Kind emotionale Probleme hat (was kurzzeitige Erleichterung verschafft).
- Sie empfinden es als anstrengend, Grenzen zu setzen, und kümmern sich dementsprechend weniger darum (wodurch Sie sehr nachsichtig wirken).
- Sie finden es schwierig, zwischen entwicklungsgerechten und besorgniserregenden Verhaltensweisen zu unterscheiden.

- Sie haben solche Angst vor der Impulsivität und dem schlechten Urteilsvermögen Ihres Kindes, dass Sie ihm keinerlei Freiheit oder Verantwortung übertragen wollen.
- Sie sind aufgrund Ihrer Sorge, was Ihrem Kind passieren könnte, übermäßig kontrollierend.

Um eine stärkere Ausgewogenheit zu erreichen, müssen Sie sich fragen, ob Sie Entscheidungen weise oder emotional treffen. Es obliegt Ihnen, der Mutter oder dem Vater, die Wirksamkeit Ihrer Antworten zu bewerten und zu entscheiden, ob ein ausgewogenerer Ansatz zur Verringerung der Spannung und der Konflikte in Ihrer Familie beitragen würde.

Muster verändern

Selbstbeobachtung kann Ihnen bewusst machen, dass Sie automatische Antworten auf die extremen Verhaltensweisen Ihres Kindes entwickelt haben, die auf Gedanken aufbauen wie »Jetzt geht das schon wieder los« oder »Das sollte nicht passieren«. Jede Mutter und jeder Vater kann ineffektive Muster erkennen und bestätigen, wenn sie bzw. er danach zu suchen beginnt. Jedoch kann es sehr schwierig sein, aus diesen vertrauten familiären Mustern oder »Tänzen« auszubrechen.

Schauen wir uns das Beispiel der Interaktion zwischen dem achtjährigen Max und seiner Mutter Julia an, um zu sehen, wie ihrer beider Muster abläuft. Dann werden wir untersuchen, wie Julia das Muster in diesem Fall hätte unterbrechen und ändern können.

Julia, Mutter von Max, 8 Jahre

>> *Als Julia Max darum bittet, sein Zimmer aufzuräumen, macht er ein böses Gesicht und ignoriert die Aufforderung. Das ist bei ihm eine gängige Reaktion, und Julia hat Mühe, effektiv damit umzugehen. Sie ist augenblicklich wütend über Max' Reaktion. Mit lauter Stimme sagt sie ihm, er sei respektlos und solle sie nicht so behandeln. Max wird dann wütend auf seine Mutter und beginnt zu brüllen und zu schreien. Julia, jetzt noch wütender, brüllt zurück. Innerhalb von Minuten ist Max' Verhalten eskaliert und außer Kontrolle geraten.*◆

Versetzen Sie sich in Julias Lage. Was würden Sie in dieser Situation tun? Um diesen interaktiven Tanz zu ändern, könnten Sie

- einen Schritt zurücktreten und das Geschehen beobachten, dann eine weise Antwort finden (siehe den entsprechenden Abschnitt zu Beginn dieses Kapitels, Seite 35).
- sich fragen, ob Ihre Antwort effektiv oder hilfreich ist.
- Ihre automatische Reaktion bremsen.
- das Verhalten Ihres Kindes von seinem Standpunkt aus betrachten und versuchen, Ihr Kind zu validieren.
- mögliche alternative Antworten bewerten.
- Ausgewogenheit in Ihrem Denken herstellen, damit es weniger konfrontativ, weniger starr und dafür effektiver ist.

In unserem Beispiel von der Interaktion zwischen Julia und Max wäre Julia erfolgreicher, wenn sie ihre Reaktion auf das Verhalten ihres Sohnes bremste. Das Innehalten in ihrer Reaktion würde ihr Zeit geben, anzuerkennen und zu akzeptieren, dass ihr Sohn es nicht mag, wenn ihm gesagt wird, was er tun soll. Sie könnte dann erkennen, dass wütendes Reagieren auf den finsteren Blick ihres Sohnes nur zu einem noch größeren Kampf führt, den sie lieber vermeiden möchte. Diese Erkenntnis würde es ihr ermöglichen, sein düsteres Gesicht zu ignorieren und ihm mehr Zeit für das Aufräumen zu lassen. Später könnte eine weitere Aufforderung notwendig sein. Wenn Julia in der Lage ist, ihre automatische Reaktion auf ihren Sohn loszulassen, eskaliert sein Verhalten nicht und er gerät nicht außer Kontrolle. Dann wird der Tanz sich ändern.

Ausgewogenheit finden

Ausgewogenheit zu finden und weise zu antworten bedeutet, auf eine ganzheitliche Art zu denken, die Emotion und Vernunft integriert. Egal, ob Sie sich mit emotionalen oder vernunftgesteuerten Antworten wohl fühlen, am wirkungsvollsten ist es, die zwei im Laufe der Zeit und in den entsprechenden Situationen auszubalancieren – das Erforderliche zu tun, wenn es erforderlich ist. Eine ausgewogene und wirksame Erziehung verlangt Flexibilität und die Fähigkeit, zu erkennen, was am besten funktionieren wird.

Wenn ein Elternteil emotional denkt und handelt und der andere vernunftgesteuert, hilft es jedem der beiden, den anderen zu akzeptieren und nicht zu bewerten. Versuchen Sie, einander sowie die Konsequenzen Ihrer Unterschiede zu verstehen. Hilft die Art, wie Sie mit Ihren Unterschieden umgehen, Ihrem Kind oder wird es dadurch verwirrt? Möglicherweise geht Ihr Kind auf der Suche nach der Antwort, die es sich erhofft, von einem Elternteil zum anderen, ohne wirklich zu wissen, was erwartet wird.

Ungeachtet Ihrer Unterschiede ist es wichtig, dass Ihr Kind einheitliche Antworten erhält.

Bedenken Sie beim Untersuchen von Möglichkeiten, Situationen zu lösen, dass es niemals eine richtige Antwort gibt. Wenn jeder Elternteil glaubt, nur er allein kenne die richtige Vorgehensweise, sind Streite und Unstimmigkeiten unvermeidlich. Höchstwahrscheinlich wird irgendein Kompromiss die effektivste Lösung sein. Kein Elternteil sollte versuchen, einen Streit über wirksame Erziehung zu gewinnen. Es geht bei dieser Angelegenheit darum, herauszufinden, was in der Familie am besten funktioniert. Wenn Sie vor Augen haben, was bei Ihrem Kind funktioniert, können Kompromisse leichter fallen. Hört jeder Elternteil zu und begegnet dem Standpunkt des anderen mit Respekt, ist eine ausgewogenere Erziehung möglich.

Ein Kind mit intensiven Emotionen lieben

Möglicherweise ringen Sie mit Ihren Gefühlen für Ihr Kind. Sie wissen, dass Sie es lieben, aber es kann Tage geben – vor allem, wenn es außer Kontrolle wirkt oder seine Wut sich gegen Sie richtet –, an denen Sie es nicht besonders gernhaben. Vielleicht gibt es Tage, an denen Sie Ihre Liebe zu Ihrem Kind infrage stellen. Dies wiederum kann Schuld- und Schamgefühle zur Folge haben. Denken Sie erneut an die Ausgewogenheit. Sie können in der Tat gemischte Gefühle für Ihr Kind haben. Sie können außerdem an unterschiedlichen Tagen unterschiedliche Emotionen empfinden. Die Tatsache, dass Sie Ihr Kind hin und wieder nicht mögen, hebt Ihre Liebe für Ihr Kind nicht auf; Sie können zur selben Zeit zwei unterschiedliche Wahrheiten vertreten. Sie können Ihr Kind lieben und wütend auf Ihr Kind sein. Sie können Ihr Kind lieben und es manchmal auf den Mond wünschen. Sie können mit Ihrem Kind zusammen sein wollen und es nicht mögen, mit ihm zusammen zu sein. Wenn Sie akzeptieren, dass Sie zu unterschiedlichen Zeiten – oder sogar zur selben Zeit – unterschiedliche Emotionen haben können, wird es Ihnen leichter fallen, Ihr Kind zu erziehen und zu lieben.

Sich selbst akzeptieren

Ausgewogenheit wird Ihnen helfen, sich selbst als Mutter oder als Vater zu akzeptieren. Sie müssen nicht alle Ihre Ziele erreichen oder Ihrer Verantwortung in jeder Hinsicht gerecht werden, um wirksam zu erziehen. Situationen können sich ändern, und dasselbe gilt für Ihre Fähigkeiten. Ihre Prioritäten können sich verlagern, und was wirkungsvoll ist, kann sich von Fall zu Fall unterscheiden. Manchmal müssen Sie einfach nur zuhören, während es ein anderes Mal wichtig ist, dass Sie reden. Seien Sie flexibel. Seien Sie realistisch. Akzeptieren Sie, dass Sie Ihr Bestes geben.

Wenn Sie das Gefühl haben, Sie hätten eine bestimmte Situation besser bewältigen können, sollten Sie dies anerkennen und nicht über sich richten. Es ist nützlich, aus jeder einzelnen Situation zu lernen. Sollten Sie es bedauern, emotional reagiert zu haben, können Sie sich bei Ihrem Kind entschuldigen. Sie vermitteln Ihrem Kind damit eine wichtige Lektion – nämlich, dass jeder Fehler macht. Sie geben Ihr Bestes und Sie können lernen, besser zu werden. Ihrem Kind diese Lektion modellhaft vorzuleben, stärkt sowohl Ihr Kind als auch Sie.

Samen säen

Sie müssen nicht das Gefühl haben, jeden Kampf gewonnen zu haben. Kindererziehung gleicht einem Marathon, keinem Sprint. Vielleicht stürmt Ihr Kind davon und setzt sich über alles hinweg, was Sie sagen. Das bedeutet aber nicht, dass Sie es nicht gesagt hätten oder dass Ihr Kind Ihre Worte nicht gehört hätte. Wir sprechen mit Eltern darüber, dass sie »Samen säen«. Man weiß nie, wann sie keimen werden. Es kann Jahre dauern, bevor Ihr Kind die Bedeutung Ihrer Worte versteht. Die Lektionen, die Sie ihm heute erteilen, können sich morgen festsetzen. Samen benötigen Zeit, um zu keimen. Eltern, die Geduld zeigen, sind häufig überrascht und erfreut darüber, zu sehen, was wächst.

Zusammenfassung

In diesem Kapitel haben wir unser Augenmerk auf Strategien und Techniken für die Erziehung gelegt, die Ihnen helfen sollen, Ihre Ziele zu erreichen und ruhigere Interaktionen mit Ihrem Kind zu haben. Zur Beherrschung der Fertigkeiten zum wirksamen Erziehen müssen Sie lernen,

- eine Reihe von Annahmen aufzustellen, die Ihnen helfen werden, weniger wütend auf Ihr Kind und weniger frustriert von ihm zu sein.
- automatische Muster in neue Antworten zu verwandeln, indem Sie einen Schritt zurücktreten, beobachten und ruhig über mögliche Alternativen nachdenken.
- weise Antworten zu entwickeln, indem Sie einer Situation Ihre gesamte Aufmerksamkeit entgegenbringen, sie nicht bewerten und herausfinden, was am besten funktionieren wird.
- Ihr Kind zu validieren, indem Sie ihm zeigen, dass Sie zuhören und versuchen zu verstehen, auch wenn Sie nicht mit ihm einer Meinung sind.
- Ziele zu prüfen, Prioritäten zu setzen und sich auf das zu konzentrieren, was zum gegebenen Zeitpunkt am wichtigsten ist.

Dieses Kapitel hat Leitlinien für das Treffen ausgewogener und wirksamer Erziehungsentscheidungen aufgezeigt. Im nächsten Kapitel werden wir den Fokus nun auf die Gefühlswelt Ihres Kindes legen und erläutern, wie Sie diese verstehen, auf sie eingehen und Ihrem Kind beim besseren Ausdrücken seiner Emotionen helfen.

Auf die Gefühle Ihres Kindes eingehen

Jedes Kind zeigt Gefühle und möchte mit ihnen eine Reaktion beim Gegenüber hervorrufen. Störendes Verhalten ist oft ein Ruf nach Kommunikation.

Verstehen, was Ihr Kind Ihnen mitteilt

Oft eskalieren Situationen wegen Kommunikationsschwierigkeiten: Sie verstehen einfach nicht (rechtzeitig), was Ihr Kind ausdrücken und Ihnen mitteilen will.

Sind Sie manchmal frustriert, wenn Sie erkennen, dass etwas Ihrem Kind zu schaffen macht und es Ihnen nicht sagen kann, was es fühlt oder was es bedrückt? Damals, als es ein Säugling war, konnten Sie seine Bedürfnisse anhand seiner Schreie oder Verhaltenssignale deuten. Sie beobachteten, dass es seine Finger entspannte, wenn es ruhig war, oder seine Hände zu Fäusten ballte, wenn es gestresst oder wütend war. Als es ein bisschen älter wurde, lernten Sie, dass es hochgehoben werden wollte, wenn es seine Arme in die Höhe streckte; vielleicht wimmerte es und zeigte so lange auf etwas, bis Sie herausbekamen, was es wollte. Als es noch älter wurde, erwarteten Sie von ihm, dass es Wörter benutzt, um Ihnen seinen Wunsch mitzuteilen. Wenn Sie Ihr Kind heute verstehen wollen, ergibt sich folgendes Problem: Es fällt ihm leichter, zu erkennen, was es will, wenn es sich hierbei um etwas Konkretes handelt (wie ein Spielzeug oder etwas zu essen). Das Identifizieren abstrak-terer Gefühle hingegen fällt ihm sehr viel schwerer.

Ihr kleines Kind kann zwischen seinen Erfahrungen nicht unterscheiden, weil es sie in seinem gesamten Körper spürt. Gefühle wie »traurig«, »wütend«, »aufgelöst« und »verletzt« fühlen sich alle gleich an, und Ihr Kind kann sie nicht voneinander unterscheiden. Mag es für Sie auch frustrierend sein, kann die Antwort Ihres Kindes, dass es nicht weiß, wie es sich fühlt, doch aus seiner Sicht richtig sein. Sie fragen sich also wahrscheinlich, wie Sie Ihrem Kind effektiv beim Umgang mit seinen überwältigenden Emotionen helfen können, wenn Sie nicht wissen, was es fühlt oder was ihm zu schaffen macht. Möglicherweise fragen Sie sich ebenfalls, wie Sie Ihrem Kind helfen können, seine Gefühle in einer Art und Weise zum Ausdruck zu bringen, die Sie verstehen können. Das sind die Themen, die wir in diesem Kapitel behandeln werden.

Die Geschichte der Emotion Ihres Kindes

In Kapitel 1 (Seite 12) sprachen wir über die Geschichte der Emotion. Diese beschreibt, wie sich eine Emotion entwickelt, bis sie verbal und im Verhalten zum Ausdruck kommt.[38] Das Verständnis der Schritte in der Geschichte der Emotion Ihres Kindes wird Ihnen helfen, die Gefühle Ihres Kindes mit Akzeptanz und ohne Bewertung nachzuvollziehen. Und die Kenntnis dieser Schritte wird Ihnen ein Einschreiten ermöglichen, bevor Ihr Kind dermaßen durchdreht, dass es ein unkontrollierbares Verhalten an den Tag legt. Wie Sie bereits bei Ihrer eigenen Geschichte gesehen haben, bietet jeder Schritt eine Gelegenheit, den Ausgang der Geschichte zu ändern.

Die Anfälligkeiten oder Risikofaktoren Ihres Kindes

Zu wissen, wann Ihr Kind für negative Emotionen anfällig ist, ermöglicht es Ihnen, das Kind auf schwierige oder stressige Situationen vorzubereiten oder diese zu vermeiden, bis es besser mit ihnen umgehen kann. Wenn Sie sich der Anfälligkeit Ihres Kindes bewusst sind, können Sie weise Entscheidungen und/oder Vorbereitungen treffen, um das Risiko zu minimieren, dass es mit einem Gefühlsausbruch reagiert.

Wodurch wissen Sie, dass Ihr Kind anfällig ist? Denken Sie daran, wie Ihr Kind sich verhält, wenn es keinen Mittagsschlaf gehalten hat oder wenn sein Zeitplan durcheinandergeraten ist. Ist es quengelig oder leichter frustriert? Ihr Kind wird wahrscheinlich nicht sagen, dass es müde ist, weil es keinen Mittagsschlaf gehalten hat (nur wenige Kinder werden dies wirklich wissen oder zugeben). Sie aber können

- Vermutungen darüber anstellen, warum die Emotionen Ihres Kindes gerade intensiver zu sein scheinen,
- herausbekommen, was diesen Tag von anderen unterscheidet,
- anfangen, Muster zu erkennen.

Was passiert, wenn Ihr Kind keinen Mittagsschlaf hält – ist es emotionaler? Gibt es mehr Ausbrüche? Ist es schwieriger, das Kind abends ins Bett zu bringen? Im Laufe der Zeit werden Sie lernen, die Routinen Ihres Kindes einzuhalten und andere Anforderungen auf ein Minimum zu reduzieren, wenn es müde oder aus anderem Grund anfällig ist.

Mit Älterwerden Ihres Kindes werden Sie andere Muster beobachten. Wie verhält sich Ihr Kind beispielsweise, wenn es aus der Schule nach Hause kommt? Gibt es Ihnen eine wütende Antwort, wenn Sie es nach seinem Tag fragen, und verschwindet in sein Zimmer? Beginnt es zu erzählen, wenn Sie ruhig mit ihm zusammensitzen? Die Reaktionen Ihres Kindes sind Hinweise auf seine Anfälligkeiten und können Ihnen vermitteln, welches seine Bedürfnisse sind. Schauen Sie über einen längeren Zeitraum genau hin, und Ihr Kind wird Ihnen mitteilen, wie es sich fühlt und was es braucht.

Wenn Ihr Kind sehr starke und intensive Emotionen empfindet, kann Sensibilität für seine Anfälligkeiten Ihnen helfen, Worte oder Taten zu vermeiden, die einen Ausbruch auslösen würden.

....

Kleine Frage – großer Gefühlsausbruch

>> *Ihre Tochter kommt von einer Freundin nach Hause und reagiert wütend, als Sie sie fragen, ob sie einen schönen Nachmittag gehabt habe. Auf Ihre Frage, was los sei, brüllt sie: »Nichts!« Sie antwortet sarkastisch auf alles, was Sie fragen, und Sie haben das Gefühl, nichts sagen zu können, das nicht zu einer hässlichen Antwort führen würde. Sie bitten Ihre Tochter, den Tisch zu decken, und sie beginnt Sie anzuschreien. Als Sie erneut fragen, ob etwas nicht stimme, läuft sie in ihr Zimmer. Sie ist anfällig nach Hause gekommen und wird beim Erwidern auf normalerweise einfache Fragen und Bitten leicht von negativen Reaktionen überwältigt.* <<

....

Was tun Sie als Nächstes?

- Lassen Sie Ihre Tochter eine Zeit lang allein, solange sie in ihrem Zimmer in Sicherheit ist und nichts zertrümmert. Nehmen Sie ihr Schweigen nicht persönlich.
- Fragen Sie Ihre Tochter ungeachtet Ihres Wunsches, die Sache zu verstehen, nicht noch einmal, was los sei. Sie hat Ihnen bereits verbal und nonverbal mitgeteilt, dass sie darüber nicht reden möchte.
- Wenn Ihre Tochter ruhiger wirkt, sollten sie anerkennen, dass sie wegen irgendetwas aufgewühlt zu sein scheint. Sagen Sie ihr, dass Sie da sein werden, um ihr zuzuhören, wenn sie bereit ist zu reden.
- Akzeptieren Sie ihre Antwort, falls sie abstreitet, aufgewühlt zu sein.
- Bleiben Sie ruhig. Gehen Sie nicht in die Defensive und erörtern Sie nicht Ihren Standpunkt.
- Setzen Sie Ihr Kind an diesem Punkt nicht unter Druck, etwas zu tun.

Lassen Sie sie zur Ruhe kommen. Wenn Ihr Kind anfällig ist, wird es nicht in der Lage sein, Aufgaben zu erledigen, Ihnen zuzuhören oder an Aktivitäten teilzunehmen, bis es sich beruhigt hat. Später werden Sie die Möglichkeit haben, Erwartungen zu stellen.

Mögliche Risikofaktoren bei Kindern

Es gibt eine Reihe von Faktoren, durch die Ihr Kind anfällig für intensive Emotionalität werden kann. Zu diesen gehören:

- Schlafmangel
- Unwohlsein
- eine Änderung der Routine
- Spannung im Haus (auch Spannung durch positive Ereignisse)
- neue Menschen oder Situationen
- durch Spielkameraden, Freunde (selbst bei kleinen Kindern) oder Geschwister verursachter Stress; das Kind wird geärgert oder veralbert
- das Gefühl, etwas falsch gemacht zu haben oder einen geliebten Menschen verärgert zu haben
- Schwierigkeiten in der Schule oder bei den Hausaufgaben

Diese Liste ist auf keinen Fall vollständig. Jedes Kind hat seine ganz eigenen Situationen, auf die es empfindlich reagiert. Seien Sie sich der Stimmungen Ihres Kindes bewusst und versuchen Sie, die ihnen vorausgehenden Umstände zu verstehen.

Beschreiben Sie in Ihrem Notizbuch Situationen, durch die Ihr Kind in der Vergangenheit anfällig für intensive Emotionen wurde. Dies soll Ihnen beim Nachdenken über die Gründe für die Anfälligkeit Ihres Kindes helfen.

Die Trigger Ihres Kindes

Bei Ihrem Kind ist alles ein Trigger (Auslöser), das eine intensive emotionale Reaktion auslöst oder zur Folge hat. Kein Verhalten tritt isoliert auf. Der Trigger kann etwas in der Umgebung sein oder etwas, das in Ihrem Kind vor sich geht, wie ein Gedanke oder ein Gefühl. Weil es schwer ist, innere Trigger zu erkennen, lässt sich dem Kind leichter helfen, wenn es selbst identifizieren und Ihnen mitteilen kann, was es denkt und/oder fühlt.

Mit wachsender Kenntnis der Reaktionen Ihres Kindes werden Sie anfangen, jene Situationen zu erkennen, die intensive Reaktionen auslösen. Bei diesen kann es sich um etwas so Gewöhnliches handeln wie das Zubettgehen oder um etwas so Außergewöhnliches wie einen Urlaub. Selbst wenn Sie sich eines Triggers bewusst sind, kann es schwer sein, den Kampf zu vermeiden. Hat Ihr Kind Schwierigkeiten damit, das Haus zu verlassen, müssen Sie es trotzdem noch zur Eile antreiben – ungeachtet der Tatsache, dass dies seinen Widerstand erhöht und zu einem Ausbruch führen kann. Und bedeutet der Umstand, dass eine an Ihr Kind gerichtete Bitte um Erledigung einer Aufgabe als Trigger wirkt, dass Sie es um nichts mehr bitten? Die Reaktivität Ihres Kindes verursacht Erziehungsdilemmata. Wie balancieren Sie Ihre Bedürfnisse und seine Gefühle aus? Einige Trigger lassen sich nicht vermeiden. In Kapitel 7 (Seite 114) werden wir darüber sprechen, wie Sie Ihrem Kind beim Umgang mit diesen Erwartungen helfen.

Trigger erkennen

Die Liste der Trigger ist bei jedem Kind einzigartig und kann recht vielfältig sein. Zu den Triggern bei Kindern können gehören:

- Grenzen: Das Kind darf etwas nicht tun, was es tun möchte, oder es bekommt ein Nein zu hören.
- Trennung von einem Elternteil: Ein Elternteil verlässt das Haus oder lässt das Kind in der Schule; der Trigger ist die Trennung an sich.
- Veränderung: Notwendige Anpassung an eine Veränderung der Routine oder der Situation; wirkt selbst dann als Trigger, wenn die Veränderung vom Kind ausgeht.
- Niederlage bei Wettkampf-Aktivitäten: Das Kind verliert bei Wettkampfsportarten oder Spielen mit anderen Kindern oder bekommt in diesen Situationen nicht so viel Aufmerksamkeit wie andere Kinder.

Um Trigger zu erkennen, sollten Sie sich Muster ansehen und feststellen, ob eine spezielle Situation oder eine bestimmte Art von Situation regelmäßig eine emotionale Reaktion zur Folge hat. Falls ja, handelt es sich bei ihr höchstwahrscheinlich um einen Trigger. Im Anschluss an einen Gefühlsausbruch können Sie zudem noch einmal einen Blick auf die Umstände werfen, die genau zuvor eingetreten sind. Schenken Sie dabei sämtlichen Aspekten der Umwelt und der jeweiligen Interaktionen Ihre Aufmerksamkeit.

Listen Sie in Ihrem Notizbuch die am häufigsten auftretenden Trigger Ihres Kindes auf.

Ihre Gefühle als Trigger

Bisweilen wird die Erwartung eines Kampfes zu einem Trigger für Ihre Emotionen. Ihre Emotionen können dann die Ihres Kindes triggern. Ein Beispiel: Wenn Sie wissen, dass Ihr Kind morgens Mühe hat, sich anzuziehen, und Sie früh am Morgen einen Termin haben, werden Sie möglicherweise in Erwartung der Reaktion Ihres Kindes in dieser Situation angespannt. Wenn Sie sich Ihrem Kind nähern, kann Ihre Anspannung ein Trigger für seine Reaktivität werden. Ihr Kind reagiert, wie die meisten Kinder, sehr sensibel auf Ihre Stimmungen und Gefühle, selbst auf jene, die Sie vor ihm zu verbergen versuchen. Nutzen Sie dieses Wissen, um ruhig zu bleiben und Ihre Erwartungen gering zu halten. Die kurze Zeit, die Sie sich nehmen, um sich im Voraus zu beruhigen, werden Sie später einsparen, wenn Sie nicht mit Ihrem Kind kämpfen.

Geschwister als Trigger
Der Bruder oder die Schwester Ihres Kindes kann aus einer Reihe von Gründen ein Trigger für emotionale Ausbrüche sein (Eifersucht; das Empfinden, dass Sie zu viel Zeit mit dem Geschwisterkind verbringen; das Gefühl, geärgert oder ausgeschlossen zu werden, egal, ob dies nun der Wahrheit entspricht oder nur die Wahrnehmung des Kindes ist). Dies stellt Eltern vor ein Dilemma, und jede Mutter und jeder Vater muss ihren bzw. seinen eigenen effektivsten Weg finden, dieses Dilemma zu lösen. Auch wenn Sie versuchen, die Trigger eines Kindes zu vermeiden und dafür zu sorgen, dass es ruhig bleibt, müssen die Bedürfnisse und Gefühle Ihres anderen Kindes bzw. Ihrer anderen Kinder doch ebenfalls anerkannt und validiert werden, selbst wenn sie Trigger darstellen. Wir werden über Geschwister eingehender in Kapitel 9 (Seite 135) sprechen.

Die Reaktionen Ihres Kindes auf eine Welt voller Trigger minimieren
Sie können keine Welt erschaffen, die vor Triggern für Ihr Kind sicher ist. Jedoch kön-nen Sie Schritte unternehmen, um die Auswirkungen der Trigger auf Ihr Kind gering zu halten. So können Sie

- versuchen, problematische Situationen, die nicht notwendig sind, zu vermeiden oder zu verringern. Wird Ihr Kind beispielsweise aggressiver, nachdem es Zeichentrickfilme gesehen hat, können Sie seinen Zugang zu gewissen Zeichentrickfilmen einschränken und es vermehrt ruhigere Fernsehsendungen schauen lassen.
- bestimmte Anpassungen vornehmen, um die Reaktion Ihres Kindes auf notwendige Erwartungen zu minimieren. Braucht Ihr Kind beispielsweise morgens lange, um sich für die Schule fertig zu machen, können Sie es früher aufwecken, um ihm die Zeit zu geben, die es benötigt.

Sie können Ihr Kind auch auf eine Situation vorbereiten, die möglicherweise einen Trigger darstellt, indem Sie

- im Voraus über sie sprechen,
- Ihr Kind fragen, was ihm die Situation erleichtern würde,
- versuchen, Möglichkeiten zum Minimieren von Stress und Angst zu finden,
- die Gefühle des Kindes validieren und in der Situation selbst ruhig und nicht wertend bleiben.

Das Glaubenssystem und das konkrete Denken Ihres Kindes
Das Glaubenssystem Ihres Kindes und seine Art, Ereignisse zu interpretieren, beruhen auf einer konkreten Denkweise und der Neigung, alles wörtlich zu nehmen. Sein Verständnis gründet auf den Erfahrungen, die es in der Welt macht, und es kann nicht verallgemeinern oder aus diesen Erfahrungen Bedeutung abstrahieren. Kinder neigen zu dem Glauben, mehr zu kontrollieren,

als es tatsächlich der Fall ist. Sie fühlen sich häufig für Dinge verantwortlich, auf die sie keinen Einfluss gehabt haben, und stellen sehr direkte Verbindungen her.[39] Wenn Ihr Kind wütend gewesen ist und gebrüllt hat, kann es glauben, es sei seine Schuld, wenn Sie und Ihr Ehepartner kurz darauf einen Streit haben. Ein Kind, dessen Großmutter im Krankenhaus gestorben ist, kann dem Krankenhaus die Schuld an dem Tod zuschreiben und Angst davor haben, ins Krankenhaus zu gehen. Es kann sehr ängstlich werden, wenn seine Mutter oder sein Vater aus irgendeinem Grund ins Krankenhaus eingewiesen wird. Möglicherweise antwortet Ihr Kind nicht auf Erklärungen, die seinen Überzeugungen widersprechen. Mag seine Reaktion Ihnen auch unerklärlich erscheinen, müssen Sie doch unter Umständen nur an vergangene Ereignisse denken, um die gegenwärtige Angst Ihres Kindes zu verstehen. Bedenken Sie, dass sich das abstrakte Denken Ihres Kindes entwickelt, wenn es älter wird. Bis es abstrakt denken kann, wird es sich für Dinge verantwortlich fühlen, die es nicht hat verursachen können, und Verbindungen herstellen, die Sie nicht unbedingt verstehen.

Vergessen Sie nicht, dass die Realität und die Vorstellung Ihres Kindes für es selbst sehr real sind. Behalten Sie, um seine Geschichte der Emotion zu verstehen, im Gedächtnis, dass sein Glaubenssystem sich ziemlich stark von Ihrem eigenen unterscheidet. Lassen Sie Ihr eher abstraktes Verständnis los und versuchen Sie, die Dinge mehr auf die Art Ihres Kindes zu sehen.

Körperempfindungen

Das Erkennen der Körperempfindungen Ihres Kindes, die sich vor dem Ausbruch einstellen, bietet Ihnen eine weitere Möglichkeit, ihm beim Ändern des verhaltensbezogenen Ausgangs der Geschichte zu helfen.

Wahrscheinlich kennen Sie die körperlichen Signale, die anzeigen, dass Ihr Kind die Fassung verliert. Das Kind könnte

- so aussehen, als ob es anfinge zu weinen.
- lauter oder schneller reden.
- Sie nicht direkt ansehen.
- aktiver oder sogar nervös werden.

Das Wissen um die Signale Ihres Kindes wird Ihnen helfen, ihm effektiv zu antworten. Zudem bietet es Ihnen Gelegenheiten, das Kind zu beruhigen, bevor seine Emotionen eskalieren.

Listen Sie in Ihrem Notizbuch die körperlichen Signale auf, die Sie an Ihrem Kind erkannt haben und die zeigen, wann es hochgradig emotional wird.

Gefühle kommunizieren

Wenn Sie mit den Risikofaktoren, Triggern und körperlichen Empfindungen Ihres Kindes vertrauter werden, fällt es Ihnen etwas leichter, zu verstehen, was Ihr Kind fühlt. Das Benennen einer Emotion ist eine Möglichkeit, etwas Kontrolle über sie zu gewinnen und negative Emotionen zu reduzieren.[40] Je besser Ihr Kind also zu benennen vermag, was es fühlt, und darüber reden kann, umso besser ist es in der Lage, mit seinen Emotionen umzugehen und sie zu modulieren. Wenn Sie und Ihr Kind lernen, Ihre Gefühle zu benennen, wird es leichter für Sie, zu kommunizieren und einander zu unterstützen und zu helfen.

Zu den von Marsha Linehan[41] angeführten primären Emotionen gehören folgende:

• Wut
• Angst
• Freude
• Liebe
• Traurigkeit
• Scham

Aus diesen Emotionen leiten sich weitere ab, deren Bezeichnungen mit immer größerer Subtilität und Feinheit beschreiben, was ein Mensch fühlt. Mit zunehmendem Alter wird Ihr Kind in der Lage sein, zwischen mehreren Emotionen zu unterscheiden und diese zu kommunizieren. So kann es dann beispielsweise sagen, dass es verletzt oder enttäuscht ist statt einfach nur traurig. Je älter Ihr Kind ist, umso genauer wird es seine Emotionen benennen.

Es ist weniger bedrohlich für Ihr Kind, etwas über Emotionen zu hören, wenn Sie nicht direkt über seine Emotionen sprechen. Ein Beispiel: Stellen Sie sich vor, die Erzieherin im Kindergarten Ihres Kindes erzählt Ihnen, einige der anderen Kinder hätten Ihr Kind im Laufe des Tages geärgert. Sie können Ihrem Kind beim Ausdrücken von Gefühlen helfen, mit denen es vielleicht Schwierigkeiten hat, indem Sie Verbindungen herstellen und in einer Art und Weise auf seine möglichen Gefühle hinweisen, die es einfacher akzeptieren kann. So könnten Sie sagen: »Ich habe gehört, dass dich heute ein paar Kinder geärgert haben. Manche Kinder sind wütend oder traurig, wenn andere Kinder sie ärgern.«

Es gibt Stimmungsbarometer, die Sie an den Kühlschrank oder ins Spielzimmer hängen können. Wenn Ihr Kind sich mit dem Bild für eine Stimmung identifizieren kann, wird ihm dies helfen, seinem Gefühl einen Namen zu geben. Einige Familien nutzen das Barometer tagtäglich als Mittel zum Verfolgen der Stimmung. Ihr Ziel besteht darin, Ihrem Kind eine Möglichkeit zu geben, seine Gefühle zu kommunizieren.

Verhaltensweisen und Handlungen: Der Ausgang der Geschichte

Wie in Kapitel 1 (Seite 12) besprochen, ist der Ausgang einer jeden Geschichte der Emotion ein bestimmtes Verhalten. Wenn Ihr Kind neue Verhaltensweisen lernt, die positivere Folgen haben, wird es in der Lage sein, den Ausgang der Geschichte durch andere Verhaltensentscheidungen zu ändern.

In der DBT werden Verhaltensweisen als Wege für den Umgang mit schwierigen Situationen gesehen.[42] Ihr Kind lernt Wege, die ihm helfen, sich besser zu fühlen. Je stärker seine negativen Gefühle, umso mehr wird es nach Möglichkeiten suchen, diese Gefühle loszuwerden, und umso intensiver ist seine Verhaltensreaktion. Brüllen beispielsweise kann in gewissem Maße Emotionen freisetzen; sind die Emotionen eines Kindes jedoch sehr stark, findet es möglicherweise keinen anderen Weg, als sich selbst (oder jemand anders) zu verletzen. Ironischerweise können seine Versuche, sich besser zu fühlen, mit zunehmender Intensität seiner Emotionen immer zerstörerischer werden.

Alternative Verhaltensweisen vermitteln

In den meisten Situationen ist es nicht die Emotion selbst, sondern das Verhalten, das negative Folgen für Ihr Kind hat. Wenn Ihr Kind wütend ist und jemanden schlägt, wird es mit einer negativen Konsequenz konfrontiert. Ist es hingegen wütend und spricht darüber, ohne körperlich aggressiv zu werden, wird es wahrscheinlich keine negativen Konsequenzen geben. Wie wir in Kapitel 5 (Seite 86) eingehender besprechen werden, gehört es zur Aufgabe der Eltern, dem Kind alternative und anpassungsfähige Verhaltensweisen beizubringen, welche die weniger effektiven ersetzen. Ihr Ziel ist es, Ihrem Kind Verhaltensweisen zu vermitteln, die zu positiveren Konsequenzen führen. Zu diesen kann gehören:

- Ihr Kind erzählt jemandem, was passiert ist.
- Ihr Kind zieht sich eine Zeit lang zurück, um alleine zu sein.
- Ihr Kind schmust mit einem Stofftier.
- Ihr Kind schlägt auf Ton oder auf ein weiches Kissen.

Nehmen Sie sich Ihr Notizbuch und schreiben Sie ein paar alternative Verhaltensweisen auf, die bei Ihrem Kind funktionieren werden.

Die Geschichte von Finja und Marie verdeutlicht, worum es hier geht.

....

Finja, 5 Jahre, und Marie, 8 Jahre

>> *Finja ist häufig frustriert vom Verhalten ihrer Schwester und hat angefangen, sich zu rächen, indem sie sie schlägt. Wegen ihres jüngeren Alters meint Finja, keine andere Möglichkeit zu haben als diese, um mit ihrer Frustration fertigzuwerden. Die Mutter möchte Finjas Gefühle der Frustration validieren. Sie möchte nicht, dass Finja für den Umgang mit Ihren Gefühlen lernt, aggressiv zu sein. Gleichzeitig weiß sie, dass ihre Tochter eine Möglichkeit braucht, ihre Frustration auszudrücken. Die Mutter sucht nach einem alternativen Verhalten für Finja, das zugleich akzeptabel und effektiv ist. Finja und ihre Mutter wählen einen Stoffbären aus, den Finja benutzen soll, wenn sie wütend ist. Ihr wird gesagt, dass sie in ihr Zimmer gehen und ihren Stoffbären schlagen kann. Sie darf nicht ihre Schwester schlagen. Finja hat zwei Dinge gelernt: von ihrer Schwester wegzugehen und einen anderen Weg zu finden, mit Frustration umzugehen. Irgendwann wird sie nur noch in ihr Zimmer gehen und eine Zeit lang ohne Marie sein müssen, um sich wieder besser zu fühlen.* <<

....

Zusätzliche Überlegungen zu alternativen Verhaltensweisen

Manche Kinder werden aggressiver, wenn es ihnen gestattet wird, auf irgendeine Art aggressiv zu sein. Bei Kindern, die nicht in der Lage sind, den Aggressionsschalter um- zulegen, wenn er erst einmal auf »Ein« steht, ist das Anschauen eines Ringkampfes, das Bearbeiten eines Sandsacks oder auch nur das Schlagen eines Stofftiers nicht unbedingt die beste Strategie. Eine effektivere alternative Antwort bestünde bei ihnen darin, sich körperlich zu betätigen oder zu lernen, tiefe Atemzüge zu machen. Hierüber werden wir in Kapitel 6 (Seite 98) sprechen.

Jedes Kind ist einzigartig, und nicht jedes Kind profitiert von denselben alternativen Verhaltensweisen. Arbeiten Sie mit Ihrem Kind, um die alternativen Verhaltensweisen zu finden, die ihm am besten beim Umgang mit seinen Gefühlen helfen. Diese Verhaltensweisen können dann zu alternativen Antworten auf negative Emotionen werden.

Bestimmte alternative Verhaltensweisen sind in einigen Situationen effektiv und in anderen nicht. So darf Ihr Kind vielleicht in seinem Zimmer schreien, nicht jedoch in Bereichen des Hauses, wo es andere stören kann. Rastet Ihr Kind dort aus, sollten Sie es ihm erlauben, den Bereich zu verlassen (ungeachtet der Aktivität, mit der die Familie dort gerade beschäftigt ist) und seine Emotionen in einer Weise zu bewältigen, die weniger Auswirkungen auf die gesamte Familie hat. Wenn Sie Ihrem Kind die Wahl alternativer Verhaltensweisen beibringen, sollten Sie ihm ebenfalls beibringen, dass unterschiedliche Situationen unterschiedliche Verhaltensweisen erfordern. Das ist eine sehr wichtige Lebenslektion.

Je früher Sie Ihr Kind zu einem alternativen Verhalten ermuntern, umso einfacher wird es für Ihr Kind, die Geschichte mit diesem Verhalten zum Abschluss zu bringen. Sind die Emotionen Ihres Kindes erst einmal eskaliert, wird es schwieriger, die Verhaltensreaktion zu ändern. Helfen Sie Ihrem Kind, die früheren Schritte in der Geschichte zu nutzen, um seine Reaktion zu minimieren und die Wahrscheinlichkeit eines positiven Ausgangs zu erhöhen.

Ein alternatives Verhalten ist keine Strafe
Ein alternatives Verhalten wird von Ihrem Kind anstelle eines gefährlicheren, weniger anpassungsfähigen gezeigt. Dieses Verhalten ist ein positiver Ausgang. Von daher sollte ein alternatives Verhalten nicht mit einer Strafe verwechselt werden, stellt diese doch eine negative Konsequenz dar, die nach einem weniger effektiven Verhalten stattfindet.

Wenn Sie Ihrem Kind beibringen, sich Raum zu nehmen (eine Verhaltensantwort, die bedeutet, irgendwohin zu gehen, um sich zu beruhigen), geben Sie ihm eine Möglichkeit, seine Gefühle und Verhaltensweisen zu regulieren, indem es sich aus stressigen Situationen zurückzieht. Erinnern Sie Ihr Kind daran, dass es keine Strafe darstellt, wenn es vor dem Ausrasten in sein Zimmer geht, und dass es dann keinen Ärger bekommt. Vielmehr werden Sie es für diese Entscheidung loben. Es wird diese Strategie sehr viel bereitwilliger nutzen, wenn es sie als wirksame Alternative sieht und nicht als Strafe.

Effektive Verhaltensweisen modellhaft vorleben

Wenn Sie Ihrem Kind helfen, sich zu beruhigen, wird es sich Ihres Verhaltens bewusst sein und von ihm lernen. Bleiben Sie selbst ruhig, wird es leichter für Ihr Kind, sich zu beruhigen; zeigen Sie eine emotionale Reaktion, wird sich auch seine Emotionalität erhöhen. Schlagen Sie im wütenden oder frustrierten Zustand mit Ihrer Hand gegen irgendetwas, wird Ihr Kind dieses Verhalten lernen. Erzählen Sie Ihrem Kind hingegen, dass Sie in Ihr Zimmer gehen werden, um sich zu beruhigen, wird es stattdessen dieses Verhalten lernen. Da die emotionale Intensität Ihres Kindes dafür sorgen kann, dass seine Reaktionen intensiver sind als Ihre, ist es für Sie umso wichtiger, ihm effektive Verhaltensweisen modellhaft vorzuleben und beizubringen.

Scham und Entschuldigungen

Manche Kinder werden von Scham überwältigt, wenn sie etwas »falsch« machen. Diese Kinder können ihre Scham in Form von Wut auf andere projizieren. Wenn Sie Ihrem Kind helfen, zu verstehen, dass jeder Mensch Fehler macht, kann dies seine Scham minimieren. Eine Entschuldigung Ihrerseits, wenn Sie einen Fehler machen, verstärkt diese

Lektion. Sie zeigt Ihrem Kind zudem modellhaft ein alternatives Verhalten, das als Ersatz für den wütenden Ausbruch dienen kann, der sonst nach einem Fehler seinerseits stattfinden könnte.

Die Geschichte der Emotion eines Kindes

Das folgende Beispiel der Geschichte eines Kindes veranschaulicht die Bestandteile der Geschichte und macht deutlich, wie sich deren Ausgang durch Verständnis und Bewusstsein ändern lässt.

....

Maren, Mutter von Lena, 10 Jahre

>> *Lena kommt aus der Schule nach Hause. Sie wirkt still und nachdenklich und antwortet auf keine Frage ihrer Mutter. Maren denkt: »Sie weigert sich, mit mir zu reden.« Was Maren nicht weiß: Lena hat herausgefunden, dass ein Mädchen aus ihrer Klasse eine Pyjama-Party veranstaltet hat und sie nicht eingeladen war. Den größten Teil des Tages hat Lena darüber nachgedacht, dass keiner sie mag und sie nie irgendwelche Freunde haben wird. Letztendlich platzt es aus ihr heraus, dass sie eine »Versagerin« sei und niemand, nicht einmal ihre Mutter, sie verstehe. Maren weiß nicht, was sie tun soll. In der Hoffnung, Lena werde sich dadurch wieder besser fühlen, sagt sie zu ihrer Tochter, sie sei doch gar keine Versagerin. Aber Lena schreit Maren an, rennt in ihr Zimmer und knallt die Tür. Maren hört, dass im Zimmer ihrer Tochter Gegenstände herumfliegen. Sie versucht mit Lena zu reden, die jedoch nur noch lauter schreit und anfängt, ihre Mutter zu beschimpfen. Daraufhin sagt Maren zu Lena, sie solle so nicht mit ihr reden. Es dauert mehrere Stunden, bis Lena sich beruhigt. Auch dann aber weigern sie und Maren sich noch, miteinander zu sprechen.*<<

....

Die Bestandteile der Geschichte

Wie Sie sehen können, ist Lena bereits gefährdet, als sie von der Schule nach Hause kommt. Sie schämt sich und fühlt sich ausgeschlossen (Risikofaktoren). Ihre Schweigsamkeit beunruhigt ihre Mutter,

und die Interaktion (Trigger) beginnt. Lena und Maren lösen bei sich gegenseitig Gedanken und Emotionen aus. Maren findet, dass ihre Tochter respektlos ist und sich besser benehmen sollte (Elterngedanken). Lena glaubt, dass niemand sie versteht (Kindergedanken). Diese Gedanken bewirken, dass sowohl Maren als auch Lena wütend werden (Identifizierung des Namens der Emotion). Lena reagiert auf ihre Wut mit Schreien, Türknallen und dem Werfen von Gegenständen (kindliche Verhaltensweisen/Handlungen). Maren reagiert auf Lena, indem sie ihre Tochter ermahnt, anders mit ihr zu sprechen, und sich dann weigert, mit ihr zu reden (elterliche Verhaltensweisen/ Handlungen).

Schauen Sie sich jetzt das Arbeitsblatt »Die Geschichte der Emotion« (Seite 70) an, in dem es um Lenas Geschichte geht. Sie können sehen, auf welche Weise alternative Antworten zu einem anderen Ausgang hätten führen können. Die Geschichte der Emotion der Eltern und die der Kinder sind häufig miteinander verflochten. Die Art, wie eine Mutter oder ein Vater auf ein Kind antwortet, kann eine intensive Reaktion entweder minimieren oder auslösen. Das gilt insbesondere bei einem Kind mit intensiven Emotionen. Der Ausgang einer Geschichte führt oft direkt zu einer neuen Geschichte. Wenn Sie Ihre Gedanken und Verhaltensweisen überprüfen und weise antworten, erhöhen Sie die Wahrscheinlichkeit, dass die nächste Geschichte positiver sein wird.

Finden Sie die Wahrheit Ihres Kindes

Es gibt keine einfache Möglichkeit, herauszufinden, was Ihr Kind Ihnen mitzuteilen versucht. Sie werden nach dem Prinzip Versuch und Irrtum vorgehen müssen. Bleiben Sie unvoreingenommen und stellen Sie keine Mutmaßungen an. Hören Sie Ihrem Kind mit einem offenen Geist, einer wertfreien Haltung und einer akzeptierenden Art zu und

betrachten Sie es mit Augen, die Ihr Kind reflektieren, nicht Sie selbst. Die folgenden Abschnitte können Ihnen eine Orientierungshilfe geben.

Lernen Sie Ihr Kind kennen

Ihr Kind ist ein Individuum mit seinen eigenen Anfälligkeiten, Triggern und Gefühlen. Akzeptieren Sie seine Einzigartigkeit und vergleichen Sie es nicht mit anderen Kindern oder gehen Sie nicht davon aus, dass es genauso fühlt wie sie. Fragen Sie Ihr Kind, was ihm Angst einflößt, was es wütend, bekümmert oder glücklich macht. Hören Sie ihm zu und tun Sie das, was es zu sagen versucht, nicht ab. Bagatellisieren Sie es auch nicht. Stellen Sie Fragen und konzentrieren Sie sich mit Ihrer vollen Aufmerksamkeit auf seine Antworten. Lassen Sie sich von Ihrem Kind beibringen, was es braucht und wie Sie ihm helfen können. Hören Sie zu, ohne zu bewerten oder Vermutungen anzustellen, und schließlich werden Sie seine Wahrheit kennenlernen.

Schreiben Sie in Ihr Notizbuch, was Ihnen Ihr Kind über sich selbst beigebracht hat.

Akzeptieren Sie die Wahrheit Ihres Kindes

Die Wahrheit Ihres Kindes ist für es selbst real. Was sagt Ihr Kind, wenn es auf Stresssituationen mit somatischen Beschwerden reagiert (»Mein Bauch tut weh«, »Mein Finger tut weh«)? Es sagt Ihnen, dass ihm irgendetwas zu schaffen macht. Die Einzelheiten sind nicht so wichtig wie seine Realität, dass etwas wehtut. Sie können Ihr Kind trösten und seine Gefühle validieren, selbst wenn Sie nicht genau wissen, was das Problem ist. Sie können so etwas sagen wie »Ich sehe, dass du aufgewühlt bist« oder »Dir scheint etwas zu schaffen zu machen« und dem Kind Ihre körperliche Präsenz und Ihren Trost bieten. Bestreiten Sie nicht seine Gefühle. Sonst sucht Ihr Kind nur andere, möglicherweise heftigere Wege, Ihnen mitzuteilen, wie es sich fühlt. Wenn Sie die unausgesprochenen Gefühle Ihres Kindes validieren, erhöht sich die Wahrscheinlichkeit, dass es mehr von seiner Geschichte erzählt. Denken Sie daran, auf die »Musik« zu antworten und nicht auf den »Liedtext«.

Fragen Sie sich, wie Sie antworten sollen, wenn Ihr Kind etwas erzählt, von dem Sie wissen, dass es nicht stimmt? Was sagen Sie, wenn Ihr Kind meint, es habe nichts zu tun, und Sie wissen um all die ihm zur Verfügung stehenden Spielsachen und Aktivitäten? Was sagt Ihr Kind? Wahrscheinlich sagt es Ihnen, dass es in diesem Moment an nichts Interesse hat und sich langweilt. Wenn Sie seine Wahrheit validieren können, indem Sie sagen: »Wie es aussieht, gibt es nichts, was du jetzt gerne tun würdest«, werden Sie beide besser imstande sein, das Problem zu lösen und eine Beschäftigung zu finden, die das Kind in ihren Bann zieht.

Manchmal hat Ihr Kind mit seinen speziellen Worten einen ineffektiven Weg gefunden, sich mitzuteilen. Vielleicht wirft es Ihnen schreiend vor, Sie würden seinen Bruder oder seine Schwester mehr lieben. Wenn diese Worte einen Trigger für Sie darstellen, weil Sie sie als ungerecht empfinden, kann Ihr erster Instinkt darin bestehen, sich zu verteidigen. Die Wahrheit aber liegt in den Gefühlen, die hinter den Worten stecken, nicht in den Worten selbst. Ihr Kind ist wütend auf Sie, und das können Sie anerkennen. Sie können bei allem, was Ihr Kind sagt, anderer Meinung sein und trotzdem die Gefühle validieren, die sich hinter den Worten verbergen.

Wenn Sie die Wahrheit der Worte loslassen können, werden Sie sehr viel besser in der Lage sein, die Gefühle Ihres Kindes zu erkennen und effektiv auf sie einzugehen.

Erkennen Sie an, was für Ihr Kind wichtig ist

Ihr Kind kann einer Situation mehr Bedeutung beimessen, als sie Ihrer Meinung nach verdient. Wenn Ihr Kind darüber redet, dass es seinen besten Freund hasst, sollten Sie seine Gefühle anerkennen. Ihre Aufmerksamkeit und Ihre Validierung können es dazu ermuntern, Ihnen mehr zu erzählen. Möglicherweise berichtet es über eine Situation, die Ihnen recht unbedeutend erscheint, und vielleicht verstehen Sie die Heftigkeit seiner Reaktion nicht. Spielen Sie seine Gefühle nicht herunter; bewerten Sie Ihr Kind nicht und versuchen Sie nicht, die Situation »in Ordnung zu bringen«, indem Sie ihm sagen, was es tun soll. Validieren Sie, dass die Sache für Ihr Kind von Bedeutung ist. Und erinnern Sie Ihr Kind am nächsten Tag, wenn sein Freund wieder sein bester Freund ist, nicht an die Situation vom Vortag. Wenn es die Sache hinter sich gelassen hat, sollten Sie dasselbe tun.

Arbeitsblatt: Die Geschichte der Emotion

Wir schauen uns Lenas Geschichte der Emotion näher an. Die tatsächlichen Schritte sind im Abschnitt A beschrieben, die alternativen in Abschnitt B. Wie kann dieses Arbeitsblatt Ihre eigenen Antworten auf die Geschichte Ihres Kindes leiten?

Anfälligkeiten/Risikofaktoren

A: Lena kommt mit einem Gefühl der Scham und des Ausgeschlossenseins von der Schule nach Hause. Sie ist still und nachdenklich; ihre Mutter ist beunruhigt, als sie ihre Fragen nicht beantwortet.

B: Als Lena nach Hause kommt, bemerkt Maren, dass sie still ist und aussieht, als würde sie gleich anfangen zu weinen. Maren weiß, dass etwas ihrer Tochter zu schaffen macht. Maren ist sehr ruhig, verlangt nichts von Lena und steht jederzeit für den Fall zur Verfügung, dass ihre Tochter mit ihr reden möchte.

Trigger

A: Lena war nicht mit anderen Mädchen aus ihrer Klasse zu einer Pyjama-Party eingeladen worden. Das machte sie anfällig. Die Fragen ihrer Mutter sind für sie ein auslösendes Ereignis, um böse auf Maren zu werden.

B: Wenn Maren in der Lage ist, ruhig zu bleiben und weniger zu verlangen, kann Lena ihre Emotionen möglicherweise ohne weitere Eskalation in den Griff bekommen.

Gedanken/Überzeugungen zu dem Ereignis

A: Lena glaubt, sie sei eine »Versagerin« und werde niemals irgendwelche Freunde haben. Sie glaubt ebenfalls, dass niemand, einschließlich ihrer Mutter, sie verstehe. Maren hat ihre Gedanken dazu, wie Lena sich verhalten sollte, was ihre negativen Gefühle über Lenas Verhalten verstärkt.

B: Würde Lena ihre Gedanken ändern und die Tatsache akzeptieren, dass es aus ihr keine »Versagerin« macht, einmal nicht zu einer Party eingeladen zu werden, und dass es auch nicht bedeutet, dass sie »niemals« Freunde haben wird, wäre sie vielleicht weniger anfällig. Glaubt sie, dass ihre Mutter sie verstehen kann, verhält sie sich ihr gegenüber möglicherweise weniger reaktiv. Wenn Maren versteht, dass ihre Tochter verletzt ist und sie nicht angreift, kann sie ihre Erwartungen (»Lena sollte...«) loslassen, Lenas Gefühle validieren und ihrer Tochter helfen, sich weniger alleine zu fühlen.

Körperempfindungen oder Reaktionen

A: Lena ist still und nachdenklich. Sie wirkt innerlich angespannt. Sie ist den Tränen nahe und regt sich dann wegen ihrer Mutter auf. Maren beginnt sich aufzuregen, als Lena ihre Fragen nicht beantwortet.

B: Für Maren wäre es hilfreich, ein paarmal tief ein- und auszuatmen. Dann könnte sie Lena etwas Raum geben, um sich zu beruhigen. Oder sie könnte ihrer Tochter helfen, etwas zu tun, bei dem sie sich gut fühlt. Dies würde bei beiden die Aufregung senken.

Emotionen erkennen

A: Lena ist traurig, niedergeschlagen und fühlt sich einsam. Später ist sie wütend. Maren ist verwirrt und erregt.

B: Maren kann Lenas Traurigkeit validieren und ihrer Tochter Gelegenheit geben, über ihre Gefühle zu sprechen, wenn sie hierzu bereit ist. Maren ist möglicherweise traurig darüber, was ihre Tochter durchmacht, und fühlt sich kompetent, wenn sie ihr helfen kann.

Verhaltensweisen/Handlungen

A: Lena antwortet ihrer Mutter zunächst nicht und ist dann wütend, schreit und beschimpft sie. Schließlich rennt sie in ihr Zimmer, knallt die Tür und beginnt Dinge zu zerstören. Maren tut die Gefühle ihrer Tochter ab und versucht, mit ihr zu reden.

B: Lena spricht über ihre Gedanken, dass niemand sie mag. Möglicherweise fühlt sie sich besser, wenn ihre Mutter ihre Gefühle der Traurigkeit validiert. Sie wird sich verstandener und weniger wütend fühlen. Vielleicht ist sie in der Lage, sich mithilfe einer beruhigenden Aktivität von ihrer Traurigkeit abzulenken. Marens Verständnis und ihre Validierung der Gefühle ihrer Tochter fördern zusätzliche nicht wertende, hilfreiche Verhaltensweisen.

Schauen wir uns ein Ereignis in dieser Geschichte genauer an. Als Maren zu Lena sagt, sie sei keine Versagerin, tut sie die Gefühle ihrer Tochter ab und invalidiert sie ungewollt (Kapitel 1, Seite 21). Auch wenn Maren mit diesen Worten versucht, Lena zu helfen, hat die Tochter doch das Gefühl, dass eine weitere Person sie nicht versteht. Dies löst eine noch negativere Reaktion bei ihr aus. Eine validierende Antwort wie »Das muss sich richtig schlimm anfühlen, wenn deine Freunde dich ausschließen. Ich kann mir vorstellen, was für Gefühle das in dir auslöst« könnte zu einer positiveren Reaktion von Lena führen. Wenn Sie Ihrem Kind zuhören und es validieren, helfen Sie ihm, sich besser zu fühlen.

Ihrem Kind helfen, seine Gefühle auszudrücken

Am wirksamsten bringen Sie Ihrem Kind das Ausdrücken seiner Gefühle bei, indem Sie mit ihm über seine Gefühle und Verhaltensweisen sprechen, wenn es ruhig ist. Scheint Ihr Leben davon beherrscht zu sein, dass Sie »Feuer löschen«, bemerken Sie möglicherweise keine ruhigen Zeitpunkte und verpassen Gelegenheiten, mit Ihrem Kind zu sprechen. »Feuerverhütung« ist jedoch notwendig. Die Bedeutung des Bemühens, Ihrem Kind das effektive Ausdrücken seiner Gefühle beizubringen, kann gar nicht genug betont werden und lohnt den zeitlichen Aufwand allemal.

In den folgenden Abschnitten skizzieren wir die zentralen Punkte, mit denen Sie Ihrem Kind helfen, seine Gefühle auszudrücken.

Schaffen Sie eine validierende häusliche Umgebung

Ein Kind wird eher bereit sein, seine Gefühle auf effektive Weise mitzuteilen, wenn es in einer Umgebung lebt, in der ausgesprochene Emotionen nicht ignoriert, abgetan oder negativ bewertet werden. Wie nun garantieren Sie Ihrem Kind, dass sein Zuhause eine sichere Umgebung für das Ausdrücken seiner Gefühle ist? Keine Familie spricht ständig über Gefühle, aber Ihr Kind ist möglicherweise ein scharfer Beobachter, der bemerkt, wie und wann andere Familienmitglieder ihre Gefühle mitteilen und wie diese Gefühle von anderen aufgenommen werden. Begrüßen Sie das ehrliche Ausdrücken sämtlicher Gefühle. Fördern Sie Verständnis, Akzeptanz und Validierung. Wenn Ihr Kind sieht, dass die von Familienmitgliedern zum Ausdruck gebrachten Gefühle akzeptiert werden und die Konsequenzen positiv sind, wird es sich sicher fühlen, um auch seine eigenen mitzuteilen. Eine validierende häusliche Umgebung bietet Ihrem Kind viele Gelegenheiten, zu lernen, seine Gefühle auszudrücken.

Sprechen Sie über Ihre eigenen Gefühle

Als Mutter oder Vater wollen Sie Ihr Kind nicht mit all Ihren Problemen und Sorgen belasten. Das bedeutet aber nicht, dass Sie Ihrem Kind nicht einige Ihrer Gefühle mitteilen könnten. Durch Ihr modellhaftes Vorleben wird Ihr Kind andere Gelegenheiten finden, zu lernen, wie es seine Emotionen ausdrücken kann. Wenn Sie traurig sind, weil Sie gerade betrübliche Nachrichten gehört haben, können Sie Ihrem Kind hiervon erzählen, ohne es zu überfordern. Wenn Sie Gefühle des Glücks oder der Freude oder der Wut mit Ihrem Kind teilen, wird es lernen, dass Menschen eine ganze Palette von Emotionen haben, die alle akzeptabel sind. Je mehr Sie Ihre Emotionen auf ehrliche, direkte Art zum Ausdruck bringen, umso wohler wird sich Ihr Kind damit fühlen, seine eigenen ebenfalls auszudrücken.

Falls Sie von Ihren Emotionen überwältigt sind oder es Ihnen schwerfällt, sie effektiv zum Ausdruck zu bringen, dürfen Sie Ihrem Kind Ihre Reaktivität nicht zeigen. Nennen Sie Ihrem Kind stattdessen den Namen der von Ihnen empfundenen Emotion (zum Beispiel: »Ich bin wütend«) und suchen Sie sich einen stillen Ort, an dem Sie allein sein können, um sich zu beruhigen. Sie wollen Ihr Kind nicht überfordern oder ihm ein Verhalten vorleben, das alles andere als anpassungsfähig ist. Sie wollen Ihrem Kind beibringen, dass es eine nützliche und effektive Fertigkeit sein kann, sich in aller Stille und an einem sicheren Ort mit seinen Gefühlen zu beschäftigen.

Erkennen Sie positive und negative Emotionen anderer an

Häufig ist es für Ihr Kind weniger bedrohlich, wenn Sie auf die Emotionen anderer Menschen hinweisen statt auf seine eigenen. Nehmen Sie die Gelegenheit wahr, mit Ihrem Kind über die Namen von Emotionen sowie über wirksame und weniger wirksame Möglichkeiten des Umgangs mit Gefühlen zu sprechen, wenn Sie jemand anders Emotionen ausdrücken sehen. Indem Ihr Kind die Reaktionen anderer Menschen begreift, kann es Wege kennenlernen, seine eigenen Emotionen anzuerkennen.

Widmen Sie sich gemeinsam positiven Aktivitäten

Wenn Ihr Kind eine intensive Emotionalität zeigt, freuen Sie sich möglicherweise auf Zeiten, in denen es ruhig ist. Sie sehen diese als Gelegenheiten für angenehme Aktivitäten, die das Kind alleine, mit Freunden oder mit anderen Familienangehörigen ausführen kann. Ihr Kind lernt dann jedoch, dass Sie ihm am ehesten zur Verfügung stehen, wenn es Schwierigkeiten hat, und weniger, wenn es ruhig und freudig beschäftigt ist. Dies erhöht die Wahrscheinlichkeit einer intensiven negativen Reaktivität, da Ihr Kind weiß, dass es dann Ihre Aufmerksamkeit bekommt. Wenn Sie sich gemeinsam angenehmen Aktivitäten widmen, wird Ihr Kind lernen, dass es keine negativen Emotionen zum Ausdruck bringen muss, um sich verbunden zu fühlen, und dass Sie nicht nur zur Verfügung stehen, wenn es Sie »braucht«. Stattdessen lernt es, dass auch positive Gefühlsausdrücke Beachtung finden. Dies erhöht die Wahrscheinlichkeit, dass diese angenehmen Gefühle andauern, und verringert die generelle Anfälligkeit des Kindes für negative Emotionen.

Listen Sie in Ihrem Notizbuch einige positive Aktivitäten auf, die Sie und Ihr Kind gemeinsam durchführen können, wenn Ihr Kind ruhig ist.

Zusammenfassung

Jedes Kind ist einzigartig und hat seine eigenen Bedürfnisse, Gefühle und Ausdrucksweisen. Zu häufig haben Eltern vorgefertigte Erwartungen an ihre Kinder, was deren Gefühle und das Ausdrücken dieser Gefühle angeht. Ihr Kind hat jedoch seine eigene Geschichte und erlebt ein Leben, das sich von dem unterscheidet, das Sie für Ihr Kind erwartet haben. Schauen Sie Ihr Kind mit offenen Augen an und sehen Sie in ihm das Individuum, das es ist. Ihre Akzeptanz Ihres Kindes wird viel dazu beitragen können, dass es sich ermutigt fühlt, eine ganze Palette von Emotionen zum Ausdruck zu bringen und sich selbst mit akzeptierendem Blick zu betrachten.

In diesem Kapitel haben wir Fertigkeiten besprochen, mit denen Sie die Emotionen Ihres Kindes erkennen, verstehen und validieren sowie Ihrem Kind helfen können, seine Emotionen in anpassungsfähiger und gesunder Weise zu kommunizieren und zum Ausdruck zu bringen. Folgende Fertigkeiten wurden behandelt:

- Sie nutzen die Geschichte der Emotion Ihres Kindes, um Ihr Kind zu verstehen.
- Sie helfen Ihrem Kind, alternative Verhaltensweisen zu finden.
- Sie ermitteln die Wahrheit Ihres Kindes.
- Anhand Ihrer eigenen Gefühle und der anderer Menschen leben Sie das effektive Kommunizieren von Gefühlen modellhaft vor.

Im nächsten Kapitel werden Sie zusätzliche Fertigkeiten erwerben, mit denen Sie Ihrem Kind durch Veränderung seiner Umgebung bei der Verringerung seiner emotionalen Intensität helfen. Außerdem werden Sie lernen, die Geschichte der Emotion Ihres Kindes zur Deeskalierung seiner emotionalen Reaktionen zu nutzen.

Antworten auf die Emotionen Ihres Kindes

Haben Sie das Gefühl, immer nervös zu sein und auf die nächste Explosion zu warten? Fühlen Sie sich relativ machtlos?

Fragen Sie sich, was Sie tun können, um die Ausbrüche abzumildern, die häufig und ohne jede Vorwarnung aufzutreten scheinen? Wenn Ihr Kind auf Ereignisse mit intensiven Emotionen reagiert, erscheint Ihnen das Leben womöglich wie ein Minenfeld, in dem Sie und der Rest Ihrer Familie versuchen, nichts zu sagen oder zu tun, das eine Explosion auslösen könnte. Das ist eine anstrengende und stressige Art zu leben. Sie haben bereits gesehen, dass die Kenntnis der Geschichte der Emotion Ihres Kindes Ihnen etwas Kontrolle geben kann. In diesem Kapitel werden wir Ihnen weitere Handlungsempfehlungen zur Verringerung des Risikos intensiver emotionaler Reaktionen geben. Außerdem erhalten Sie einige Tipps dafür, Situationen zu deeskalieren.

Das Risiko emotionaler Ausbrüche verringern

Im letzten Kapitel haben wir darüber gesprochen, dass die Kenntnis Ihres Kindes, das Erkennen seiner Anfälligkeiten und das Anerkennen seiner Trigger Ihnen helfen kann, die Wahrscheinlichkeit einer intensiven emotionalen Reaktion zu minimieren. Ist es Ihnen auch nicht möglich, Ihrem Kind ein Leben ohne Stress oder Schmerz zu bereiten, können Sie doch Schritte unternehmen, um ein strukturiertes, beständiges und ruhiges Zuhause zu schaffen.

Eltern reagieren häufig emotional auf ihre Kinder und unternehmen mit ihnen zusammen eine emotionale Achterbahnfahrt. Jedoch sind die Kinder weniger reaktiv und ruhiger, wenn die Eltern ungeachtet der Dysregulation ihres Kindes emotionale Ausgeglichenheit bewahren. Je ruhiger die Mutter oder der Vater, umso ruhiger werden das Zuhause und sämtliche Kinder in diesem Zuhause sein.

Wird Ihr Kind von intensiven Emotionen überwältigt, fühlt es sich wohler, wenn sein Leben berechenbar ist und routinemäßig verläuft. Sie werden nicht verhindern können, dass unerwartete Situationen auftreten, und Sie können Ihr Kind nicht vor sämtlichen Situationen schützen, die es nicht kontrollieren kann. Sie können jedoch Ihr Bestes tun, um die Überraschungen im Leben Ihres Kindes gering zu halten, es auf neue Situationen vorzubereiten und ihm so oft wie möglich Kontrolle zu geben. Zusätzlich ermuntert die DBT[43] Eltern zum Schaffen von Gelegenheiten für angenehme Aktivitäten, Aktivitäten, bei denen sich das Kind kompetent fühlt, und Aktivitäten, die das Kind beruhigen und ablenken.

Schaffen Sie ein Zuhause mit Routinen und Berechenbarkeit

In einer Gesellschaft, in der Kinder außerhalb der Schule viele Aktivitäten ausüben, das ganze Jahr über Sport treiben, sich mit Freunden treffen und anderen sozialen Unternehmungen nachgehen und in der die Eltern arbeiten und ihre eigenen Aktivitäten haben, kann das Leben zu Hause selbst unter den stabilsten Verhältnissen chaotisch sein. Für ein Kind mit intensiven Emotionen fühlt sich das alltägliche Chaos noch unberechenbarer an. Es verschlimmert zudem seine Reaktivität. Sie müssen unter Umständen Anpassungen vornehmen, die dem Kind den Umgang mit seinen Emotionen ermöglichen und die Male auf ein Minimum beschränken, die es von ihnen überwältigt ist.

Die folgenden Schritte können Ihnen bei der Bereitstellung einer ruhigeren Umgebung helfen, in der sich effektiver mit Emotionen umgehen lässt.

Routinen schaffen

Ihr Kind wird weniger anfällig für Gefühlsausbrüche sein, wenn es weiß, was von ihm erwartet wird, und es eine gewisse Berechenbarkeit gibt. Hier sind ein paar Tipps:

- Essen Sie jeden Abend ungefähr zur gleichen Zeit.
- Halten Sie eine bestimmte Schlafenszeit ein, die nicht jeden Tag wechselt.
- Sorgen Sie dafür, dass die Routine Ihres Kindes eine ungestörte Ruhephase beinhaltet, falls es zu alt für einen Tagschlaf ist.
- Lassen Sie Ihrem Kind so oft wie möglich Zeit für Aktivitäten, die es besänftigen und beruhigen.
- Haben Sie Ihrem Kind eine Aufgabe im Haushalt übertragen, sagen Sie ihm, zu welcher Uhrzeit diese erledigt sein soll, und machen sie zu einem festen Bestandteil Ihrer Haushaltsroutine.
- Am Wochenende wird es zwar einige Abweichungen geben, achten Sie jedoch darauf, dass Sie die Routine dann nicht zu sehr verändern. Versuchen Sie an den Wochenenden so oft wie möglich dieselbe Schlafenszeit für Ihr Kind einzuhalten wie wochentags.

Wenn Sie erkennen, dass Ihr Kind überfordert ist, sollten Sie sich Ihren Zeitplan anschauen und überlegen, was Sie anpassen können. Macht Ihr Kind bei zu vielen Aktivitäten mit? Bekommt es ausreichend Schlaf? Gibt es zu viele Ablenkungen? Die Antworten auf diese Fragen können Ihnen beim Erkennen der erforderlichen Anpassungen helfen.

Möglicherweise sind Sie verärgert, weil Sie diese Anpassungen für Ihr Kind vornehmen müssen. Sie mögen es als lästig empfinden, in Ihrem Leben Routinen einzuhalten. Vielleicht wünschen Sie sich, Ihr Kind wäre mehr wie andere Kinder und könnte besser mit Unberechenbarkeit umgehen. Dies trifft insbesondere dann zu, wenn andere Familienmitglieder spontaner und flexibler sind. Es ist nicht die Schuld Ihres Kindes, dass es mit Schwierigkeiten auf Veränderung und Störung reagiert. Denken Sie daran, dass es »sein Bestes gibt«[44] und dass auch Sie Ihr Bestes geben, um eine Umgebung zu bieten, in der Ihr Kind gedeihen kann.

Entwickeln Sie beständige Regeln und Erwartungen

Die Regeln und Erwartungen, die in einem Haus gelten, müssen beständig und eindeutig sein. Ihr Kind braucht die Orientierung und die Disziplin, die durch Regeln geschaffen werden, welche es kennt und versteht. Beständigkeit ist wichtig. Wenn Ihre Regel lautet, dass am Morgen vor der Schule nicht ferngesehen wird, müssen Sie diese Regel ungeachtet der Forderungen oder der Emotionalität Ihres Kindes beibehalten. Wenn Ihr Kind am Wochenende nicht weggehen darf, bevor es sein Zimmer aufgeräumt hat, dürfen Sie keine Ausnahme machen, nur weil es etwas Spannendes vorhat. Je mehr Ausnahmen Sie machen, umso mehr wird Ihr Kind diese erwarten und fordern. Beständige Erwartungen werden Ihrem Kind helfen, zu wissen, was es zu erwarten hat. Sie werden seine Verwirrung mindern und es ihm ermöglichen, mehr Kontrolle über seine Emotionen zu haben.

Beschränken Sie die Aktivitäten

Ist Ihr Kind leicht von Anforderungen und Aktivitäten überfordert, sollten Sie versuchen, die Zahl seiner Aktivitäten zu beschränken. Häufig ist es verlockend, zuzulassen, dass das Kind viel vorhat und nicht zu Hause ist. Aber oft hat es Konsequenzen, wenn Ihr Kind nicht die Zeit hat, zur Ruhe zu kommen. Es kann beim Abendessen oder beim Zubettgehen zu einem Ausbruch kommen. Einem Kind, das überwältigt oder erschöpft ist, fällt es normalerweise schwerer, für Routine-Tätigkeiten zur Ruhe zu kommen. Lassen Sie Ihr Kind lieber eine außerschulische Aktivität oder Sportart auswählen als mehrere. Bringen Sie ihm bei, welche Bedeutung und welche positiven Folgen weise Entscheidungen haben.

Ihr Kind möchte seine Aktivitäten nicht unbedingt beschränken; es kann sein, dass es zu einem Kampf kommt, wenn Sie bei Lieblingsaktivitäten Grenzen setzen. Vielleicht treibt Ihr Kind gerne Sport und möchte an so vielen Ereignissen wie möglich teilnehmen. Insbesondere wenn Sie wissen, wie unglücklich Ihr Kind generell ist, wollen Sie es unter Umständen tun lassen, was immer es glücklich macht. Bedenken Sie aber, dass die Entscheidungen Ihres Kindes nicht immer zu seinem Besten sind. Dann ist es an Ihnen, vernünftige und weise Entscheidungen über den Umfang der Teilnahme Ihres Kindes zu treffen. Denken Sie an die Ausgewogenheit – Sie geben Ihrem Kind etwas von dem, was es will, und setzen seinen Aktivitäten angemessene Grenzen. Treffen Sie Entscheidungen in Absprache mit Ihrem Kind und lassen Sie Ihr Kind die Entscheidungen nicht selbst fällen. Wenn Ihr Kind eine intensive Emotionalität aufweist, ist es möglich, zu viel des Guten zu haben. So sehr Sie Ihr Kind auch glücklich sehen möchten, wird sich das

Beschränken seiner Aktivitäten doch immer und immer wieder bezahlt machen.

Nimmt Ihr Kind regelmäßig an einer Aktivität teil, die ihm Spaß macht, können Sie die Häufigkeit seiner Teilnahme ändern, wenn die Anforderungen es zu überfordern beginnen oder es sich nicht in der Lage fühlt, auf dem von ihm erwarteten Niveau weiterzumachen. Das Kind, das nicht wettkampforientierte Sportarten liebt, kann sich bedroht fühlen, wenn Wettkampf wichtig wird. Das Kind, das gerne bei sich in der Gegend Sport treibt, ist möglicherweise nicht in der Lage, mit den Erwartungen auswärts spielender Mannschaften umzugehen. Was geschieht, wenn eine Aktivität Ihrem Kind so viel abverlangt, dass es nicht genug Zeit für andere, notwendige Beschäftigungen hat (wie Schlaf, Ruhephasen oder die Hausaufgaben)? Wenn Ihr Kind unfähig ist, seine Ängste zuzugeben oder deren Konsequenzen zu sehen, werden Sie die Person sein, die seine Anfälligkeiten erkennt und effektive Anpassungen vornimmt.

Wenn Sie mehr als nur ein Kind haben, nehmen Sie möglicherweise eins der Kinder mit zu den Aktivitäten des anderen, weil Sie versuchen, für alle da zu sein. Falls ein Kind leicht überfordert ist, müssen Sie unter Umständen Ihre Teilnahme an Veranstaltungen beschränken oder jemanden finden, der Zeit mit dem einen Kind verbringen kann, während Sie mit dem anderen unterwegs sind. Dies hat den zusätzlichen Vorteil, dass beide Kinder einen Erwachsenen für sich alleine haben. Eine andere Lösung könnte sein, Tage mit Aktivitäten und Tage mit Ruhezeiten zu Hause einander abwechseln zu lassen. Das Finden von Möglichkeiten, dem Kind freie Zeit zur Verfügung zu stellen, kann die positive Folge haben, dass es zu weniger emotionalen Zusammenbrüchen kommt.

Das Zuhause als sicherer Hafen

Sie mögen sich fragen, warum Ihr Kind in der Lage ist, seine emotionale Intensität bei Freunden oder Verwandten in Grenzen zu halten, und warum es seine Ausbrüche zu Hause nicht kontrollieren kann. Unser Zuhause ist normalerweise der Ort, an dem wir am einfachsten wir selbst sein können. Wir brauchen alle die Sicherheit unseres Zuhauses, um den Stress eines schweren Tages loszulassen, einen Ort zum Ausspannen, an dem wir unser inneres Kind hervorkommen und spielen lassen können.[45] Ihr Kind ist da nicht anders. Es muss wissen, dass es einen Ort gibt, an dem es einige seiner Emotionen gefahrlos rauslassen kann. Ihr Kind muss wissen, dass Ihre Liebe bedingungslos ist und dass es trotz seines Verhaltens geliebt werden wird.

Um Ihrem Kind zu Hause beim Umgang mit seinen Emotionen zu helfen, sollten Sie es dazu ermuntern,
- seine Emotionen in einer Weise freizusetzen, die nicht die gesamte Familie stört.
- einen Platz im Haus oder in der Wohnung zu finden, an den es gehen darf und an dem es ungestört ist, und sich dort nicht von anderen Familienmitgliedern ärgern zu lassen.
- einen ruhigen und tröstenden Ort zu nutzen, der voller Lieblingsspielsachen, Stofftiere und anderer beruhigender Gegenstände und Beschäftigungsmöglichkeiten ist.
- Wege zu finden, sich zu besänftigen und zu beruhigen.

Kann es auch schwierig sein, zu akzeptieren, dass Ihr Kind zu Hause einigen seiner Emotionen freien Lauf lassen muss, sollten Sie es deswegen doch nicht verurteilen. Validierung und Akzeptanz[46] sind hier entscheidend. Die emotionalen Ausbrüche Ihres Kindes erfolgen nicht deshalb zu Hause, weil Ihr Kind Sie nur ärgern möchte; die Liebe und Sicherheit in seinem Zuhause erlauben es dem Kind, seine Emotionen auszudrücken, sodass es den Rest seines Lebens bewältigen kann. Wenn Sie ihm helfen können, effektive Wege für den Umgang mit seinen Emotionen zu lernen, wird es diese auf weniger störende Weise zum Ausdruck bringen.

Bieten Sie Gelegenheiten für Vergnügen und Können

Ihr Kind wird weniger anfällig für überwältigende negative Emotionen sein, wenn es an Aktivitäten teilnimmt, an denen es Freude hat, die ihm ein gutes Gefühl vermitteln und von denen es weiß, dass es sie beherrscht.

Lassen Sie Ihr Kind tun, woran es Freude hat

Wenn Ihr Kind anfällig für emotionale Intensität ist, liegt die Versuchung nah, gerne ausgeübte Aktivitäten als Belohnung für gutes Verhalten einzusetzen oder als Bestrafung zu verbieten. Vielleicht wollen Sie ihm im Falle eines Gefühlsausbruchs seine Computerzeit streichen oder eine DVD wegnehmen. Oder vielleicht denken Sie, Ihr Kind sollte den Computer nur für eine begrenzte Zeit nutzen. Sind dies wirksame oder weise Entscheidungen? Helfen sie Ihrem Kind? Ihm Dinge zu entziehen, die ihm Freude bereiten, ist nicht unbedingt ein effektives

Mittel, ihm beim Umgang mit seinen Emotionen zu helfen.

Um die Möglichkeit emotionaler Ausbrüche zu verringern, sollten Sie Ihr Kind zu vernünftigen Zeiten und in realistischer Weise Aktivitäten ausüben lassen, an denen es Freude hat und die es als entspannend empfindet. Sie können es seine Lieblingsbeschäftigungen genießen lassen, um sich zu beruhigen oder zu entspannen, ohne ihm die volle Kontrolle über die Aktivitäten bei Ihnen zu Hause zu überlassen. Finden Sie ein Gleichgewicht, das es Ihrem Kind ermöglicht, sich mit beruhigenden Beschäftigungen abzulenken, bei dem es aber gleichzeitig bestimmte im Haushalt geltende Erwartungen erfüllt.

Schreiben Sie Aktivitäten in Ihr Notizbuch, an denen Ihr Kind Freude hat.

Finden Sie Aktivitäten, die Ihr Kind gut kann

Wenn von Ihrem Kind erwartet wird, an Aktivitäten teilzunehmen, die es seiner Meinung nach nicht gut kann, erhöht sich seine Anfälligkeit für negative Emotionen. Hat es das Gefühl, eine Aufgabe oder Tätigkeit nicht gut zu Ende führen zu können, oder bedroht eine Aktivität sein Wohlbefinden, steigt die Möglichkeit eines Gefühlsausbruchs. Sie können dies sehen, wenn Ihr Kind Hausaufgaben erledigt, die es als zu schwierig empfindet.

Nimmt Ihr Kind hingegen an Aktivitäten teil, die es gut kann, fühlt es sich kompetenter, wohler in seiner Haut und weniger anfällig für negative Emotionen. Helfen Sie Ihrem Kind, jene Aktivitäten zu finden, in denen es sich hervortun kann. Bei einigen Kindern ist es der Sport, bei anderen kann es das Musizieren, die künstlerische Betätigung oder ein anderes Hobby sein. Wieder andere arbeiten gerne gemeinsam mit ihrem Vater oder ihrer Mutter an einem Projekt. Diese Aktivitäten sollen weder Ihr Kind noch den Rest der Familie belasten oder überfordern, bieten Sie Ihrem Kind also eine vernünftige Anzahl von Möglichkeiten zur Teilnahme an Aktivitäten, mit denen es sich wohlfühlt.

Manchmal ist es schwierig, eine Aktivität zu finden, bei der Ihr Kind sich kompetent fühlt. Wenn Sie in einer Gegend leben, in der Sport eine wichtige Rolle spielt, und Ihr Kind nicht sportlich ist, fühlt es sich möglicherweise unzulänglich. Gewinnen seine Freunde Trophäen oder Preise und es selbst nicht, sinkt vielleicht sein Selbstwertgefühl. Auch dies kann einen Anstieg der Ausbrüche zur Folge haben. Manchmal sind die Stärken eines Kindes nicht unbedingt solche, die mit Trophäen belohnt werden. Ihre Aufgabe wird es sein, Ihrem Kind zu helfen, seine Stärken zu sehen und jene Aktivitäten zu finden, die es am besten kann.

Listen Sie in Ihrem Notizbuch einige Aktivitäten auf, die Ihr Kind gut kann.

Die Gefühlsausbrüche Ihres Kindes abmildern

Die Ausbrüche von Kindern unterscheiden sich in ihrer Ursache und Intensität. Einige Eltern berichten von Kindern, die »toben«, »regelrecht Schaum vor dem Mund haben« und/oder völlig unkontrollierbar durchs ganze Haus rasen. Bei anderen Kindern äußert sich ein Ausbruch darin, dass sie ihre Mutter oder ihren Vater anschreien oder Türen knallen. Einige Ausbrüche dauern

Minuten und einige mehrere Stunden. Wenn der Ausbruch Ihres Kindes Ihre Familie stört oder bedroht, sollten Sie Schritte zu seiner Abmilderung unternehmen.

In dem Moment, in dem die emotionalen Reaktionen Ihres Kindes eskalieren, beginnen Sie möglicherweise Anspannung und Unruhe zu verspüren und reagieren emotional. Eine emotionale Reaktion von Ihnen oder einem anderen Mitglied der Familie erhöht die emotionale Intensität Ihres Kindes. Deshalb ist die Verringerung Ihrer eigenen Emotionalität der erste Schritt zur Deeskalation der Emotionen und Verhaltensweisen Ihres Kindes. Wenn Sie trotz des Ausbruchs Ihres Kindes ruhig bleiben können, werden Sie in der Lage sein, in validierender und nicht wertender Weise zu antworten. Beides ist für die Abmilderung des Gefühlsausbruchs Ihres Kindes notwendig.

Beachten Sie die folgenden Leitlinien, um ruhig zu bleiben und das Heft in der Hand zu behalten, wenn Ihr Kind ausrastet:

- Sprechen Sie mit Ihrem Kind in sanftem Ton, besänftigend und mit leiser Stimme. Verlangsamen Sie das Tempo Ihres eigenen Körpers, indem Sie bedächtig reden und langsame, tiefe Atemzüge machen, die auch Ihre eigenen Emotionen beruhigen.
- Denken Sie vernünftig und weise, indem Sie Ihre Situation beobachten und ohne Angst und Sorge hinsichtlich dessen, was geschehen könnte, im Moment präsent bleiben.[47]
- Treten Sie nur ein paar Sekunden von der Unmittelbarkeit der Situation zurück, um eine effektivere Antwort auf das Verhalten Ihres Kindes zu finden.
- Nehmen Sie Gedanken wahr wie »Jetzt geht das schon wieder los« oder »Oh nein, nicht schon wieder« oder »Ich kann damit

nicht umgehen«. Diese Gedanken bringen Ihre eigenen Emotionen zum Eskalieren. Erinnern Sie sich daran, dass Ihr Kind sein Bestes gibt.

• Denken Sie an die Geschichte der Emotion, die wir in Kapitel 1 (Seite 24) behandelt haben[48], und sagen Sie sich selbst beruhigende Sätze. Üben Sie Aussagen wie »Wir werden das durchstehen« oder »Ich kann meinem Kind helfen, sich zu beruhigen, wenn ich selbst ruhig bleibe«.

Ihrem Kind helfen, sich zu beruhigen

Wenden Sie die Fertigkeiten an, die wir in den Kapiteln 2 (Seite 55) und 3 (Seite 73) besprochen haben, um Ihrem Kind zu helfen, sich bei einem Ausbruch zu beruhigen. Lassen Sie Ihr Kind wissen, dass Sie ihm zuhören, indem Sie nicht wertend und validierend bleiben; sorgen Sie für beruhigende Aktivitäten und einen besänftigenden Ort und beschränken Sie Forderungen und Erwartungen auf ein Minimum, bis es ruhiger ist. Wenn Ihr Kind sich akzeptiert und gehört fühlt, wird es sich schneller fassen. Die folgenden Abschnitte enthalten nähere Angaben dazu, wie Sie Ihrem Kind helfen, sich zu beruhigen.

Leiten Sie Ihr Kind zum Ausüben beruhigender Aktivitäten an

Fertigkeiten der Disstress-Toleranz sind speziell dafür gedacht, Menschen zu helfen, sich angesichts von Stresssituationen zu beruhigen. Zu diesen Fertigkeiten gehört das Ausüben von Aktivitäten, die von schmerzhaften Emotionen ablenken und eine Person besänftigen und beruhigen, sodass sie sich umgehend besser fühlen kann.[49]

Die folgende Liste soll Ihnen ein paar Anregungen für Aktivitäten geben, die beruhigen bzw. die Disstress-Toleranz erhöhen. Weitere Beispiele finden Sie in Kapitel 5 (Seite 86), in dem das Thema näher besprochen wird.

Beispiele für beruhigende Aktivitäten
• Musik hören
• Zeichnen oder Malen
• Am Computer spielen; eine tragbare Spielekonsole nutzen
• Ein warmes Bad nehmen
• Etwas Leckeres essen oder trinken
• Ein Bonbon lutschen
• Das Haustier streicheln
• Sport treiben

Fügen Sie in Ihrem Notizbuch ein paar eigene Ideen hinzu.

Wenn Ihr Kind emotional durchdreht, ist es Ihre Aufgabe, das Kind durch die Krise zu führen. Hierfür validieren Sie als Erstes seine Gefühle und schlagen dann eine beruhigende Aktivität vor, idealerweise eine, die Ihr Kind im Voraus gewählt hat. Sagen Sie dies folgendermaßen: »Ich sehe, dass du sehr wütend bist. Was können wir tun, damit du dich jetzt besser fühlst?« Dies ist nicht der Zeitpunkt, um über alles zu sprechen, was Ihr Kind beschäftigt. Es ist der Zeitpunkt, um ihm zu helfen, jetzt etwas Beruhigendes zu tun. Das wird es bei der Deeskalation seiner Emotionen und Verhaltensweisen unterstützen.

Bieten Sie einen sicheren und besänftigenden Ort
Wir haben bereits darüber gesprochen, wie wichtig es ist, dass Sie Ihrem Kind zu Hause einen Ort zur Verfügung stellen,

den es als tröstend empfindet. Das Aufsuchen dieses Ortes kann ihm helfen, sich zu beruhigen. Der Ort sollte am besten still und mit gedämpftem Licht versehen sein. Das Aufstellen eines Aquariums kann für zusätzliche Besänftigung sorgen. Helles Licht und Geräusche haben häufig keine beruhigende Wirkung. Dieser Ort wird vorbereitet, wenn Ihr Kind ruhig ist, und erwartet es, wenn seine Emotionen eskalieren. Es ist ein in physischer wie emotionaler Hinsicht sicherer Ort für Ihr Kind. Das heißt, dass Ihr Kind sich dort nicht verletzen kann und nichts zerstören kann und dass es eingeladen ist, seine Emotionen auf ungefährliche Weise zum Ausdruck zu bringen.

Stellen Sie mitten in einem Ausbruch keine Anforderungen an Ihr Kind

Beginnt Ihr Kind durchzudrehen oder steckt es mitten in einem Ausbruch, kann sein Zustand noch weiter eskalieren, wenn Sie es an häusliche Pflichten, Verantwortungen oder Erwartungen erinnern. Auch ist es nicht effektiv, ihm mit Konsequenzen zu drohen. Wenn Ihr Kind emotional dysreguliert ist, wird es nicht in der Lage sein, irgendetwas zu hören, bis es sich beruhigt hat. Seine Wut kann zudem noch zunehmen, wenn es sich bedroht fühlt oder sich schämt. Helfen Sie Ihrem Kind mit den oben besprochenen Techniken, sich zu beruhigen, wenn es mitten in einem Ausbruch steckt. Für alles andere wird es zu einem späteren Zeitpunkt Gelegenheit geben.

Ihr Kind validieren, wenn seine Wut sich gegen Sie richtet

Häufig fragen Eltern, wie sie ihr Kind validieren können, wenn seine Wut gegen sie gerichtet ist. Sie fragen sich, wie sie denn ein Kind validieren sollen, das schreit und ihnen verletzende Dinge sagt. Wie bereits in Kapitel 2 (Seite 30) erwähnt, geht es bei der Validierung im Kern darum, jemanden wissen zu lassen, dass Sie seine Worte hören und seine Gefühle anerkennen, ohne unbedingt mit dem Gesagten einverstanden zu sein.[50] Wenn Sie – wie in Kapitel 3 (Seite 58) besprochen – das Wesen der Gefühle herausfinden können, die hinter seinen Worten stecken, werden Sie in der Lage sein, Ihr Kind aufrichtig zu validieren. Das gilt selbst dann, wenn Sie nicht mögen, was es tut oder sagt.

Was Sie anerkennen und validieren können, ist die Wut Ihres Kindes. Sie tun dies, indem Sie ehrlich sagen: »Ich kann sehen, dass du wütend auf mich bist«, oder »Es tut mir leid, dass du so böse auf mich bist. Was können wir tun, damit es wieder besser wird?« Diese Worte können sehr tröstend für ein Kind sein, welches das Gefühl hat, die Kontrolle verloren zu haben. Sie helfen ihm, sich emotional zu entspannen und zu beruhigen.

Was können Sie zu Ihrem Kind sagen, wenn es wütend auf Sie ist? Schreiben Sie Ihre Ideen in Ihr Notizbuch.

Nicht wertend bleiben, wenn die Emotionen Ihres Kindes eskaliert sind

Ein Kind, das intensive Emotionen und ein ebensolches Verhalten zeigt, leidet häufig unter vielen schmerzhaften Gefühlen sich selbst und seinem eigenen Verhalten gegenüber. Mag ein großer Teil der von ihm empfundenen Emotion auch in Form von Wut gegen andere gerichtet sein, kann es sich doch in Wirklichkeit schämen oder wegen seines Verhaltens schuldig fühlen. Ihr Kind zu etikettieren oder zu bewerten, wenn

Sie wütend auf es sind, verschlimmert die negativen Gefühle, die es sich selbst gegenüber hat. Wenn Sie Ihr Kind akzeptieren und nicht bewerten, wird es sich weniger schuldig fühlen und in der Lage sein, seine negativen Gefühle zu reduzieren und seinen Ausbruch in den Griff zu bekommen.

Schwierige Realitäten akzeptieren oder leugnen

Mit den Begriffen »Bereitwilligkeit« und »Eigenwilligkeit« (im Sinne von Eigensinnigkeit) wird das Verhalten von Menschen unterschieden, die entweder in der Lage sind, die Realität in ihrer gegebenen Form zu akzeptieren (die »bereitwillig« sind), oder die glauben, sie könnten die Realität verändern, wenn sie sich nur ausreichend bemühten, perfekt handelten oder genug forderten (die »eigenwillig« sind).[51] Möglicherweise glaubt Ihr Kind, es könne Dinge dadurch verändern, dass es sich weigert, sie als Tatsachen zu akzeptieren, und ihr Anderssein fordert. Denken Sie in wertenden Begriffen, halten Sie dieses Kind vielleicht für stur, gegen alles oder trotzig und sind sehr frustriert über seinen Unwillen, zu verstehen.

Wenn Ihr Kind Tatsachen leugnet und nicht in der Lage zu sein scheint, die Realität einer Situation zu akzeptieren, werden Ihre Beurteilungen Sie noch frustrierter machen und seine bereits negativen Emotionen verstärken. Dies kann zu einem Gefühlsausbruch führen. Ihr Kind leugnet die Realität einer Situation, weil der Umgang mit dieser Realität zu schmerzhaft oder zu schwierig für es ist. Es leugnet sie nicht, weil es stur oder unvernünftig sein will. Unterstützen Sie es, indem Sie seine Frustration anerkennen, und helfen Sie ihm, zu akzeptieren, was es nicht ändern kann.

Manche Realitäten sind einfacher zu akzeptieren als andere. Dass Ihr Kind intensive Emotionen hat und möglicherweise spezielle Anpassungen benötigt, um stabil zu bleiben, kann eine Realität sein, die für Sie schwer zu akzeptieren ist. Jedoch können Sie nur dann Schritte in Richtung einer konstruktiven Verbesserung der Situation unternehmen, wenn Sie diese Tatsache akzeptieren. Wir werden in Kapitel 10 (Seite 145) darüber sprechen, wie Sie schwierige Realitäten akzeptieren können.

Es kann für Ihr Kind zudem schwer hinnehmbar sein, dass es anders ist als andere Kinder. Möglicherweise wünscht es sich, sein ganzes Leben wäre anders und es wäre nicht so häufig traurig oder wütend. Es ist genauso schmerzhaft für Sie als Mutter oder Vater, Ihr Kind an diesen Gefühlen leiden zu sehen, wie es für Ihr Kind ist, sie zu ertragen. Einige Realitäten lassen sich nicht ändern, ungeachtet Ihres starken Wunsches, genau dies zu tun. Sie können lediglich lernen, so gut wie möglich mit den Gegebenheiten zurechtzukommen. Das Akzeptieren jener Dinge, die sich nicht ändern lassen, trägt zur Minimierung des Leidens bei, während Sie daran arbeiten, Anpassungen vorzunehmen.

Ihrem Kind beim Akzeptieren einer schwierigen Realität helfen

Mit den folgenden Schritten können Sie Ihrem Kind helfen, eine unveränderbare Situation bereitwilliger zu akzeptieren:
- Sprechen Sie mit ihm mit ruhiger und besänftigender Stimme.
- Validieren Sie es, indem Sie anerkennen, dass die Situation ihm Schwierigkeiten bereitet, dass es sich so fühlt, wie es sich

fühlt, und dass es schwer für Ihr Kind ist, wenn etwas nicht so läuft wie erhofft.

- Helfen Sie ihm zu verstehen, dass sich diese Situation nicht ändern lässt, egal, wie sehr Sie beide dies wollen. Lassen Sie ihm Zeit. Akzeptieren Sie, je nach Situation, dass dies ein fortwährender Prozess sein kann, der weitere Diskussionen erfordert.
- Helfen Sie ihm, Wege zu finden, sich von den negativen Emotionen abzulenken, die durch das Akzeptieren entstehen können.
- Bestärken Sie seine Akzeptanz einer schwierigen Realität.

Wenn Emotionen gegen die eigene Person gerichtet sind

Manche Kinder reagieren auf überwältigende negative Emotionen mit »stillen Ausbrüchen« (sie werden depressiv oder entwickeln negative Gefühle gegenüber der eigenen Person) oder indem sie ihre Aggression gegen sich selbst wenden (durch selbstverletzendes Verhalten). Möglicherweise reagiert Ihr Kind auf seinen emotionalen Schmerz damit, dass es dichtmacht und wortkarg wird. Wenn es seine Gefühle nach innen wendet, verlässt es unter Umständen sein Zimmer nicht mehr, beteiligt sich nicht mehr an Aktivitäten und geht vielleicht nicht einmal mehr zur Schule. Die Angst, die es empfindet, macht es ihm unmöglich, irgendwelche Erwartungen zu erfüllen, was seine Verzweiflung noch steigert. Wenn Sie versuchen, Ihr Kind in irgendeiner Form zur Teilnahme zu bewegen, kann es sogar »explodieren«. Damit schützt es sich davor, etwas tun zu müssen, vor dem es Angst hat. Diese Explosion kommt für Eltern, die an ein eher grüblerisches und stilles Kind gewöhnt sind, normalerweise unerwartet. Scheint Ihr Kind sein Interesse an Aktivitäten oder

an der Schule zu verlieren, sollten Sie sich professionelle Hilfe suchen.

Einige dieser Kinder befreien sich teilweise von ihrem inneren Schmerz, indem sie sich selbst verletzen, statt auf andere loszugehen. Selbstverletzung und suizidales Verhalten beschränken sich nicht auf Erwachsene. Ein Kind übermittelt Ihnen eine Botschaft der Verzweiflung, wenn es sagt, dass es sterben oder sich selbst Schaden zufügen möchte. Spricht Ihr Kind darüber, dass es sich verletzen möchte, erzählt es Ihnen, dass ihm etwas wehtut. Es kann an der Zeit sein, seinen Schmerz zu validieren und professionelle Hilfe zu suchen. Wir werden hierüber in Kapitel 8 (Seite 122) ausführlicher sprechen.

Hören Sie Ihrem Kind zu. Sprechen Sie mit ihm. Validieren Sie seinen Schmerz.

Zusammenfassung

Wenn Sie sehen, dass Ihr Kind sich unberechenbar verhält, kann dies sehr beängstigend sein. Es ist leicht nachzuvollziehen, dass der Ausbruch Ihres Kindes zu einem Ausbruch Ihrerseits führen kann. Sie wollen, dass Ihr Kind einfach mit dem aufhört, was es gerade tut. Das ist nicht immer so leicht. Wir haben gesehen, dass eine Reihe von Faktoren zu diesen Ausbrüchen beiträgt (das Temperament, die Anfälligkeit, die emotionale Intensität) und sie aufrechterhält (sie sorgen für den Abbau von emotionalem Stress, die Kinder merken, dass sie Aufmerksamkeit bekommen). Wir haben zudem gesehen, dass eine Wechselwirkung besteht zwischen Ihren emotionalen Reaktionen auf diese Ausbrüche und deren Ausgang. Das soll nicht heißen, dass die Ausbrüche Ihre

Schuld sind. Hier geht es nicht um Schuld und Fehler. Mögen Sie auch keine Kontrolle über die emotionalen Reaktionen Ihres Kindes haben, können Sie doch die in diesem Kapitel besprochenen Schritte unternehmen, um in effektiver Weise zu antworten und so die Ausbrüche Ihres Kindes zu minimieren und/oder abzumildern.

Zu den in diesem Kapitel behandelten Strategien gehören folgende:
- Sie schaffen ein Zuhause mit Routinen, Beständigkeit und einem Gleichgewicht zwischen Grenzen und angenehmen Aktivitäten.
- Sie bewahren die Ruhe und antworten in nicht wertender, validierender Weise.
- Sie leiten Ihr Kind zum Ausüben beruhigender Aktivitäten an.
- Sie helfen Ihrem Kind, die Realität so zu akzeptieren, wie sie ist.

Im nächsten Kapitel werden Sie lernen, wie Sie Ihrem Kind beim Verständnis seiner Emotionalität helfen und wie Ihr Kind den Ausgang seiner eigenen Geschichte der Emotion ändern kann.

Kindern den Umgang mit Gefühlen beibringen

Hilfe zur Selbsthilfe heißt es nun, denn wenn Ihr Kind lernt, mit seinen Gefühlen umzugehen, entschärfen sich viele Situationen.

Wenn Ihr Kind emotional dysreguliert ist, haben Sie das unmittelbare Bedürfnis, es so schnell wie möglich zu beruhigen. Das ist eine kurzfristige, krisengesteuerte Strategie. Fragen Sie sich nach Beendigung der akuten Situation manchmal, ob Ihr Kind jemals in der Lage sein wird, mit seinen Emotionen umzugehen oder sich selbst zu beruhigen? Machen Sie sich Sorgen, dass Ihr Kind nicht das nötige Bewusstsein seiner selbst entwickeln wird, um sich zu besänftigen, oder dass es für den Umgang mit emotionalen Situationen immer auf Ihre Hilfe angewiesen sein wird? Die effektive Reaktion Ihres Kindes auf seine eigene Emotionalität ist ein langfristiges Ziel und bedarf einer langfristigen Strategie. Wenn Sie Ihr Kind akzeptieren und validieren, wird es sich weniger defensiv verhalten und das Erlernen anderer Verhaltensreaktionen eher akzeptieren. Zudem wird es dann das Selbst-Bewusstsein entwickeln, das für das Erkennen seiner eigenen Anfälligkeiten, Trigger und Warnsignale notwendig ist. Indem Ihr Kind seine eigene Geschichte der Emotion lernt[52], wird

es weniger Lenkung durch Sie benötigen und die Fertigkeiten, die den Ausgang seiner Geschichte ändern, selbstständiger anwenden.

Das Selbst-Bewusstsein Ihres Kindes

Wie bereits besprochen, versetzen die DBT-Fertigkeiten Sie in die Lage, sich Ihrer selbst, Ihrer körperlichen Empfindungen und Ihrer Gefühle im gegenwärtigen Moment stärker bewusst zu sein und dieses erhöhte Bewusstsein für den Umgang mit den im jeweiligen Augenblick empfundenen Emotionen zu nutzen.[53] Wenn Sie Ihrem Kind genau dabei helfen, wird es besser darin werden, seine Emotionen zu modulieren und mit ihnen zurechtzukommen. Ihr Kind kann ein erhöhtes Bewusstsein seiner selbst und seiner Erfahrungen entwickeln, indem es lernt, Dinge in seiner Umgebung zu beobachten. Probieren Sie die Wahrnehmungsübung mit Ihrem Kind aus.

Selbstwahrnehmung durch Erfahrung

Wenn Ihr Kind gelernt hat, Objekte zu beobachten und zu beschreiben, können Sie ihm helfen, diese Fertigkeiten zum Schildern seiner eigenen Empfindungen zu nutzen. Helfen Sie ihm beim Wahrnehmen und Beschreiben von Gefühlen, indem Sie es auffordern,

- eine Faust zu machen, sie zusammenzudrücken und wieder zu öffnen,
- seinen Fuß in Richtung Himmel zu beugen und dann zum Boden zu neigen,
- zu blinzeln und die Augen anschließend weit zu öffnen,
- einzuatmen und auszuatmen.

Ermuntern Sie Ihr Kind nach jeder Übung, wahrzunehmen, wie es sich fühlt, und seine Empfindungen mit Worten zu beschreiben. Ein Beispiel: Fragen Sie Ihr Kind nach dem Zusammendrücken seiner Faust, wie es

sich in seinem Inneren fühlt. Sie können es fragen, ob seine Hand sich fest oder locker, entspannt oder angespannt anfühlt und ob es sich jemals auch in seinem restlichen Körper so fühlt.

Mit diesen Übungen helfen Sie Ihrem Kind, zwischen Momenten körperlicher Anspannung (geballte Faust, nach oben gebogener Fuß, gerunzelte Stirn) und Entspannung (geöffnete Faust, nach unten geneigter Fuß) zu unterscheiden. Indem Sie diese Empfindungen mit Gefühlswörtern wie »ängstlich« oder »wütend« (angespannte Hand) und »glücklich« oder »ruhig« (entspannte Hand) verbinden, helfen Sie ihm, zu identifizieren, was es beim Erfahren einer Emotion fühlt.

Eine andere Möglichkeit, Ihrem Kind zu helfen, zu erkennen, wann es von Emotionen überwältigt wird, ist das Hinweisen auf Zeichen, die Sie sehen. Hierfür sagen Sie etwa auf ruhige, akzeptierende Art:

Wahrnehmungsübung für Kinder

1. Suchen Sie für ein kleines Kind ein Lieblingsspielzeug oder -objekt aus (ein Stofftier, ein Spielzeugauto, eine Decke), das es häufig benutzt. Bei älteren Kindern nehmen Sie einen Stein oder eine Muschel, etwas, das Ihr Kind draußen gefunden hat.
2. Lassen Sie Ihr Kind das Spielzeug/Objekt mindestens eine Minute lang halten (oder länger, wenn das Kind älter ist).
3. Ermuntern Sie Ihr Kind, das Spielzeug/Objekt in dieser Zeit zu befühlen, zu rie-

chen, zu drücken und anzuschauen und so viele Sinne zu benutzen wie möglich.
4. Helfen Sie Ihrem Kind, Worte zum Beschreiben des Spielzeugs/Objekts zu finden, wenn es mit dem Erkunden fertig ist. Sie können es fragen, ob es etwas entdeckt hat, das es zuvor noch nicht bemerkt hatte, ob das Spielzeug/Objekt glatt oder rau ist, wie es riecht usw.

Wiederholen Sie diese Übung so oft, wie es Ihnen und Ihrem Kind gefällt.

- »Ich sehe, dass dein Gesicht rot wird. Ärgert dich irgendwas?«
- »Wenn du deine Faust ballst, sagt mir das normalerweise, dass du wütend bist. Bist du das jetzt gerade?«

Sie können auch eine allgemeinere Aussage treffen, wie zum Beispiel: »Wenn Menschen schnell atmen, heißt das manchmal, dass sie wütend sind oder Angst haben. Fühlst du dich jetzt gerade so?«

Je früher Ihr Kind das Selbst-Bewusstsein entwickeln kann, um seine eigenen Körperempfindungen und die Gefühle, die sie widerspiegeln, zu erkennen, umso eher wird es in der Lage sein, selbstständig Wege und Möglichkeiten zu finden, sich zu besänftigen und zu beruhigen.

Achtsamkeit/Ruhe für Ihr Kind

Achtsamkeits- oder Beruhigungsübungen sind eine weitere Möglichkeit für ein Kind, Selbst-Bewusstsein zu entwickeln, da es durch diese Übungen achtsamer für seine eigenen körperlichen Empfindungen wird. Wenn Ihr Kind sich seines Körpers bewusst ist, können Sie ihm beim Loslassen überwältigender Emotionen helfen. Hierfür ermuntern Sie es dazu, seinen Körper zu entspannen. Das Entspannen seiner Finger, das Entspannen seiner Beine (indem es seine Zehen nach unten schauen lässt) oder das Verlangsamen seiner Atmung werden zur Entspannung seines gesamten Körpers beitragen. Diese wiederum wird ihm helfen, sich ruhiger zu fühlen.

Um Ihrem Kind zu helfen, sich ruhig zu fühlen, können Sie
- seine Hände, Arme oder Füße mit einer Lotion einreiben.

- dem Kind ein Vorbild sein, indem Sie Yoga, Achtsamkeit oder Meditation praktizieren, beruhigende Musik oder Klänge hören.
- mit Ihrem Kind Entspannungs-/Achtsamkeits-CDs anhören und den Anweisungen folgen.

Wenn Sie diesen Übungen einen spielerischen Anstrich geben, wird Ihr Kind sie durchführen wollen, ohne auch nur zu erkennen, dass es dabei lernt, sich zu beruhigen.

Gehen Sie nach der Anleitung »Lernen, sich zu beruhigen« (Seite 89) vor, um Ihrem Kind die Elemente von Entspannungs-/Achtsamkeitsübungen zu vermitteln. Häufig hilft die Erinnerung an ein Gefühl der Ruhe, um diese Ruhe in den jeweiligen Moment hineinzutragen.

Nachträgliche Untersuchung des Ausbruchs

Noch einmal auf einen Gefühlsausbruch zurückzukommen, nachdem Ihr Kind sich beruhigt hat, wird ihm beim Entwickeln von Selbst-Bewusstsein und dem Verständnis seiner eigenen Geschichte der Emotion helfen.

Führen Sie Ihre Untersuchung auf ruhige und validierende Weise aus und lassen Sie sich von folgenden Fragen leiten:

Welche Risikofaktoren und Trigger führten zu dem Ausbruch?
- Untersuchen Sie die Schwierigkeiten oder Befürchtungen des Kindes und/oder die Situation, in der es sich befand.
- Kommen Sie noch einmal auf das zurück, was genau vor dem Ausbruch geschah.
- Sprechen Sie darüber, woran Ihr Kind dachte.

Welchen Namen würden Sie oder Ihr Kind dem Gefühl geben, das es empfand?

- Stellen Sie allgemeine Verbindungen zwischen Erfahrungen und Gefühlen her (Gefühlsnamen), indem Sie zum Beispiel sagen: »Wenn jemand mich anschreit, bin ich wütend«, oder: »Wenn Kinder eine gute Note bekommen, sind sie normalerweise stolz.«

- Verbinden Sie den Trigger Ihres Kindes mit einem Gefühlsnamen: »Ich habe gesehen, was dein Bruder mit dir gemacht hat. Wie hast du dich dabei gefühlt? Hat es dich wütend oder traurig gemacht oder warst du frustriert?«

- Fragen Sie Ihr Kind, ob es seine Gefühle benennen kann. Bis es hierzu spontaner in

Übung: Lernen, sich zu beruhigen

Lassen Sie Ihr Kind von einem zusammen verbrachten Tag so viele Anblicke, Geräusche, Gerüche und Gefühle nacherleben wie möglich.

1. Erklären Sie Ihrem Kind mit ruhiger und besänftigender Stimme, dass Sie üben werden, sich zu beruhigen.

2. Lassen Sie Ihr Kind auf einem bequemen Stuhl Platz nehmen. Seine Arme liegen auf den Lehnen, seine Füße stehen auf dem Boden. Sagen Sie ihm, dass es seine Augen je nach Wunsch schließen oder geöffnet lassen kann.

3. Lassen Sie Ihr Kind tief Luft holen und sagen Sie laut: »Eins.« Sagen Sie ihm, dass dieser Vorgang als seine Einatmung bezeichnet wird. Lassen Sie es seinen Atem eine weitere Sekunde lang anhalten.

4. Lassen Sie Ihr Kind die Luft dann langsam wieder herauslassen und sagen Sie dabei laut: »Zwei.« Sagen Sie ihm, dass dieser Vorgang als seine Ausatmung bezeichnet wird.

5. Lassen Sie Ihr Kind einatmen und im Geiste selbst »Eins« zählen, dann ausatmen und »Zwei« zählen. Dies wiederholt es ein paar Mal, bis es sich wohl und entspannt fühlt.[80]

6. Lassen Sie es weiter ein- und ausatmen, während Sie ihm erzählen, dass Sie ihm helfen werden, sich an eine richtig schöne Zeit zu erinnern.

7. Beschreiben Sie ruhig, langsam und mit sanfter Stimme einen Ausflug, eine Feier oder ein anderes Ereignis, bei dem Sie und Ihr Kind sich entspannt und wohl fühlten. Erzeugen Sie das Bild für Ihr Kind. Beschreiben Sie:
   - wie es aussah (wo Sie waren, was Sie sahen, wer bei Ihnen war usw.),
   - wie Ihr Kind sich fühlte (»Erinnere dich daran, wie du mir gesagt hast, wie warm dir war«, »Erinnere dich daran, wie heiß sich der Sand anfühlte, als du darauf liefst«),
   - Gerüche, an die Sie sich erinnern (»Erinnere dich an den Geruch des Popcorns«),
   - Dinge, die Ihr Kind anfasste (wie beispielsweise Muscheln am Strand).

8. Lassen Sie Ihr Kind noch eine Minute bewusst weiteratmen und erinnern Sie es daran, wie ruhig es sich an dem Tag fühlte.

9. Sagen Sie ihm dann, dass es Sie ansehen und sich an die Ruhe erinnern soll.

der Lage ist, kann es ein Gefühlsbarometer nutzen, sofern ihm dies hilft.

Falls Ihr Kind böse auf Sie wird, weil Sie ihm sagen, wie es sich gefühlt haben könnte, sollten Sie seine Bedenken validieren und nicht mit ihm streiten. Lassen Sie Ihr Kind die Person sein, die seine Gefühle definiert. Es hat einen Anspruch darauf, seine Gefühle so zu benennen, wie es dies möchte. Oder es kann sich weigern, überhaupt über seine Gefühle zu sprechen. Denken Sie daran: Sie können die Samen der Ideen säen und schauen, ob sie keimen.

Welches sind die Konsequenzen, die für Ihr Kind aus seiner Reaktionsweise erwachsen?

- Hat es mit seinem Ausbruch sehr viel Zeit verschwendet, die es hätte nutzen können, um Spaß zu haben?
- Schämt es sich für sein Verhalten, nachdem es sich beruhigt hat?
- Welche Gefühle hat sein Verhalten bei anderen erzeugt? Gibt es Menschen, die Angst vor ihm haben oder wütend auf es sind?

Auf welche andere Weise könnte es seine Emotionen ausdrücken?

- Was wird es das nächste Mal anders machen, um ähnliche negative Konsequenzen in Zukunft zu vermeiden?
- Machen Sie Vorschläge, ohne ihm zu sagen, was es tun soll.
- Helfen Sie ihm, die Vorteile effektiverer Antworten zu erkennen.

Letztendlich wird es an ihm sein, mit Ihrer Unterstützung die notwendigen Änderungen vorzunehmen, um einen besseren Ausgang seiner Geschichte herbeizuführen.

Beruhigende Aktivitäten

In Kapitel 4 (Seite 75) haben wir die Idee vorgestellt, dass Sie Ihr Kind unter Einsatz beruhigender Aktivitäten durch schwierige Situationen führen. Diese aus der DBT stammenden Fertigkeiten der Disstress-Toleranz[54] helfen Ihrem Kind, sich von inneren Konflikten abzulenken und seine Aufmerksamkeit Aktivitäten zuzuwenden, die es beruhigen oder besänftigen (wie zum Beispiel Computerspielen, Zeichnen, ein warmes Bad oder eine Massage). Die emotionale Eskalation macht es für Ihr Kind schwieriger, selbstständig auf diese Aktivitäten zurückzugreifen. Helfen Sie ihm, sich daran zu erinnern, wie es sich selbst beruhigen kann, oder fragen Sie: »Meinst du, eine beruhigende Aktivität würde jetzt hilfreich sein?« Wie wir in diesem Abschnitt besprechen werden, kann Ihr Kind lernen, diese Strategien ohne fremde Hilfe anzuwenden. Jedoch kann es immer Zeiten geben, in denen Sie es führen oder daran erinnern müssen, seine Fertigkeiten zu nutzen.

Wenn Sie Ihrem Kind den selbstständigen Gebrauch dieser Fertigkeiten beibringen, sollten Sie ihm helfen,

- zu verstehen, dass eine beruhigende Aktivität keine Bestrafung ist.
- zu lernen, dass das Durchführen einer beruhigenden Aktivität ihm helfen wird, sich besser zu fühlen, und die Möglichkeit negativer Konsequenzen verringert.
- letztendlich die Vorteile beruhigender Aktivitäten zu sehen.

Gemeinsam können Sie und Ihr Kind lernen, beruhigende Aktivitäten in das Alltagsleben des Kindes zu integrieren oder sie anzuwenden, wenn sie gebraucht werden.

Die Mitwirkung Ihres Kindes

Die Mitwirkung und Beteiligung Ihres Kindes bei der Auswahl hilfreicher, beruhigender Aktivitäten ist von entscheidender Bedeutung; es wird sie nur durchführen, wenn es in den Prozess eingebunden wird. Diskussionen, die Sie mit Ihrem Kind über diese Aktivitäten führen, sind wirksamer, wenn sie zu einem Zeitpunkt stattfinden, an dem es ruhig ist. Dann wird es besser in der Lage sein, Sie zu hören, und empfänglicher für das sein, was Sie sagen. Sie und Ihr Kind können sich so genügend Aktivitäten einfallen lassen, um ihm Wahlmöglichkeiten zu geben und das Risiko zu minimieren, dass es irgendwelcher dieser Aktivitäten überdrüssig wird.

Sammeln Sie mit Ihrem Kind Ideen, indem Sie es fragen, was es gerne tut, wenn es sich schlecht fühlt; was ihm hilft, sich zu beruhigen, wenn es wütend ist; oder was bewirkt, dass es sich besser fühlt, wenn es traurig ist. Sie können ihm außerdem mitteilen, dass es Ihre Unterstützung hat, indem Sie fragen: »Was kann ich tun, um dir das nächste Mal zu helfen, wenn du durcheinander bist?« Hören Sie aufmerksam zu, wenn es antwortet. Begegnen Sie ihm mit Akzeptanz und Validierung.

Sie können Ihrem Kind zudem Beobachtungen und Vorschläge folgender Art anbieten:
- »Ich habe gemerkt, dass du das letzte Mal, als du aufgelöst warst, in dein Zimmer gegangen bist. Hat dir das geholfen, dich wieder besser zu fühlen?«
- »Ich weiß, dass du gerne ein warmes Bad nimmst; manchmal hilft einem ein Bad, sich zu beruhigen, wenn man aufgewühlt ist. Meinst du, das würde dir helfen?«
- »Du scheinst einen besseren Nachmittag zu haben, wenn du nach dem Mittagessen ein bisschen Zeit in Ruhe in deinem Zimmer verbracht hast. Würdest du das gerne öfter tun?«

Zum Festhalten der beruhigenden Aktivitäten, die Ihnen und Ihrem Kind einfallen, legen Sie eine Aufzählung an. Verwenden Sie Wörter oder von Ihrem Kind angefertigte Zeichnungen, Bilder aus Zeitschriften oder Aufkleber, welche die von Ihrem Kind vorgeschlagenen Aktivitäten darstellen. Hängen oder legen Sie die Tabelle an einen leicht zugänglichen Ort, damit Ihr Kind sie sich anschauen kann, wenn es merkt, dass es emotional wird.

Darüber zu reden ist nicht immer beruhigend

Es gibt den Mythos, dass eine Person sich besser fühlt, wenn über eine schwierige Situation geredet wird. Das ist nicht immer der Fall. Manchmal führt das Reden über eine problematische Situation vielmehr dazu, dass die Emotionen der betroffenen Person eskalieren. Das gilt insbesondere dann, wenn das Gespräch stattfindet, bevor die Person sich beruhigt hat.

Was hilft dir, dich wieder besser zu fühlen?

Wenn ich traurig bin, fühle ich mich wieder besser, wenn ich …
Wenn ich wütend bin, fühle ich mich wieder besser, wenn ich …
Wenn ich durcheinander bin, fühle ich mich wieder besser, wenn ich …
Wenn mich jemand kränkt, fühle ich mich wieder besser, wenn ich …

Bevor Sie darüber sprechen, was Ihrem Kind zu schaffen macht, sollten Sie ihm helfen, sich mithilfe irgendwelcher der zuvor erläuterten Aktivitäten oder Fertigkeiten zu beruhigen. Verlangen Sie nicht von ihm, dass es redet. Sagen Sie ihm, dass Sie später darüber reden werden. Es gibt immer Gelegenheiten, über eine Situation zu sprechen und Wege zu ihrer Lösung zu finden, wenn die Emotionalität Ihres Kindes sich abgeschwächt hat und es besser imstande ist, sich wirksam am Gespräch zu beteiligen.

Die Konsequenzen beruhigender Aktivitäten für Ihr Kind

Sie wollen, dass Ihr Kind eine beruhigende Aktivität durchführt, bevor es so sehr ausrastet, dass sein Verhalten außer Kontrolle gerät. Hierfür können Sie ihm helfen, die Vorteile dieser Aktivitäten zu erkennen und zu verstehen, wie sie als Antwort auf Trigger oder Anspannung im Körper wirken. Helfen Sie Ihrem Kind, zu sehen, dass diese Aktivitäten effektivere Verhaltensreaktionen und positivere Konsequenzen zur Folge haben. Zeigen Sie Ihrem Kind, dass seine Entscheidungen Einfluss darauf haben können, was geschieht. Im Folgenden sind die zwei möglichen Abläufe skizziert.

Keine Anwendung einer beruhigenden Aktivität: Trigger → Emotion → fortwährend eskalierende Emotion → eskalierte Verhaltensreaktion → negative Konsequenzen (Familie ist wütend und verstimmt; Kind schämt sich) → mögliche Bestrafung

Anwendung einer beruhigenden Aktivität: Trigger → Emotion → beruhigende Aktivität → Emotionen klingen ab → kein Verhaltensausbruch → Kind fühlt sich gut → Familie fühlt sich gut → positive Konsequenzen (der Tagesablauf geht ohne Unterbrechung weiter)

Ihr Kind wird nach einer beruhigenden Aktivität mit sich selbst und seinen Handlungen so viel zufriedener sein, dass es in Zukunft mit höherer Wahrscheinlichkeit wieder eine dieser Aktivitäten nutzen wird. Selbstberuhigung wird zu einer Tätigkeit, die sich von selbst belohnt; je öfter Ihr Kind sie ausführt, umso größer ist die Chance, dass es dies auch zukünftig tun wird.

Helfen Sie einem jüngeren Kind mit folgenden Vorschlägen, sich selbst zu beruhigen:

- »Es sieht so aus, als würdest du gerade wütend werden. Geh doch bitte in dein Zimmer und spiel mit irgendwelchen deiner leisen Spielsachen, um dich zu beruhigen.«
- »Ich glaube, dass eine Ruhezeit dir helfen wird, dich zu beruhigen, sodass du nicht noch wütender wirst.«
- »Können wir zusammen einen Film schauen und uns ein bisschen beruhigen?«

Einem älteren Kind können Sie auf ruhige Art Folgendes vorschlagen:

- »Du scheinst gerade wütend zu werden. Kannst du irgendetwas von dem tun, was in deiner Tabelle steht, um dich zu beruhigen, sodass wir einen weiteren Ausbruch verhindern können?«
- »Es sieht so aus, als seiest du richtig wütend. Ich mache mir Sorgen, dass du etwas tun könntest, was du später bereust. Wie kann ich dir helfen, dich zu beruhigen? Kann irgendetwas aus deiner Tabelle dir helfen, dich wieder besser zu fühlen?«

Schauen Sie sich das folgende Beispiel der Reaktionen eines Kindes an und achten Sie darauf, wie eine beruhigende Aktivität den Ausgang der Geschichte ändern kann.

....

Tom, Vater von Svea, 7 Jahre

≫ *Svea wird wütend, wenn ihr Vater, Tom, ihr nicht erlaubt, etwas zu tun, das sie gerne tun möchte, oder sie um etwas bittet, das sie nicht tun will. An einem Samstagmorgen fordert Tom sie auf, den Computer auszustellen, damit die Familie zu einem Ausflug aufbrechen kann. Svea genießt das Spiel, mit dem sie gerade am Computer beschäftigt ist, und will nicht damit aufhören. Ihr Vater wiederholt ruhig seine Bitte, Svea ignoriert ihn weiter. Als Tom sie erneut bittet, ruft Svea: ≫Nein!≪ Ihr Gesicht wird röter, und ihr Vater wird wütend und ist genervt. Svea konzentriert sich weiterhin auf den Computer und schreit ihren Vater an, er unterbreche sie immer, wenn sie Spaß habe. Tom hebt die Stimme, sagt ihr, sie sei respektlos, und geht auf den Computer zu, um ihn auszuschalten. Svea stellt sich ihm in den Weg und ist bereit, ihn zu schlagen, sollte er sich noch weiter nähern. Ihr Vater ist total verärgert und schreit sie weiterhin an. Svea beginnt auf die Tastatur einzuschlagen. Nach einer halben Stunde beruhigt sie sich endlich. Jetzt steckt Tom sie in ihr Zimmer und sagt ihr, sie habe der ganzen Familie den Nachmittag ruiniert. Ihre Geschwister sind aufgelöst, weil sie ein weiteres Mal beobachtet haben, wie es ist, wenn Svea außer Kontrolle gerät.* ≪

....

Schauen Sie sich nun an, was passiert, wenn ein Elternteil in so einer Situation eine beruhigende Aktivität vorschlägt.

....

Tom, Vater von Svea, 7 Jahre

Eine alternative Lösung

≫ *Sveas Vater, Tom, bittet seine Tochter, den Computer in fünf Minuten auszuschalten, um sich für einen Familienausflug fertig zu machen. Als er sie nach Ablauf der fünf Minuten erneut erinnert, ignoriert sie ihn, und er wiederholt ruhig seine Worte. Sie sagt laut: ≫Ich will am Computer spielen. Lass mich alleine!≪ Sie wird immer lauter, und als ihr Gesicht rot anläuft, erkennt er, dass sein Beharren bei ihr als Trigger gewirkt hat. Tom will nicht, dass ihr Verhalten eskaliert. Nach dem letzten Vorfall hatten Svea und er über Möglichkeiten gesprochen, wie sie sich beruhigen könnte, und diese in ihrem Zimmer auf ein Blatt Papier geschrieben.*

Tom bleibt ruhig, validiert ihre Gefühle dazu, dass sie nicht gestört werden möchte, und erkennt ihre Wut an, als er sagt: ≫Ich weiß, dass du verärgert darüber bist, dass du nicht mit deinem Computerspiel weitermachen darfst.≪

Dann erinnert er sie an die beruhigenden Aktivitäten: ≫Das letzte Mal, als du dich hierüber aufgeregt hast, bist du in deinem Zimmer gelandet und der Tag war für alle im Eimer. Meinst du, du kannst dir die Tabelle anschauen und ein paar Minuten lang etwas tun, das dich beruhigt, damit wir alle weggehen können?≪

Svea beschließt, in der Küche zu zeichnen, während sich die Familie auf das Weggehen vorbereitet.

Svea ist ruhig, als sie sich zum Rest der Familie gesellt, damit der Ausflug beginnen kann. Die Familie ist froh, dass ein weiterer Vorfall verhindert werden konnte und ihr Nachmittag nicht gestört wurde. ≪

....

Überlegungen

Im Anfangsstadium der emotionalen Eskalation wird Ihr Kind zur Ausübung von Aktivitäten in der Lage sein, die mehr Konzentration erfordern (wie Lesen). Je mehr es außer Fassung ist, umso mehr wird es eine Tätigkeit brauchen, die es körperlich entspannt und nicht viel kognitive Energie erfordert. Entwickeln Sie eine Liste unterschiedlicher Aktivitäten: einige gegen leichte Erregung, einige für Situationen, in denen das Kind aufgewühlter ist, und andere für Momente intensiver Emotionalität.

- Gehen Sie nicht davon aus, dass eine Aktivität, die sich einmal sehr gut bewährt hat, immer wirksam sein wird. Sie und Ihr Kind werden fortlaufend überprüfen müssen, was hilfreich ist und was nicht.
- Manchmal wird das Kind allein sein müssen, manchmal wird es die Nähe anderer Menschen benötigen. Lassen Sie Ihr Kind erzählen, was es braucht, und akzeptieren Sie seine Vorschläge.
- Finden Sie beim Erarbeiten der Tabelle Aktivitäten, mit denen Sie und Ihr Kind einverstanden sind. Diese Aktivitäten sollten in Ihrem Zuhause leicht umzusetzen sein, und Ihr Kind sollte sie selbstständig ausführen können. Es sollte für ihre Durchführung auf niemanden angewiesen sein und mit ihnen niemanden stören.
- Lassen Sie sich nicht auf einen Machtkampf ein, wenn Ihr Kind sich weigert, eine beruhigende Aktivität auszuführen. Bleiben Sie ruhig. Validieren Sie weiterhin die Gefühle Ihres Kindes.
- Unterbrechen Sie Ihr Kind nicht, wenn es mit einer beruhigenden Aktivität beschäftigt ist. Stellen Sie auch keine Forderungen und stören Sie es nicht, bis es sich vollständig beruhigt hat. Eine Unterbrechung zu einem Zeitpunkt, bevor das Kind in der Lage ist, Frustrationen zu tolerieren, kann eine Eskalation verursachen.

Wenn Sie und Ihr Kind mit Geduld und Akzeptanz zusammenarbeiten, werden Sie die Aktivitäten finden, die in unterschiedlichen Situationen am wirksamsten sind.

Zusammenfassung

Beim Entwickeln von Selbst-Bewusstsein wird Ihr Kind die nötigen Fertigkeiten zum Erkennen seiner Emotionen und zum Umgang mit diesen erwerben. Droht es von Emotionen überwältigt zu werden, können Sie ihm helfen, wirksame Entscheidungen zu treffen. Hierfür ermuntern Sie es zur selbstständigen Nutzung der Listen beruhigender Aktivitäten, die Sie gemeinsam erarbeitet haben. Ist Ihr Kind in der Lage, die positiven Konsequenzen des effektiven Umgangs mit seinen Emotionen wahrzunehmen, wird es härter an der Entwicklung gesunder Antworten arbeiten. Diese wird es sein gesamtes Leben lang brauchen. Ihr Kind wird immer wieder mit schwierigen Situationen konfrontiert werden, und es wird besser zum effektiven Umgang mit diesen Situationen imstande sein, wenn Sie ihm die notwendigen Fertigkeiten zu einem frühen Zeitpunkt in seinem Leben beigebracht haben.

Zu den Fertigkeiten, die wir in diesem Kapitel besprochen haben, gehören folgende:

- Sie führen Achtsamkeits- und Entspannungsübungen durch, die Ihrem Kind bei der Entwicklung von Selbst-Bewusstsein helfen.
- Sie stellen zusätzliche Fragen, um Ihrem Kind zu helfen, seine Geschichte der Emotion zu lernen und sie zum Ändern des Ausgangs seiner Geschichte zu nutzen.

- Sie erarbeiten Tabellen mit beruhigenden Aktivitäten und ermuntern Ihr Kind zur Nutzung dieser Aktivitäten, bevor es von seinen negativen Emotionen überwältigt wird.

In den nächsten Kapiteln werden wir darüber sprechen, wie Sie Ihrem Kind beim Ändern seiner Reaktionen auf intensive Emotionen helfen können.

Auf das Verhalten Ihres Kindes eingehen

Nun geht es ganz praktisch um Strategien dafür, auf das Verhalten Ihres Kindes einzugehen und es zu lenken.

Verhaltensprinzipien und intensives Verhalten

Jedes Kind soll lernen, sozial mit seinem Umfeld zu interagieren. Emotionale Kinder profitieren von Grenzen, Konsequenzen und Belohnungen.

Wenn die Emotionen Ihres Kindes Ihr Leben beherrschen, erscheint es Ihnen vielleicht unmöglich, die elementaren Erziehungsaufgaben zu erfüllen. Wie vermitteln Sie Ihrem Kind die Lektionen, die alle Kinder lernen müssen? Die Lektionen darüber, wie sie sich zu verhalten haben, was von ihnen erwartet wird und welche Werte und Moralvorstellungen in Ihrer Gemeinschaft gelten? Als Mutter oder Vater haben Sie die Verantwortung, Ihr Kind auf sämtliche Aspekte seines Lebens vorzubereiten. Das Temperament mancher Kinder erleichtert diese Aufgabe; sie können das, was ihnen gesagt wird, akzeptieren und Erwartungen ohne Frage oder Vorfall nachkommen. Hat Ihr Kind aber intensive Emotionen, stellen diese sich dem Erlernen bestimmter Verhaltensweisen, dem Beibehalten erwarteter Verhaltensweisen und/oder dem Eingehen auf von Ihnen gesetzte Grenzen in den Weg. Selbst wenn Ihr Kind weiß, wie es sich verhalten soll, können seine Emotionen doch seine Fähigkeit beeinträchtigen, sich auf die erwartete

Weise zu verhalten. Die Aufgabe, Ihrem Kind angemessenes Verhalten beizubringen, fällt dann viel schwerer.

Wie im gesamten Buch gesagt wird, verlangt die Erziehung eines Kindes mit intensiven Emotionen von den Eltern spezielle Fertigkeiten. Auch das Beibringen effektiver Verhaltensweisen und das Eingehen auf das Kind in einer Art und Weise, die es zum Gebrauch dieser Verhaltensweisen ermuntert, erfordern spezielle Fertigkeiten. Die von Eltern genutzten Strategien zur Steigerung der anpassungsfähigen und Reduzierung der ineffektiven Verhaltensweisen ihrer Kinder folgen Verhaltensprinzipien, die aus jahrelanger empirischer Forschung hervorgegangen sind. In diesem Kapitel werden wir diese Prinzipien besprechen. In den nächsten zwei Kapiteln werden wir darauf eingehen, wie sich diese Prinzipien bei bestimmten problematischen Verhaltensweisen anwenden lassen.

Die Prinzipien wirksamer Erziehung – eine erneute Betrachtung

Wenn Ihr Kind nicht auf Sie reagiert, ist es leicht, selbst emotional zu werden und zu ineffektiven Verhaltensweisen zu greifen. An dieser Stelle erinnern wir Sie noch einmal an einige Grundsätze der wirksamen Erziehung, die es Ihnen erleichtern werden, die anschließend beschriebenen Verhaltensprinzipien umzusetzen.

Gehen Sie nicht vom Schlimmsten aus. Es kann viele Gründe dafür geben, dass Ihr Kind sich auf seine Weise verhält. Gehen Sie auf sein Verhalten ein, statt sich von Annahmen über seine Absichten leiten zu lassen.

Werten Sie nicht. Wenn Sie negativ über Ihr Kind denken, sollten Sie sich sanft daran erinnern, dass Ihr Kind sein Bestes gibt.

Validieren Sie Ihr Kind. Gehen Sie auf die Wahrheit und die Gefühle Ihres Kindes ein, selbst wenn es schwerfällt.

Antworten Sie, statt zu reagieren. Nehmen Sie sich ein paar Sekunden Zeit, um Ihre Emotionen unter Kontrolle zu halten, bevor Sie ruhig und überlegt auf das Verhalten Ihres Kindes antworten.

Sie können den Kampf verlieren und trotzdem den Krieg gewinnen. Es ist nicht nötig, dass Sie absolute Kontrolle über Ihr Kind haben. Wählen Sie Ihre Kämpfe aus, damit Sie eine positivere Beziehung zu Ihrem Kind haben können. Das wird Sie in die Lage versetzen, erfreuliche Änderungen im Laufe der Zeit zu festigen.

Zu einem Machtkampf gehören immer zwei. Sie können ohne das Gefühl weggehen, nachgegeben zu haben. Sie können Grenzen durchsetzen, ohne über sie zu streiten. Ihr Kind muss nicht zugeben, dass Sie recht haben, und genauso wenig müssen Sie beweisen, dass Ihr Kind unrecht hat.

Schaffen Sie Ausgewogenheit. Ausgewogene Erziehung bedeutet, dass Sie Ihrem Kind einige Entscheidungsmöglichkeiten und eine gewisse Kontrolle überlassen können, aber trotzdem Verhaltensrichtlinien setzen.

Wählen Sie die effektivste Antwort. Erreichen Sie Ihr langfristiges Ziel? Probieren Sie etwas anderes aus, wenn das, was Sie tun, nicht funktioniert.

Die Verhaltensprinzipien verstehen und anwenden

Nach dem psychologischen Verhaltensmodell werden Verhaltensweisen durch ein Ereignis verursacht und/oder aufrechterhalten, das ihnen entweder vorausgeht oder folgt. Wird ein Verhalten durch einen vorherigen Reiz ausgelöst, spricht man von einer bedingten oder konditionierten Reaktion[55]. Solch eine Reaktion tritt beispielsweise ein, wenn wir Kochgerüche wahrnehmen und dadurch Hunger verspüren. Andere Verhaltensweisen werden durch die darauffolgenden Konsequenzen erlernt – ein Verhalten wird verstärkt, wenn ihm etwas Angenehmes folgt, und geschwächt, wenn ihm etwas Unangenehmes oder Bestrafendes folgt.[56] Ein Beispiel hierfür wäre, dass Sie Ihrem Kind eine Süßigkeit geben, nachdem es sein Zimmer aufgeräumt hat, in der Hoffnung, dass es sich das nächste Mal genauso verhalten wird, wenn Sie es darum bitten. Stecken Sie Ihr Kind hingegen ohne Fernseher oder Computer in sein Zimmer, wenn es seinen Bruder geschlagen hat, wiederholt es sein Verhalten möglicherweise das nächste Mal nicht, wenn es in Versuchung kommt.

Verhaltensprinzipien liefern viele Informationen darüber, wie Verhaltensweisen erlernt werden, wie sie sich verlernen lassen und wie neue Verhaltensweisen erlernt werden können, um an ihre Stelle zu treten. In diesem Kapitel werden wir diese Prinzipien anwenden, um Sie bei der Entwicklung wirkungsvollerer Antworten auf Ihr Kind anzuleiten. Außerdem wollen wir Ihnen zeigen, wie Sie Ihrem Kind effektive Verhaltensweisen beibringen, die an die Stelle weniger effektiver oder problematischer Verhaltensweisen treten. Diese Fokussierung auf das Verhalten macht Ihr Kind weniger defensiv und sorgt dafür, dass es sich weniger schämt und offener für Veränderung ist.

Verhalten beschreiben

Jedes Verhalten lässt sich mit sehr konkreten, nicht wertenden Begriffen beschreiben. Es ist sinnvoll, Verhaltensweisen anhand der speziellen Handlungen zu beschreiben, die Sie sehen, ohne Interpretation oder Bewertung. Was heißt es, wenn Sie sagen, Ihr Kind sei »außer Kontrolle« gewesen? Manche Menschen könnten dies so interpretieren, dass es Sie angeschrien hat; andere könnten denken, Ihr Kind habe verbale Drohungen ausgesprochen, während wieder andere glauben könnten, es habe bei Ihnen zu Hause Gegenstände zerstört. Interpretationen basieren auf individuellen Erfahrungen, während Beschreibungen von jedermann gleichermaßen verstanden werden. Sie und Ihr Kind müssen dasselbe Verständnis davon

Übung: Verhalten beschreiben

Untersuchen Sie die folgenden zwei Aussagen und schreiben Sie auf, welche Gedanken eine jede bei Ihnen hervorruft:
- »Mein Sohn regte sich auf und wurde respektlos.«
gegenüber
- »Als mein Sohn nicht tun durfte, was er wollte, sagte er mir, ich sei böse, und redete dann nicht mehr mit mir.«

haben, welches Verhalten es genau ist, das Sie zu ändern suchen.

Beachten Sie bei der oben beschriebenen Übung, dass die Wörter »sich aufregen« und »respektlos« von verschiedenen Menschen unterschiedlich definiert werden können. Die erste Aussage ist folglich frei interpretierbar. Die zweite Aussage ist eine genauere Beschreibung, die jeder verstehen kann, und erzeugt nicht so viel Verwirrung oder Emotion.

Verhaltensbegriffe

Jedem Verhalten geht ein Ereignis voraus (das Antezedens) und es folgt eines (die Konsequenz). Die Prinzipien für das Ändern von Verhaltensweisen leiten sich gewöhnlich von der operanten Konditionierung ab. Das bedeutet: Mit der Wahl der Konsequenz eines Verhaltens erhöht oder verringert sich die Wahrscheinlichkeit, dass dieses Verhalten auftritt.[57] Will man ein Verhalten ändern, muss die Konsequenz durch das

Verhalten bedingt sein. Mit anderen Worten muss das Verhalten stattfinden, damit die Konsequenz eintritt. Die Beständigkeit der Konsequenz ist sehr wichtig und trägt zu ihrer Wirksamkeit bei.

Ob eine Konsequenz positiv oder negativ ist, ist individuell verschieden – eine Konsequenz, die für das eine Kind positiv ist, kann für ein anderes Kind negativ sein. Ein Kind, das Eiscreme mag, steigert möglicherweise ein Verhalten, wenn ihm Eiscreme versprochen wird; die Konsequenz wird keine Wirkung auf ein Kind haben, das keine Eiscreme mag. Lob kann bei einigen Kindern zur Zunahme eines Verhaltens führen, bei einem Kind, das durch Lob verlegen wird, aber das Gegenteil bewirken. Die Wirksamkeit einer Konsequenz lässt sich nur dadurch beurteilen, ob in dem Verhalten, auf das sie folgt, eine Änderung zu erkennen ist oder nicht.

Im Folgenden erklären wir Begriffe, die Sie verstehen müssen, wenn Sie zur Modifizierung oder Änderung des Verhaltens Ihres Kindes Verhaltensprinzipien anwenden.

Verstärker

Bei den manchmal als »Belohnungen« bezeichneten Verstärkern handelt es sich um Konsequenzen, welche die Wahrscheinlichkeit erhöhen, dass ein Verhalten wieder auftreten wird[58], und/oder welche die Häufigkeit des Verhaltens steigern. Ein Verstärker ist normalerweise etwas, das Ihr Kind mag oder an dem es Freude hat; Verstärkung kann aber auch bedeuten, dass Sie etwas entfernen, das nicht gemocht wird. Jammert Ihr Kind beispielsweise, dass es einen Keks haben will, entscheiden Sie sich unter Umständen dafür, ihm den Keks zu geben, damit das Jammern aufhört. Sie haben die Wahrscheinlichkeit erhöht, dass Ihr Kind jammern wird, wenn es etwas haben möchte, da Sie ihm das Gewünschte gegeben haben. Zusätzlich sind Sie durch das Überreichen des Kekses in Ihrem Verhalten bestärkt worden und werden öfter so handeln, weil dadurch das Jammern des Kindes aufgehört hat – ein positives Ergebnis Ihres Verhaltens. Sie und Ihr Kind bestärken einander, manchmal in einer Weise, die Sie nicht einmal erkennen.

Antezedens und Konsequenz

Das Antezedens/vorausgehende oder auslösende Ereignis beschreibt, was genau vor dem Auftreten eines Verhaltens geschieht.
Betrachten Sie sämtliche Aspekte der Umwelt, um zu ermitteln, was zu einem bestimmten Verhalten führen könnte. Irgendetwas passiert immer. Jede Handlung und jedes Verhalten erzeugt eine von der Umwelt ausgehende Reaktion oder Konsequenz.

Mögliche Konsequenzen:
- Verstärkung: erhöht die Wahrscheinlichkeit des Auftretens des Verhaltens, dem sie folgt.
- Bestrafung: senkt die Wahrscheinlichkeit des Auftretens des Verhaltens, dem sie folgt.

Wenn Sie immer wieder einen Verstärker nutzen, um ein spezielles Verhalten zu steigern, und keinerlei Veränderung des Verhaltens sehen, funktioniert dieser von Ihnen für Ihr Kind gewählte Verstärker nicht. Hierfür kann es mehrere Gründe geben:

- Der Verstärker sollte Ihrem Kind ausschließlich nach dem Verhalten, auf das Sie abzielen, oder abhängig von diesem zur Verfügung stehen. Kann Ihr Kind den Computer benutzen, wann immer es möchte, wird sich hiermit kein bestimmtes Verhalten verstärken lassen.
- Es kann sein, dass das gewählte Vorgehen bei Ihrem Kind keinen wirksamen Verstärker darstellt. Taschengeld ist nur dann ein wirksamer Verstärker, wenn Ihr Kind sich gerne etwas kauft und erkennt, dass der Erhalt von Taschengeld es ihm erlaubt, sich zu besorgen, was es haben möchte.
- Der Verstärker funktioniert möglicherweise nicht, weil Ihr Kind seiner überdrüssig ist, auch wenn es ihn ursprünglich gewählt hat.

Damit Verstärker wirksam sind, müssen Sie sie mit Ihrem Kind zusammen aussuchen, bereit sein, einen anderen zu wählen, wenn einer nicht funktioniert (obwohl Ihr Kind sich für ihn entschieden hat), den Verstärker zu einem Zeitpunkt einsetzen, an dem Ihr Kind noch keinen Zugang zu ihm gehabt hat, und mehrere Auswahlmöglichkeiten anbieten, damit Ihrem Kind nicht langweilig wird. Beispiele für Verstärker:

- besondere Zeit mit einem Elternteil
- eine spätere Schlafenszeit
- eine Veranstaltung, die Ihr Kind besuchen möchte
- zusätzliche Zeit am Computer, vor dem Fernseher, an der Videospielkonsole usw.
- Geld zum Sparen auf ein bestimmtes Spielzeug

- Aufkleber oder Sterne in einer Liste oder auf einer Tafel (die vielleicht in etwas Konkretes umgewandelt werden, vielleicht aber auch nicht)

Verstärker sind keine Bestechung. Manche Eltern lehnen die Idee der Verstärkung ab, weil sie meinen, sie sollten ihr Kind nicht »bestechen« oder dafür bezahlen, dass es tut, was von ihm erwartet wird. Diese Eltern glauben, Ihr Kind sollte sich auf eine bestimmte Art verhalten und nicht dafür belohnt werden, dass es das »Richtige« tut. In Wirklichkeit ist das ganze Leben voller Verstärker. Menschen gehen zur Arbeit, um Geld zu verdienen, und betrachten Ihren Gehaltsscheck nicht als Bestechung. Wir tun Dinge für andere, wenn Sie Ihre Anerkennung dafür zum Ausdruck bringen. Jeder wird gerne auf die eine oder andere Art in seinem Verhalten bestärkt. Konkrete Verstärker (solche, die ein Kind halten, essen oder benutzen kann) weichen eher sozialen Verstärkern (Lob, Aufmerksamkeit), wenn ein Kind heranwächst. Hat Ihr Kind intensive Emotionen, fällt es ihm schwerer, Verhaltensweisen zu lernen und beizubehalten, die anderen leichtfallen. Sie können nicht unbedingt erwarten, dass es sich ohne äußere Anreize auf eine ihm Schwierigkeiten bereitende Weise verhält. Es kann zusätzlichen Ansporn und vermehrte Motivation benötigen. Wirksame Erziehung bedeutet, dass Sie tun, was bei Ihrem speziellen Kind funktioniert. Das Verstärken effektiver Verhaltensweisen Ihres Kindes kann eine Möglichkeit darstellen.

Ein gut gemeinter Tipp: Lassen Sie Ihr Kind so schnell wie möglich in den Genuss des Verstärkers kommen. Wenn Sie sofort handeln, um bevorzugte Verhaltensweisen zu verstärken, wird Ihr Kind die Verstärkung mit dem Verhalten in Verbindung bringen, das ihr unmittelbar vorausgegangen ist. Haben Sie Ihrem Kind gesagt, Sie würden mit ihm auf den Spielplatz gehen, wenn es seine Spielsachen aufgeräumt habe, sollten Sie versuchen, dies auch zu tun, sobald es aufgeräumt hat. Zögern Sie den Spielplatzbesuch hinaus, können Sie sich folgendem Dilemma gegenübersehen: Ihr Kind hat vor dem Zeitpunkt, den Sie für den Aufbruch vorgesehen haben, einen Wutanfall.

- Gehen Sie mit ihm auf den Spielplatz, obwohl es für das Kind dann so aussieht, als würden Sie seinen Wutanfall verstärken?
- Verweigern Sie ihm den Spielplatzbesuch, obwohl es sich ihn verdient hat? Wird es Ihnen das nächste Mal vertrauen, wenn Sie ihm einen Verstärker versprechen?

Ihre Handlungen haben manchmal unbeabsichtigte Konsequenzen. Verstärken Sie Verhaltensweisen umgehend, damit Ihr Kind das erwünschte Verhalten mit dem Verstärker in Verbindung bringt.

Verhaltensformung (Shaping)

Bei der Verhaltensformung (oder stufenweisen Annäherung) bringen Sie Ihrem Kind durch Verstärkung kleiner, aufeinanderfolgender Schritte die Erfüllung einer Reihe von Aufgaben bei, wobei das Ziel mit jedem Schritt näher rückt.[59]

Die Schritte einer wirkungsvollen Verhaltensformung lauten folgendermaßen:

1. Unterteilen Sie das allgemeine Verhaltensziel in kleine, überschaubare Verhaltensziele, die Ihr Kind erreichen kann.
2. Verstärken Sie die Ausführung des ersten Verhaltens, bis Ihr Kind in der Lage ist, dieses Verhalten beständig anzuwenden.
3. Fügen Sie, wenn das erste Verhalten beständig geworden ist, eine weitere Erwartung hinzu und verstärken Sie, wenn beide Verhaltensweisen stattfinden.
4. Fügen Sie sämtlichen vorherigen Verhaltensweisen eine weitere hinzu und verstärken Sie erst, wenn dieses neue Verhalten genauso beständig angewendet wird wie die anderen.
5. Wiederholen Sie dies so lange, bis Ihr Kind sämtliche Erwartungen erfüllen kann und die Verstärkung nur noch stattfindet, wenn das Kind das Gesamtziel erreicht hat.

Bei Ausführung der oben aufgeführten Schritte erhöhen Sie die Erwartungen, die Ihr Kind zum Erlangen einer Verstärkung erfüllen muss. Sie sorgen schrittweise für die Ausformung positiverer und wirksamerer Fertigkeiten, indem Sie effektivere Verhaltensweisen verlangen und verstärken. Auf diese Weise werden Sie Ihrem Kind schließlich beibringen, wie es ein schwierigeres Ziel erreicht.

Das Premack-Prinzip

Das Premack-Prinzip erinnert Sie daran, ein Verhalten mit hoher Auftrittswahrscheinlichkeit von einem Verhalten mit geringerer Auftrittswahrscheinlichkeit abhängig zu machen.[60] Ein Beispiel: Wenn Ihr Kind fernsehen will, erlauben Sie ihm dies, nachdem es seine Aufgabe im Haushalt erledigt hat. Auf diese Weise wird das weniger wahrscheinliche Verhalten (Arbeiten im Haushalt verrichten) durch das wahrscheinlichere Verhalten (fernsehen) verstärkt. Dieses ist das Prinzip, das Sie – häufig ohne es zu bemerken – anwenden, wenn Sie Ihr Kind auffordern, sein Mittagessen zu essen, bevor es Nachtisch haben kann.

Beispiel für eine Verhaltensformung

Wenn Ihr Kind in sozialen Situationen überfordert ist und sich Gegenstände anderer Kinder greift, möchten Sie ihm vielleicht effektivere soziale Verhaltensweisen beibringen. Ihm zu sagen, es solle »nett sein«, ist wirkungslos. Dieser Aufforderung fehlt die Genauigkeit, weshalb Ihr Kind nicht weiß, was es tun soll. Gehen Sie stattdessen folgendermaßen vor:

1. Sagen Sie Ihrem Kind, dass Sie ihm helfen werden, mit anderen Kindern erfolgreicher (oder »besser«, falls Ihr Kind noch klein ist) zurechtzukommen.
2. Teilen Sie ihm mit, dass Sie ihm einen besonderen Snack geben werden, wenn es fünfzehn Minuten lang im Sandkasten neben einem anderen Kind spielt, ohne sich etwas zu greifen, das ihm nicht gehört. Verstärken Sie jedes Mal, wenn es hierzu in der Lage ist, sein Verhalten.
3. Wenn Ihr Kind fünfzehn Minuten lang sitzen kann, ohne sich etwas zu greifen (und sollten hierfür auch mehrere Ausflüge zum Spielplatz notwendig sein), sagen Sie ihm, dass Sie stolz auf es sind. Erklären Sie ihm dann, es solle dreißig Minuten lang im Sandkasten spielen und sich kein fremdes Spielzeug nehmen. Zeigen Sie ihm auf einer Uhr, wie lange das ist. Sagen Sie ihm, Sie würden mit ihm zu seinem Lieblingseiscafé gehen und ihm ein Eis kaufen, wenn es eine halbe Stunde lang durchhalte.
4. Wenn Ihr Kind in der Lage ist, beständig mit einem anderen Kind im Sandkasten zu sein, ohne sich ein Spielzeug zu nehmen, und Sie bereits mehrmals Eis essen waren, loben Sie weiter seine Anstrengungen. Sagen Sie ihm dann, dass Sie ihm ein neues Spielzeug kaufen werden, wenn es eines seiner Spielzeuge mit einem anderen Kind teilen kann (oder ihm dies anbietet).

Intermittierende Verstärkung

Wenn Sie das Verhalten Ihres Kindes nur gelegentlich oder hin und wieder verstärken, spricht man von intermittierender Verstärkung[61]. Ihr Kind weiß nie, wann sein Verhalten eine Belohnung zur Folge haben wird, und fährt mit diesem Verhalten wegen der Wahrscheinlichkeit fort, dass es letztendlich bekommen wird, was es will. Dies erzeugt ein sehr hartnäckiges Verhalten, ähnlich dem eines Erwachsenen im Spielkasino. Das spontane Belohnen eines effektiven Verhaltens, wenn Ihr Kind dies nicht erwartet oder verlangt, kann dauerhafte positive Folgen haben. Genauso kann das Eingehen auf ein ineffektives Verhalten, und sei es auch nur gelegentlich, dazu führen, dass dieses Verhalten für lange Zeit wiederholt wird.

Mit der intermittierenden Verstärkung negativer Verhaltensweisen bringen Sie Ihrem Kind ungewollt bei, dass es letztendlich in der Lage sein wird, Ihren Widerstand zu brechen und zu bekommen, was es will – ungeachtet jeglicher gegenteiliger Aussagen von Ihrer Seite. Konsequenz ist sehr wichtig, wenn Sie versuchen, ein Verhalten zu ändern.

Bestrafung

Unter einer Bestrafung versteht man jede Handlung, welche die Wahrscheinlichkeit senkt, dass ein Verhalten auftreten wird.[62] Eine Bestrafung kann beinhalten, dass Sie etwas wegnehmen, das Ihr Kind mag, oder etwas tun, das Ihr Kind nicht mag. Beschimpft Ihr Kind beispielsweise seine Schwester oder seinen Bruder, können Sie ihm sagen, dass es wegen seines Verhaltens an dem Nachmittag nicht, wie erwartet, mit einem Freund spielen darf (Sie nehmen etwas weg). Oder Sie können es bitten, sich für sein Verhalten zu entschuldigen (Sie tun etwas, was es nicht mag), und lassen es erst wieder am Familienleben teilnehmen, wenn es dieser Aufforderung gefolgt ist. Bestrafungen sollten für Ihr Kind von Bedeutung sein und umgehend erfolgen, damit Ihr Kind versteht, welches Verhalten bestraft wird.

Wirkungsvolle Bestrafung

Um höchst wirkungsvoll zu sein, muss die Bestrafung konkret und zeitlich begrenzt sein. Bestrafungen, die Tage oder Wochen lang andauern, verlieren ihre Wirksamkeit. Sowohl Sie als auch Ihr Kind werden begierig darauf warten, dass die Bestrafung vorbei ist, und vergessen möglicherweise, was eigentlich ursprünglich die Ursache für sie war. Wirkungsvollere Bestrafungen sind von kurzer und angemessener Dauer.

Versuchen Sie, die Bestrafung der »Tat« anzupassen. Das heißt, die Bestrafung sollte Ihrem Kind die wahre Konsequenz seines Verhaltens vermitteln. Ihrem Kind das Fernsehen zu verbieten, wenn es etwas genommen hat, das ihm nicht gehört, zeigt ihm nicht, warum sein Verhalten problematisch ist. Entschuldigt sich Ihr Kind für sein Ver-

Ausnahmen oder Konsequenz?

Ihr Kind bekommt einen Wutanfall, und Ihre Strategie besteht darin, dass Sie Wutanfälle ignorieren. Sie gehen weg und reagieren so lange nicht auf Ihr Kind, bis es seinen Ausbruch beendet. Dann schenken Sie ihm Aufmerksamkeit, damit es erkennt, dass positive Verhaltensweisen positiv verstärkt werden. Sie tun dies mehrere Male.

Nun bekommt Ihr Kind im Supermarkt einen Wutanfall. Sie schämen sich für sein Verhalten und merken, dass andere Sie und Ihr Kind anstarren. Sie beginnen Gemurmel zu hören, was für eine »schlechte Mutter« Sie doch seien, weil Sie gegen das Verhalten Ihres Kindes »nichts unternehmen«. Sie sagen zu Ihrem Kind, dass es nur dieses eine Mal haben kann, was

es will, wenn es seinen Ausraster beendet. Sein Wutanfall hat die erwünschte Wirkung auf Sie: Es hat bekommen, was es will.

In den folgenden Tagen kehren Sie wieder zu Ihrer Strategie des Ignorierens von Wutanfällen zurück. Dann bekommt Ihr Kind vor Ihren Verwandten einen Anfall. Erneut schämen Sie sich und fühlen sich beurteilt und geben Ihrem Kind »nur dieses eine Mal«, was es will.

Das Ergebnis ist, dass Ihr Kind mit seinen Wutanfällen fortfährt, egal, wie viele Male Sie es ignorieren. Es wird weiter auf das »eine Mal« warten, wenn Sie beschließen, nachzugeben und auf seinen Wutanfall einzugehen. Ihre Strategie, wenn inkonsequent angewandt, ist nicht wirksam.

halten und muss zurückgeben, was es sich genommen hat, wird es die Auswirkungen seines Verhaltens besser verstehen.

Natürliche Konsequenzen

Wenn Sie die natürliche Folge des Verhaltens die Bestrafung sein lassen, nutzen Sie die natürlichen Konsequenzen. Vergisst Ihr Kind, seine Hausaufgaben mit in die Schule zu nehmen, tragen Sie sie ihm vielleicht ein- oder zweimal hinterher. Tritt das Verhalten immer wieder auf und Sie unterlassen das Hinterhertragen der vergessenen Schularbeiten, wird Ihr Kind irgendwann die natürliche (von seinem Lehrer verhängte) Konsequenz spüren müssen. Ihr Kind vor den natürlichen Konsequenzen zu bewahren oder zu schützen hilft ihm nicht, die Übernahme der Verantwortung für sein eigenes Verhalten zu lernen.

Natürliche Konsequenzen können ziemlich wirkungsvoll sein, und Sie müssen ihnen nicht noch Ihre eigene Bestrafung hinzufügen. Wenn Ihr Kind entgegen den Mahnungen seines Lehrers im Unterricht schreit und deshalb nachsitzen muss, braucht es keine zusätzliche Strafe zu Hause.

Verstärkung ist wirksamer als Bestrafung

Kann Bestrafung auch funktionieren, ist Verstärkung im Allgemeinen doch wirksamer.[63] Ihr Ziel besteht darin, Ihrem Kind beizubringen, wie es sich zu verhalten hat. Bestrafung vermittelt Ihrem Kind, wie es sich nicht zu verhalten hat, ohne dass ihm alternative Strategien an die Hand gegeben werden. Häufig lernen Kinder durch Bestrafung, dass sie sich besser nicht erwischen lassen und Strafe vermeiden, nicht jedoch, welches Verhalten ein positives Ergebnis zur Folge hätte. Verstärkung hingegen unterstützt neue Verhaltensweisen. Weil Verstärkung sowohl wirksamer als auch angenehmer ist, liegt der Fokus bei den meisten Beispielen in diesem Kapitel auf der Technik der Verstärkung.

Um ein ineffektives Verhalten zu reduzieren, können Sie ein entgegengesetztes oder hiermit unvereinbares Verhalten verstärken und Ihrem Kind damit vermitteln, was es tun soll. Einige Beispiele für diese Strategie finden Sie in der nachfolgenden Tabelle und den anschließenden Anmerkungen.

Ein mit dem ineffektiven Verhalten unvereinbares Verhalten verstärken

Zu reduzierendes Verhalten	Zu steigerndes/verstärkendes Verhalten
Schreien	Mit sanfter Stimme sprechen
Fordern	Das Wort »Bitte« benutzen
Fluchen	Tage ohne Schimpfworte
Zerstören	Aggressionsfreie Tage oder Phasen
Andere schlagen	Wut mit Worten ausdrücken

Als Antwort auf aggressive Ausbrüche hiermit unvereinbares Verhalten verstärken
Zur Reduzierung des explosiven und destruktiven Verhaltens Ihres Kindes ist es wirksamer, sein Verhalten zu verstärken, wenn es sich benimmt, als es zu bestrafen, wenn es sich nicht benimmt. Wie bereits gesagt, wird es durch die Verstärkung seines effektiven Verhaltens lernen, wie es sich zu verhalten hat, und nicht bloß, wie es sich nicht zu verhalten hat.

Führen die intensiven Emotionen Ihres Kindes häufig zu heftigen Verhaltensreaktionen, sind Sie möglicherweise überrascht, festzustellen, dass es viele Gelegenheiten gibt, Ihr Kind in seinem effektiven Verhalten zu bestärken. Versuchen Sie jene Zeiten zu erkennen und anzuerkennen, in denen Ihr Kind ruhig ist und tut, was von ihm erwartet wird. Ein Vorteil der Anwendung verstärkender Strategien ist der, dass Sie positive Momente bewusster wahrnehmen, wenn sie stattfinden. Das Anerkennen des Positiven trägt dazu bei, dass Ihr Kind und Sie sich besser fühlen.

Sie können das Verhalten Ihres Kindes auch dadurch formen, dass Sie spezielle Verhaltensweisen verstärken, die eine modulierte Reaktion vonseiten Ihres Kindes oder eine größere Annäherung an das von Ihnen angestrebte Verhalten zum Ausdruck bringen.

Verstärken Sie das Verhalten Ihres Kindes zum Beispiel, wenn es
- sich bei Anzeichen von Wut Raum nimmt oder in sein Zimmer geht.
- auf eine Aufforderung (oder Erinnerung) reagiert und seinen verbalen Angriff beendet.
- seine Ausbrüche reduziert, indem es über allmählich länger werdende Zeiträume keinen Ausbruch hat.
- Gefühlswörter verwendet, statt aggressiv zu sein.

In jedem der aufgeführten Beispiele ermuntern Sie Ihr Kind dazu, wirksamere Mittel für den Umgang mit seinen Gefühlen zu nutzen. Validieren Sie Ihr Kind und erkennen Sie an, dass es sein Bestes gibt, es noch besser werden kann und Sie ihm dabei helfen werden, besser zu werden.

Richtlinien für die Anwendung von Bestrafung im Bedarfsfall
Es gibt Momente, da werden Sie eine negative Konsequenz verhängen müssen. Versuchen Sie dann, eine Auszeit für Ihr Kind in die Wege zu leiten. Hierdurch wird das Kind aus einer sozialen Situation herausgenommen, in der sein Verhalten ungewollt verstärkt werden könnte, und erhält Zeit, sich zu beruhigen. Sagen Sie Ihrem Kind, dass es die Auszeit beenden kann, wenn es sich beruhigt hat, aber nicht früher. Weigert sich Ihr Kind, die Auszeit anzutreten – was gewöhnlich den Grund hat, dass es die Situation nicht verlassen möchte –, müssen Sie möglicherweise etwas entfernen, das Ihr Kind mag. Wenden Sie diese Methode behutsam an; wir haben mit Eltern gesprochen, die ihrem Kind sämtliche Lieblingsspielsachen wegnahmen und damit erreichten, dass ihr Kind niedergeschlagen und gelangweilt war und kein besseres Verhalten zeigte.

Statt etwas wegzunehmen, sollten Sie Ihrem Kind nur dann Zugang zu dieser Sache gewähren, wenn es sich effektiv verhält. Ihr Kind daran zu erinnern, wie es sich etwas verdienen kann, ist sehr viel angenehmer (und wirksamer), als damit zu drohen, ihm etwas wegzunehmen. Sagen Sie Ihrem Kind zum Beispiel, dass es sein Videospiel nur an den Tagen spielen darf, an denen es keinen Ausbruch gehabt hat. So verdient es sich die Erlaubnis zum Spielen damit, dass es sich benimmt, statt sie zu verlieren, wenn es sich nicht benimmt.

Fällt es Eltern auch häufig schwer, standhaft zu bleiben, kann eine Bestrafung doch bedeuten, dem Kind die Teilnahme an einer Aktivität zu verbieten, die ihm Freude bereitet. Ihr Kind wird beginnen, die Verantwortung für sein Verhalten zu akzeptieren, und Sie werden sich weniger schuldig fühlen, wenn Sie es sanft daran erinnern, dass Sie ihm diese Aktivität nicht wegnehmen – Ihr Kind verdient nicht das Recht, an ihr teilzunehmen.

Modellhaftes Vorleben
Ihr Kind folgt Ihrem Beispiel. Schreien Sie es zur Strafe an, wird es lernen, ebenfalls zu schreien. Aggressives Verhalten vonseiten der Mutter oder des Vaters bringt dem Kind bei, sich aggressiv zu verhalten. Fokussieren Sie auf das Verstärken positiver Verhaltensweisen Ihres Kindes, und es wird positivere Verhaltensweisen anwenden und zudem eine positivere Sicht seiner selbst haben.

Verträge
Bei Verträgen handelt es sich um Vereinbarungen zwischen Ihnen und Ihrem Kind, die aus folgenden Gründen entwickelt werden: zur Reduzierung eines Verhaltens, das problematisch ist (wie etwa das Werfen von Gegenständen), oder zur Steigerung angepassten Verhaltens, das nicht oft genug gezeigt wird (wie zum Beispiel das pünktliche Zubettgehen). Ein Vertrag nennt ganz explizit die Bedingungen, unter denen Ihr Kind einen Verstärker bekommt, und sagt, welches dieser Verstärker sein wird.

Verträge sind für Eltern und Kinder hilfreich, weil Erwartungen und Konsequenzen klar und explizit geäußert werden. Diese Konsequenzen werden nicht durch die emotionale Stimmung des Elternteils oder des Kindes bestimmt, sondern fußen vielmehr auf klugen Entscheidungen, die im Voraus getroffen werden. Das Kind hat es in der Hand, ob es die Konsequenz zu spüren bekommt oder nicht, und lernt, dass es für sein Verhalten und dessen Konsequenzen selbst verantwortlich ist.

Verträge verlangen Standhaftigkeit und fortwährende Aufmerksamkeit, was Eltern manchmal die Anwendung erschwert. Wenn Sie sich an einen Vertrag halten, steigert sich das Vertrauen zwischen Ihnen und Ihrem Kind sowie die Erkenntnis Ihres Kindes, dass Sie meinen, was Sie sagen. Verträge sind nur dann wirkungsvoll, wenn sie konsequent befolgt werden.

Sie setzen Verträge auf, indem Sie erklären:
»Wenn du (nennen Sie das Verhalten, welches das Kind zeigen muss), dann (werden Sie auf eine bestimmte Art antworten).«

Elemente des Abschließens von Verträgen
Denken Sie beim Entwickeln eines Vertrages an die folgenden Richtlinien:
* Seien Sie konkret, wenn es um das zu modifizierende Verhalten geht, damit Sie und Ihr Kind wissen, was erwartet wird. Ein Beispiel: Wenn Sie wollen, dass Ihr Kind seine Hausaufgaben erledigt, verstärken Sie sein Verhalten, wenn seine Hausaufgaben erledigt sind (egal, wie viel Zeit es damit verbracht hat); wenn Sie wollen,

dass Ihr Kind eine bestimmte Zeit lang Hausaufgaben macht, verstärken Sie sein Verhalten, wenn es für diese Zeit an den Hausaufgaben gearbeitet hat (egal, wie viel es dabei geschafft hat).

- Sie müssen in der Lage sein, zu bestätigen, dass ein Verhalten aufgetreten ist – entweder, indem Sie es selbst gesehen haben, oder indem Sie sich auf den Bericht einer vertrauenswürdigen Person (wie etwa eines Lehrers oder Babysitters) verlassen.
- Sie müssen den Verstärker zu Ihrer Verfügung haben und in der Lage sein, Angekündigtes zu realisieren. Beispielsweise können Sie Ihrem Kind nur dann versprechen, dass es nach Erledigung der Hausaufgaben mit seinem Bruder spielen kann, wenn Sie wissen, dass sein Bruder hierzu bereit und in der Lage ist.
- Wählen Sie lediglich Konsequenzen, die Sie verhängen können und werden. Falls Sie Ihrem Kind sagen, es dürfe nur dann abends mit seiner Familie essen gehen, wenn es seine Hausaufgaben erledigt habe, müssen Sie auf die Möglichkeit vorbereitet sein, dass entweder die gesamte Familie zu Hause bleibt (eine negative Konsequenz, unter der Sie mehr zu leiden haben als Ihr Kind) oder Sie jemanden finden müssen, der während Ihrer Abwesenheit auf Ihr Kind aufpasst.
- Bei einem längerfristigen Vertrag lassen Sie Ihr Kind unmittelbare Verstärker (wie etwa einen Aufkleber oder einen Stern) gewinnen und sammeln, bis es eine vorher festgelegte Zahl erreicht hat. Diese können dann gegen ein besonderes Vergnügen, eine Aktivität oder einen Preis eingetauscht werden. Wiederholen Sie diesen Prozess im Laufe der Zeit, bis das Verhalten Ihres Kindes beständig wird. Setzen Sie langfristig Boni zur Belohnung für beständiges Verhalten ein.

Verträge haben zwei Ziele: Sie sollen bei Ihrem Kind den Gebrauch effektiver Verhaltensweisen steigern und dafür sorgen, dass Ihr Kind sich mit seinem Erfolg wohl fühlt. Entwickeln Sie Verträge, die Ihr Kind erfüllen kann. Erfolgreiche Verträge verlangen keine Perfektion, sondern lediglich Verbesserung.

Tims Beispiel verdeutlicht, wie Verträge funktionieren können.

Tim, 10 Jahre

>> *Tim hat mindestens einmal am Tag einen explosiven und aggressiven Ausbruch. Diese Ausbrüche treten häufig auf, nachdem seine Eltern ihn um etwas gebeten haben, das er nicht tun will. Das Erledigen seiner Hausaufgaben beispielsweise ist für seine Eltern zu einem »Albtraum« geworden. Er verlangt, dass sie neben ihm sitzen und ihm helfen, was sie zur Vermeidung des zwangsläufigen Kampfes mit ihm auch tun. (Er verstärkt ihr Verhalten, indem er keinen Wutanfall bekommt.) Wenn sie still dasitzen, arbeitet Tim an seinen Hausaufgaben. (Er verstärkt ihr stilles Sitzen.) Wenn sie aufstehen oder wenn er mit seinen Hausaufgaben frustriert ist, können seine Anfälle zu Gewaltausbrüchen werden. Seine Eltern versuchen seine Ausbrüche zu ignorieren, schreiten aber ein, wenn sie fürchten, dass er sich verletzt. (Sie verstärken den Ausbruch gelegentlich mit ihrer Aufmerksam-*

keit.) Tims Eltern erkennen, dass sie überfordert sind, und tun, was sie können, um seine Ausbrüche zu verhindern. Sie erkennen nicht, dass sie sein Verhalten durch Erfüllung sämtlicher seiner Forderungen verstärken.

Effektive Verhaltensweisen schrittweise ausformen und verstärken:

Tims Eltern möchten die Ausbrüche ihres Sohnes reduzieren, die Erledigung seiner Hausaufgaben verstärken und ihn letztendlich in der selbstständigen Verrichtung seiner Hausaufgaben bestärken.

Zur Reduzierung von Tims Ausbrüchen werden seine Eltern effektive und ruhige Verhaltensweisen verstärken (wie etwa die, dass er seine Hausaufgaben ohne einen Ausbruch fertig stellt).

Schließlich werden sie ihm beibringen, seine Hausaufgaben selbstständiger zu erledigen, indem sie sein Verhalten verstärken, wenn er für zunehmend längere Zeit ohne ihre Anwesenheit arbeitet.

Tim hat Freude daran, seine Videospiele zu spielen, am Computer zu sitzen und Geld auszugeben.◖◗

· ·

Tims Eltern erkennen, dass sie Verstärker finden müssen, die bei Tim funktionieren, und einen Vertrag zusammenstellen müssen, der das Ausformen seines Verhaltens und dessen Annäherung an das höhere Ziel beinhaltet. Sie stellen fest, dass Tim, obwohl er seine Videospiele liebt, derzeit jeden Tag nur eine halbe Stunde spielen darf. Er würde gerne öfter spielen, und seine Eltern wissen, sie können diesen Wunsch als einen wirkungsvollen Verstärker in seinen Vertrag mit aufnehmen. Dann entwickeln sie einen Vertrag für Tim, der folgendermaßen aussieht:

- Erledigt Tim seine Hausaufgaben bis 19 Uhr ohne Ausbruch (kein Gefluche, kein Geschrei oder Herumgerenne im Haus), verdient er sich fünfzehn zusätzliche Minuten für das Spielen seiner Videospiele. Hat er einen Ausbruch, muss er sich beruhigen, bevor er seine halbe Stunde spielen darf.
- Für jede halbe Stunde, die Tim selbstständig an seinen Hausaufgaben arbeitet, bekommt er fünfzig Cent.

- Tim kann eine Aufforderung erhalten, sich zu beruhigen, und bekommt seinen Verstärker, wenn er in der Lage ist, sich zwei Minuten nach Erhalt der Aufforderung zu beruhigen.
- Jeden Tag, den Tim keinen Ausbruch hat, bekommt er am Ende des Tages einen Aufkleber und die Erlaubnis, fünfzehn zusätzliche Minuten am Computer zu verbringen. Hat er fünf Aufkleber zusammen, geben seine Eltern ihm zwei Euro.

Hier ein paar Erläuterungen zu Tims Vertrag, über die Sie nachdenken können:

- Tims Verhalten erfährt Verstärkung, wenn er seine Hausaufgaben erledigt (nicht, wenn er nur einen Teil davon bearbeitet) und keinen Ausbruch zeigt.
- Tim muss nicht perfekt sein, nur besser; Aufforderungen und Erinnerungen helfen beim Ausformen seines Verhaltens.

Kinder geben auf, wenn der Erhalt eines Verstärkers davon abhängig ist, dass sie an aufeinanderfolgenden Tagen effektive

Verhaltensweisen zeigen. Bedenken Sie, wie frustrierend es für ein Kind ist, wenn es fünf Tage hintereinander keinen Ausbruch haben darf. Findet am vierten Tag ein Ausbruch statt, muss das Kind wieder ganz von vorne anfangen und wird vielleicht entmutigt. Geben Sie ihm jedoch den Verstärker, sobald es sich den fünften Aufkleber verdient hat, könnte es am vierten Tag einen Ausbruch haben und nach einem weiteren Tag ohne Ausbruch trotzdem den Verstärker bekommen. Es muss nie wieder ganz von vorne anfangen. Und wenn es einen Ausbruch hat, kann es sich ermutigt fühlen, sich am darauffolgenden Tag seinen Aufkleber zu verdienen und ihn zu denen hinzuzufügen, die es bereits erhalten hat.

Wie wir am Beispiel von Tims Eltern gesehen haben, ermuntern Verträge Eltern zum Suchen nach Möglichkeiten, positive Verhaltensweisen zu verstärken, statt negative zu bestrafen. Sollen sie wirkungsvoll sein, sind von den Eltern wie vom Kind Zeit und Geduld erforderlich. Verträge lassen sich zur Änderung vieler verschiedener Verhaltensweisen nutzen.

Konsequenzen in besonderen Situationen verhängen

Hat Ihr Kind einen Ausbruch an einem Ort, an dem es mit anderen zusammen ist, möchte es unter Umständen bei den anderen bleiben und weigert sich, eine Auszeit anzutreten. Falls möglich, bitten Sie stattdessen die anderen Menschen, den Ort zu verlassen. Mag dies auch nicht gerecht erscheinen, kann es doch wirkungsvoll sein. Kinder werden durch die Reaktionen anderer bestärkt und beruhigen sich leichter, wenn keine anderen da sind. Für den Fall,

dass Ihr Kind gewalttätig wird, ist es zudem sicherer, andere von dem Ort zu entfernen.

Wird Ihr Kind häufig zu intensiven oder explosiven Reaktionen getriggert, sollten Sie nur jene Verhaltensweisen in Angriff nehmen, die am meisten stören. Unter Umständen müssen Sie einige Erwartungen loslassen (wie die an die Übernahme kleiner Arbeiten im Haushalt oder an ein ordentliches Zimmer). Ihr Ziel besteht darin, Ihrem Kind beim Kontrollieren seines Verhaltens zu helfen, ohne es so zu fordern, dass seine Fähigkeit zum Umgang mit seinen Emotionen überschritten wird.

Verhalten auswählen, das Sie ins Visier nehmen wollen

Wie wählen Sie das Verhalten aus, das sie ändern oder modifizieren wollen? Stellen Sie sich die folgenden Fragen:

Zeigt mein Kind unsichere oder gefährliche Verhaltensweisen? Wenn Ihr Kind für sich selbst oder für andere eine Gefahr darstellt, müssen die damit verbundenen Verhaltensweisen angegangen werden; sie sind die ersten Angriffsziele für Veränderung.

Welches nicht-gefährliche Verhalten hat die schädlichsten Konsequenzen für mein Kind? Wenn Ihr Kind häufig Wutanfälle bekommt, die seine täglichen Aktivitäten beeinträchtigen, sind diese möglicherweise das Verhalten, das Sie ins Visier nehmen wollen.

Welches Verhalten ist am problematischsten und/oder stört in der Familie am meisten? Wenn Ihr Kind größere Schwierigkeiten hat, mit anderen Menschen zu interagieren, wird die Vermittlung sozialer Kompetenzen positive Auswirkungen innerhalb und außerhalb der Familie haben.

Ihr Kind ist wahrscheinlich am meisten zur Arbeit an denjenigen Verhaltensweisen motiviert, die für es selbst von Bedeutung sind. Helfen Sie ihm, die kurz- und langfristigen Konsequenzen seiner Verhaltensweisen als Ansporn zu sehen, an ihnen Veränderungen vorzunehmen.

Jetzt, da Sie über ein grundlegendes Verständnis der Verhaltensprinzipien verfügen, die Ihnen und Ihrem Kind bei der Arbeit an Verhaltensänderungen helfen können, ist es Zeit, das Gelernte anzuwenden. Die folgende Übung (Seite 113) wird Ihre Bemühungen leiten. Schreiben Sie die Antworten in Ihr Notizbuch und nutzen Sie die zuvor besprochenen Prinzipien als Basis für die Auswahl Ihrer Verstärker. Als Beispiel haben wir die Übung für Tim durchgeführt, dessen Fall oben besprochen wurde.

Zusammenfassung

Einem Kind mit starker Emotions- und Verhaltensdysregulation effektives Verhalten beizubringen erfordert von den Eltern Geduld und Beständigkeit. Ihre Antworten auf Ihr Kind können seine Verhaltensweisen ungewollt oder gewollt aufrechterhalten, steigern oder reduzieren. In diesem Kapitel haben wir über Verhaltensprinzipien und Fertigkeiten gesprochen, die Ihre Leistungsfähigkeit beim Modifizieren des Verhaltens Ihres Kindes erhöhen sollen. Zu diesen gehören folgende:

- Sie wenden planmäßig Konsequenzen (Verstärker oder Bestrafungen) an, um bestimmte Verhaltensweisen zu steigern oder zu reduzieren.
- Sie nutzen Verträge zur konsequenten Verstärkung von Verhalten, damit die effektiven Verhaltensweisen Ihres Kindes beständiger werden.
- Sie entscheiden, welche Verhaltensweisen ins Visier genommen und beim Hinarbeiten auf Veränderung vorrangig behandelt werden.

Im nächsten Kapitel wollen wir untersuchen, wie Sie für Ihr Kind Grenzen, Routinen und Erwartungen festlegen und diese aufrechterhalten.

Übung zur Verhaltensänderung

Welches Verhalten wollen Sie ändern?
Beschreiben Sie das Verhalten konkret.
Wie häufig tritt es auf?

Tim hat Gefühlsausbrüche, wenn er an
seinen Hausaufgaben sitzt. Sie dauern
ungefähr eine Stunde. Sie finden beinah
täglich statt.

**Welche Konsequenzen folgen normaler-
weise auf das Verhalten?**

Nach dem Ausbruch ignoriert Tim seine
Eltern, wenn sie mit ihm sprechen, und
macht seine Hausaufgaben nicht zu Ende.
Seine Eltern sind frustriert und böse.

**Wollen Sie das Verhalten steigern oder
reduzieren?**
Welche Techniken werden Sie anwenden?
Verstärkung? Bestrafung? Stufenweise
Annäherung? Eine Kombination daraus?

Tims Eltern wollen das Verhalten steigern,
dass er seine Hausaufgaben ruhig und
selbstständig erledigt. Hierfür werden sie
dieses Verhalten ausformen und verstärken.

**Welchen speziellen Verstärker bzw.
welche Bestrafung haben Sie ausgewählt?**
Warum haben sie diese spezielle Konsequenz ausgewählt? Sind Sie in der Lage,
diese Möglichkeit konsequent anzuwenden?

Seine Eltern werden ihn sein Videospiel
länger nutzen lassen, wenn er seine Hausaufgaben rechtzeitig und ohne Ausbruch
erledigt. Er bekommt Aufkleber (und Geld)
für Tage ohne Ausbruch.

**Welches war die unmittelbare und
langfristige Wirkung Ihrer Konsequenz?**
Welches war die Reaktion Ihres Kindes auf
die Konsequenz? Hat sich sein Verhalten
im Laufe der Zeit gesteigert oder reduziert?

Tim beginnt auf Aufforderungen und
Erinnerungen daran, sich zu beruhigen, zu
reagieren und zeigt weniger Ausbrüche.
Letztendlich benötigt er weniger Aufforderungen, hat weniger Ausbrüche und
ist in der Lage, seine Hausaufgaben über
längere Zeit selbstständig zu erledigen.

Erwartungen, Grenzen, Routinen beibehalten

Regeln sind nun aufgestellt und Grenzen gesteckt, doch wie behalten Sie diese und Ihren Standpunkt im Alltag bei, auch wenn es schwierig wird?

Häufig sind Eltern frustriert, wenn ihr Kind »nicht hört« – entweder nicht tut, worum es gebeten wird (nicht auf Bitten reagiert), oder mit etwas weitermacht, wenn es gebeten wird, dies sein zu lassen (nicht auf Grenzen reagiert). Wie wenden Sie die Prinzipien, die Sie in Kapitel 6 (Seite 98) kennengelernt haben, auf die Vielzahl von Problemen an, von denen nicht wenige tagtäglich auftreten? Wie schaffen Sie es, dass Ihr Kind ohne Tortur aufsteht und sich für die Schule fertig macht? Wie bekommen Sie es ohne Kampf zu einer vernünftigen Zeit ins Bett? Ignorieren Sie manche Verhaltensweisen, weil andere Ihnen so viel wichtiger vorkommen oder weil es nicht die Mühe wert zu sein scheint, Ihr Kind um etwas zu bitten? Wenn Ihr Kind intensive Emotionen hat, können eine Bitte oder der Versuch, eine Grenze zu setzen, einen regelrechten Wutanfall oder aggressive Verhaltensweisen zur Folge haben, die womöglich Stunden andauern.

In vorangegangenen Kapiteln (Kapitel 2, Seite 30, und 6, Seite 98) haben wir Ihnen Leitlinien für die Auswahl der wichtigsten Verhaltensweisen vermittelt, die Ihr Kind lernen sollte. In diesem und im nächsten Kapitel werden Sie erfahren, wie Sie die in Kapitel 6 besprochenen Verhaltensprinzipien anwenden, um Ihrem Kind die beständige Anwendung effektiver Verhaltensweisen (wie etwa das Bitten um etwas, das es gerne haben möchte) und das Unterlassen problematischerer Verhaltensweisen (wie schreien oder einen Wutanfall bekommen) beizubringen.

Erwartungen, Routinen und Grenzen

Jedes Kind braucht Regeln und Grenzen, um zu wissen, was von ihm erwartet wird und was nicht erlaubt ist. Ein Kind, das sich verhalten darf, wie es gerade will, wird nicht lernen, erfolgreich in einer Welt zurechtzukommen, in der Regeln, Gesetze, Erwartungen und Konsequenzen herrschen. Wenn Sie überlegt, weise und beständig auf das Verhalten Ihres Kindes eingehen, wird es lernen, welches Verhalten von ihm in unterschiedlichen Situationen erwartet wird.

Mit zunehmendem Alter Ihres Kindes werden sich Ihre Erwartungen verändern und wird das Kind Privilegien fordern, die eine eigenständigere Urteilsbildung und mehr Verantwortung von ihm verlangen. Ihre Erwartungen und Regeln werden mit den sich wandelnden Bedürfnissen und Fähigkeiten Ihres Kindes wechseln. Wenn die Forderungen und Verhaltensweisen Ihres Kindes auf Emotionen beruhen, werden Sie laufend vor schwierigen Entscheidungen stehen: Sie müssen das, was Ihr Kind will, das, was es braucht, und das, was es Ihrer Ansicht nach sicher und effektiv bewerkstelligen kann, ausbalancieren. In diesem Abschnitt werden wir uns damit beschäftigen, wie Sie Ihre Erwartungen, Routinen und Grenzen festlegen, erklären und aufrechterhalten.

Sich klar äußern

Wie zuvor besprochen, bedeutet das Anwenden von Verhaltensprinzipien, dass sowohl Sie als auch Ihr Kind sich über Erwartungen, Regeln und Grenzen im Klaren sind. Gehen Sie nicht davon aus, dass Ihr Kind weiß, was es Ihrer Meinung nach wissen sollte; es kann ihm schwerfallen, soziale Signale zu deuten und angemessene Urteile zu fällen. So kann es beispielsweise glauben, Sie seien böse auf es, wenn Sie tatsächlich wegen etwas anderem frustriert sind. Hat Ihr Kind intensive Emotionen, die seine Fähigkeit zum vernünftigen Denken beeinträchtigen, sollten Sie darauf vorbereitet sein, ihm Fertigkeiten beibringen zu müssen, die andere Kinder sich selbstständig aneignen. Das ist weder seine Schuld noch Ihre. Wenn Sie klar und beständig vermitteln, welche Verhaltensweisen akzeptabel sind und welche nicht und was für Konsequenzen sie haben, wird es für Ihr Kind ein wenig leichter (wenngleich nicht immer leicht), Erwartungen zu erfüllen und Grenzen zu akzeptieren.

Familienregeln und -erwartungen entwickeln und verändern sich im Laufe der Zeit und hängen ein Stück weit von wechselnden gesellschaftlichen Entwicklungen ab (die Frage, in welchem Alter Sie Ihrem Kind ein Handy geben, ist beispielsweise relativ neu). Jede Familie ist einzigartig, und die folgenden Listen sind bei weitem nicht vollständig; Sie können diese Fragen und Beispiele jedoch als Orientierung bei der Entwicklung klarer Erwartungen, Regeln und Grenzen für Ihre Familie nutzen.

Routinen

Welche Routinen herrschen in Ihrem Zuhause? Was kann Ihr Kind selbstständig tun und wofür benötigt es Hilfe? Müssen Sie verhandeln, damit Ihre Erwartungen und seine dieselben sind? Es folgen zwei Beispiele für Routinen:

Schlafenszeit Die Zubettgehroutine Ihres Kindes kann beinhalten, dass es gebadet wird, sich die Zähne putzt, zu einer bestimmten Zeit ins Bett geht, ihm Geschichten vorgelesen werden und/oder das Licht zu einer bestimmten Zeit ausgemacht wird.

Aufstehen am Morgen Die Morgenroutine Ihres Kindes besteht wahrscheinlich darin, dass es zu einer bestimmten Zeit aufwacht (stellen Sie klar, wer für das Aufwecken Ihres Kindes verantwortlich ist – Sie oder ein Wecker), zu einer bestimmten Zeit aufsteht, sich wäscht, die Zähne putzt, seine Haare kämmt und sich saubere, dem Wetter angemessene Kleidung anzieht.

Listen Sie in Ihrem Notizbuch die Routinen auf, die Ihr Kind zu Hause befolgt.

Erwartungen

Welche Erwartungen haben Sie an Ihr Kind? Wie soll es sich Ihrer Meinung nach in bestimmten Situationen verhalten? Vereinbarungen könnten zum Beispiel zu folgenden Punkten getroffen werden:
Privatsphäre Anklopfen, bevor man das Zimmer eines anderen betritt, nicht die Post einer anderen Person öffnen usw.

Treffen mit Freunden Um Erlaubnis fragen, bevor Freunde kommen, keine Besuche von Freunden ohne Beaufsichtigung usw.

Elektronische Geräte Wie lange darf an Schultagen und an Wochenenden vor dem Fernseher und/oder am Computer gesessen werden?

Religionsausübung Besuch einer konfessionellen Schule oder von Gottesdiensten

Zeiteinteilung Priorisierung schulischer und außerschulischer Aktivitäten

Listen Sie in Ihrem Notizbuch Ihre Erwartungen auf.

Grenzen

Welches sind die Grenzen oder Regeln in Ihrem Zuhause? Was ist erlaubt, was ist nicht erlaubt? Beispiele wären:
Sprache Kein Fluchen und keine beleidigenden oder drohenden Formulierungen

Computernutzung Das Internet wird nur für die Hausaufgaben genutzt.

Fremde Nicht mit Fremden sprechen

Sicherheit für jüngere Kinder Nicht ohne einen Erwachsenen über die Straße gehen

Sicherheit für ältere Kinder Zu niemandem ins Auto steigen, den man nicht kennt

Listen Sie in Ihrem Notizbuch Ihre Grenzen und Regeln auf.

Soziale Regeln

Von welchen sozialen Regeln erwarten Sie, dass Ihr Kind sie befolgt? Mögliche Beispiele wären:

Anrede Erwachsener Erwachsene als Herr oder Frau, Tante oder Onkel soundso ansprechen, statt sie bei ihrem Vornamen zu nennen

Teilen Spielzeug teilen (oder ein besonderes Spielzeug an einem privaten Ort aufbewahren)

Aggression vermeiden Freunde oder Geschwister nicht schlagen oder bedrohen

Listen Sie in Ihrem Notizbuch Ihre Grenzen und Regeln auf.

Haushaltspflichten

Von welchen Arbeiten im Haushalt (täglich und wöchentlich anfallenden) erwarten Sie, dass Ihr Kind sie übernimmt? Bekommt Ihr Kind ein Taschengeld, das von der Verrichtung dieser Arbeiten abhängig ist, oder ist Ihrer Meinung nach jeder in der Familie zur Mitarbeit im Haushalt verpflichtet? Ändern sich die Haushaltspflichten mit zunehmendem Alter Ihres Kindes, sodass ältere Geschwister andere Aufgaben übernehmen? Beispiele für Arbeiten im Haushalt sind das Bettenmachen, das Ausräumen des Geschirrspülers, das Tischdecken und das Heraustragen des Mülls.

Listen Sie in Ihrem Notizbuch die Haushaltspflichten auf, deren Verrichtung Sie von Ihrem Kind erwarten.

Zubettgehroutinen

Zubettgehroutinen bereiten Eltern und Kindern häufig Schwierigkeiten. Fragen Sie sich, warum das Zubettgehen in so einen Kampf ausarten muss? Die Antwort lautet, dass Sie und Ihr Kind nicht dieselben Ziele verfolgen. Sie haben zur Schlafenszeit das Ziel, Ihr Kind ins Bett zu bekommen (vor allem, wenn es am nächsten Tag früh aufstehen muss), während es das Ziel Ihres Kindes ist, aufzubleiben und weiter am Familienleben oder an Dingen, die es gerne tut, beteiligt zu sein. Ist einer von Ihnen oder sind Sie beide müde, was häufig der Fall ist, führt diese Anfälligkeit zwangsläufig zu mangelnder Kooperation und zu Verhaltensvorfällen vonseiten des Kindes und zu weniger Geduld von Ihrer Seite. Wenn Sie das Zubettgehen als einen abendlichen Kampf angehen, den Sie fürchten, werden Ihre Befürchtung und Ihre Unruhe die Ihres Kindes nähren. Sie können sich in einen allabendlichen Kampf verwickelt sehen, der bei sämtlichen Beteiligten Erschöpfung und Frustration zur Folge hat.

Wie bei allen Routinen können Sie auch bei dieser einige grundlegende Leitlinien befolgen:
- Bewahren Sie Ruhe.
- Legen Sie eine gleichbleibende Uhrzeit für den Beginn fest und sehen Sie genügend Zeit für die Ausführung sämtlicher Bestandteile der Routine vor, bevor Sie von Ihrem Kind erwarten, im Bett zu liegen.
- Sorgen Sie dafür, dass die Schritte der Routine eindeutig und gleichbleibend sind, und behalten Sie die Reihenfolge bei, damit die Routine leichter zu befolgen ist.
- Ändern Sie nur unter besonderen Umständen irgendeinen Aspekt der Routine.
- Bauen Sie vor dem Zubettgehen einige beruhigende und entspannende Aktivitäten ein, insbesondere, wenn Sie oder Ihr

Kind einen vergleichsweise schwierigen Tag gehabt haben. Lassen Sie Ihr Kind zum Beispiel etwas länger in der Badewanne spielen, lesen Sie ihm eine beruhigende Gutenachtgeschichte vor und versuchen Sie nicht, die Routine schnell zu erledigen. Dies würde bei Ihnen beiden nur mehr Unruhe erzeugen

- Entwickeln Sie einen Vertrag, der festschreibt, dass Ihr Kind für jeden Schritt seiner Routine und für das pünktliche Im-Bett-Liegen Verstärkung erfährt. Dies ist vor allem dann ratsam, wenn das Kind sich normalerweise weigert, die Routine durchzuziehen, oder Wege findet, sie zu umgehen.
- Akzeptieren Sie, dass es immer noch Abende geben wird, an denen die Zubettgehroutine ungeachtet Ihrer Bemühungen einen Kampf darstellen wird.

Schreiben Sie die einzelnen Schritte der Zubettgehroutine Ihres Kindes in Ihr Notizbuch. Nehmen Sie die Uhrzeit mit auf, zu der Sie mit der Routine beginnen; die Uhrzeit, zu der Sie von Ihrem Kind erwarten, im Bett zu liegen; die beruhigenden Aktivitäten, die Sie bei Bedarf durchführen werden; und die Belohnungen, die Sie einsetzen können.

Besprechen Sie die Routine mit Ihrem Kind und holen Sie sich von ihm Ideen für beruhigende Aktivitäten und Belohnungen. Wenden Sie die von Ihnen entwickelte Routine konsequent an und nehmen Sie bei – und lediglich nach – Bedarf Veränderungen vor.

Erwartungen, Regeln und Grenzen aufrechterhalten

Sobald Sie und Ihr Kind die Regeln und Erwartungen kennen, sollten Sie zur Erhöhung der Wahrscheinlichkeit, dass Ihr Kind sie befolgen wird, Verhaltensprinzipien anwenden.

1. Denken Sie daran, konsequent und beständig zu sein, und erwarten Sie von Ihrem Kind, dass es Erwartungen nachkommt und Regeln befolgt – ungeachtet seiner Entschuldigungen und Versuche, sie zu umgehen.
2. Sämtliche an der Erziehung beteiligten Erwachsenen sollten dieselben Erwartungen haben und im Bedarfsfall auf dieselben Konsequenzen zurückgreifen.
3. Geben Sie Verstärkern (Belohnungen) den Vorrang vor Bestrafungen und achten Sie darauf, Belohnungen einzusetzen, die bei Ihrem Kind funktionieren.
4. Sprechen Sie ruhig und ohne Abwehrhaltung Aufforderungen und Erinnerungen aus, während Sie die Gefühle Ihres Kindes zu Regeln, Erwartungen und Grenzen validieren.
5. Erinnern Sie Ihr Kind an die Konsequenzen, aber drohen Sie ihm nicht mit ihnen.

Es gilt noch an weitere wichtige Dinge zu denken, die Ihrem Kind helfen werden, Routinen und Erwartungen ohne emotionale Eskalation zu befolgen. So kann Ihr Kind etwa ein anderes Zeitempfinden haben als Sie. Sie sollten ihm Zeit geben, auf Sie zu reagieren, und versuchen, es nicht zu hetzen. Die Forderung, Aufgaben umgehend zu erledigen, kann eine negative Reaktion von ihm zur Folge haben. Häufig ist es hilfreicher, dem Kind eine Zeit zu nennen, zu der die Aufgabe verrichtet sein muss. Dies gibt ihm die Macht, selbst zu wählen, wann es sich darum kümmern wird. Erinnern Sie Ihr Kind daran, dass es sich keinen anderen Aktivitäten widmen darf, die ihm Spaß machen, solange es seinen Pflichten nicht nachgekommen ist. Ist die Erwartung zu groß, sollten Sie das Verhalten Ihres Kindes, wie zuvor besprochen, schrittweise formen oder einen Vertrag entwickeln. Denken Sie daran, Ihr Kind zu loben oder auf anderem Wege zu bestärken, wenn es Ihre Erwartungen erfüllt hat.

Wann Sie Belohnungen einsetzen

Kein Kind ist perfekt. Akzeptieren Sie, dass Ihr Kind manchmal etwas vergisst oder bei anderen Gelegenheiten beschließt, Sie nicht zu hören. Seien Sie geduldig und erinnern Sie sich daran, dass Ihr Kind sein Bestes gibt. Einige Kinder benötigen mehr Hilfe als andere. Wenn Sie nicht werten und ruhig bleiben, können Sie Ihrem Kind Unterstützung bieten und es an seine Verantwortungen erinnern.

Belohnen Sie Ihr Kind, wenn es Erwartungen erfüllt oder Regeln befolgt. Manchmal kann ein zusätzlicher Ansporn helfen. Sie können dies mit Ihrem Kind im Voraus abmachen, indem Sie so etwas sagen wie: »Wenn du mich telefonieren lässt, ohne mich zu unterbrechen, lege ich zwanzig Cent in das Glas (oder klebe einen Aufkleber in den Plan).« Und tun Sie das auch, wenn das Kind durchhält.

Stellt das Befolgen einer Routine für Ihr Kind einen Kampf dar, teilen Sie ihm mit, dass es an jenen Tagen belohnt werden wird, an denen es die Routine ausführt, ohne Schwierigkeiten zu machen. Beispielsweise können Sie ihm sagen: »Wenn du dir pünktlich die Zähne putzt und ins Bett gehst, darfst du fünfzehn Minuten länger lesen, bevor

das Licht ausgemacht wird.« Gewähren Sie Ihrem Kind ruhig diese paar zusätzlichen Minuten. Es wird wahrscheinlich zur selben Zeit ins Bett gehen wie gewöhnlich, aber es wird diese Extrazeit ruhig im Bett verbringen, statt mit Ihnen zu kämpfen.

Geben Sie Ihrem Kind den Verstärker oder die Erlaubnis zu beliebten Aktivitäten nicht, bevor es die Aufgabe, um deren Verrichtung Sie gebeten haben, erfolgreich ausgeführt hat. Kinder erzählen ihren Eltern häufig, sie würden einer Bitte nachkommen, nachdem ihr Vater oder ihre Mutter getan habe oder ihnen gegeben habe, was sie wollen. Ihr Kind kann flehen, versprechen und betteln. Hat es jedoch erst einmal bekommen, was es möchte, sieht es keinen Anreiz mehr, das von Ihnen Erbetene zu tun. Möglicherweise werden Sie wütend und verärgert, wenn Ihr Kind seine Ankündigung nicht wahr macht. Sie werden mehr Erfolg haben und weniger frustriert sein, wenn Sie von Ihrem Kind verlangen, dass es als Erstes Ihre Erwartungen erfüllt.

Verstärken Sie das Verhalten Ihres Kindes konsequent, bis es häufiger und spontaner auftritt. Gelegentlich können Aufforderungen notwendig sein. Wenn Ihr Kind von Emotionen überwältigt ist, wird es ihm sehr schwerfallen, Erwartungen gerecht zu werden. Erinnern Sie es dann sanft und ruhig an die Belohnungen, die es bekommen kann. Und machen Sie sich keine Sorgen, falls es sie nicht verdient. Helfen Sie ihm, zu verstehen, dass es sich selbst seine Belohnungen verdient oder nicht verdient; Sie entscheiden nicht, ob Sie ihm diese geben wollen. Dies hilft Ihrem Kind, die Verantwortung für sein Verhalten zu akzeptieren, statt Sie oder andere zu beschuldigen.

Halten Sie sich mit Aufforderungen zurück, wenn Ihr Kind hoch emotional ist; es könnte sich von ihnen überfordert fühlen oder sich dafür schämen, dass es Erwartungen nicht erfüllen kann. Geben Sie ihm Zeit, sich zu beruhigen, und erinnern Sie es sanft an die Belohnungen, die es sich verdienen kann, falls es ihm gelingt. Wenn das Kind ruhig ist, können Sie Ihre Bitten vorbringen oder Optionen besprechen. Es wird Zeiten geben, in denen Ihr Kind Erwartungen nicht erfolgreich nachkommt, auch wenn es weiterhin die Struktur braucht, die sie ihm bieten.

Wann Sie Bestrafungen einsetzen

Manchmal kann es vorkommen, dass Sie meinen, bestrafen zu müssen. Folgen Sie den in Kapitel 6 (Seite 98) vorgestellten Leitlinien und denken Sie daran, negative Konsequenzen sparsam einzusetzen und minimal zu halten, damit Ihr Kind sich nicht hoffnungslos oder besiegt fühlt. Nutzen Sie als Bestrafung so oft wie möglich Auszeiten, bei denen Ihr Kind an einem ruhigen Ort sitzt und keinen Zugang zu Aktivitäten hat, die ihm Spaß machen.

Vermeiden Sie Machtkämpfe

Wenn Ihr Kind nicht auf Sie reagiert, kann es leicht zu einem Machtkampf zwischen Ihnen beiden kommen: Sie verlangen, dass Ihr Kind auf Sie hört, während Ihr Kind sich weigert. Sie werden wütend und beginnen zu schreien; Ihr Kind rastet aus und leistet noch stärkeren Widerstand. Möglicherweise findet ein regelrechter Ausbruch statt.

Um Machtkämpfe zu vermeiden, sollten Sie ruhig bleiben und Folgendes beherzigen:
- Informieren Sie Ihr Kind mit Ankündigungen und Aufforderungen über anstehende Erwartungen.
- Gehen Sie weg und sagen Sie ihm, es solle die Erwartung innerhalb der nächsten paar Minuten erfüllen.
- Erinnern Sie es, ohne zu bewerten, an die Belohnung, die es möglicherweise nicht verdient.
- Lassen Sie es dabei bewenden, wenn Ihr Kind der Erwartung nicht nachkommt. Denken Sie daran, Sie können ein paar Kämpfe verlieren und den Krieg dennoch gewinnen. Verwickeln Sie sich jedoch weiter in einen Machtkampf, werden Sie fast zwangsläufig in einen Krieg hineingeraten.

Erinnern Sie sich an Ihre eigene Geschichte der Emotion[64]. Seien Sie sich Ihrer Trigger bewusst und achten Sie darauf, was Sie denken und fühlen, wenn Ihr Kind Ihnen nicht zuhört. Nehmen Sie Abstand – physisch, emotional oder gedanklich – oder gönnen Sie sich eine Auszeit, falls Sie von ihm frustriert sind. Beruhigen Sie sich, damit Sie weise und wirkungsvoll antworten können.

Zusammenfassung

Wenn Ihr Kind intensive Emotionen hat, kann es Ihnen unmöglich erscheinen, in Ihrem Zuhause Routinen und Regeln aufzustellen. Ihr Kind reagiert unter Umständen so negativ auf Bitten oder Grenzen, dass Sie es lieber um gar nichts bitten würden. Doch es ist wichtig, dass Ihr Kind lernt, wie es sich zu verhalten hat. Deshalb ist das Aufrechterhalten von Beständigkeit, Routinen und Erwartungen ungeachtet der Reaktivität Ihres Kindes Ihr Ziel und Ihre Herausforderung.

Zu den in diesem Kapitel besprochenen Fertigkeiten gehören folgende:
- Sie erklären klar und deutlich, welches die Erwartungen und Grenzen sind.
- Sie entwickeln Routinen und halten sie aufrecht.
- Sie setzen Belohnung und Bestrafung zur Änderung von Verhaltensweisen ein.

Als Nächstes werden wir über Aggression und anderes Problemverhalten sprechen, mit dem Sie es womöglich zu tun haben.

Einen Vertrag erstellen

Entwickeln Sie unter Anwendung der in Kapitel 6 (Seite 108) besprochenen Prinzipien einen Vertrag, der Ihnen hilft, Ihr Kind ins Bett zu bekommen oder die morgendliche Routine zu erledigen. Denken Sie über die speziellen Verhaltensweisen nach, die Sie steigern möchten, wählen Sie Belohnungen aus, die bei Ihrem Kind funktionieren, und denken Sie darüber nach, wie oft Ihr Kind sich die Belohnungen verdienen kann. Vergessen Sie nicht, dass Ihr Kind nicht perfekt ist. Sie können die Übung aus Kapitel 6 (Seite 113) zum Verändern von Verhaltensweisen als Leitfaden nutzen.

Wutanfälle und Aggression reduzieren

Aggressive und gefährliche Verhaltensweisen lassen sich nicht von heute auf morgen abstellen, aber es gibt effektive Wege, ihre Häufigkeit zu reduzieren.

Kleine Kinder können Wutanfälle bekommen, weil sie auf diese Weise Wut oder Frustration zum Ausdruck bringen.[65] Wutanfälle variieren in Form, Ausmaß und im Umfang ihrer emotionalen Intensität. Möglicherweise schreit Ihr Kind und läuft ein paar Minuten lang rot an, oder vielleicht wirft es sich auf den Boden (auch in der Öffentlichkeit), brüllt, tritt und trommelt mit den Fäusten. Mit zunehmendem Alter können die Wutanfälle aggressivere Formen annehmen. Das Kind kann mit Büchern oder Spielzeug nach anderen Menschen werfen und/oder Möbelstücke umkippen, während es ohne Rücksicht durchs Haus tobt. Sollten Sie ähnliche Verhaltensweisen erlebt haben, empfanden Sie wahrscheinlich Frustration, Unbehagen und die Angst, dass jemand verletzt werden könnte. Unter Umständen schwankten Sie zwischen dem Wunsch, dieses Verhalten zu ignorieren (damit Sie es mit Ihrer Aufmerksamkeit nicht noch verstärken), und dem Drang, Ihrem Kind zu geben, was es will (damit der Wutanfall endet).

Im Laufe der Zeit lernt Ihr Kind, was es von Ihnen zu erwarten hat. Falls Sie begonnen haben, andere, effektivere Entscheidungen darüber zu treffen, wie Sie auf Ihr Kind eingehen, reagiert es anfangs möglicherweise negativ auf diese Veränderungen. Es wird wollen, dass Sie sich wieder so verhalten wie zuvor, und Sie mit eskalierendem Verhalten »bestrafen«. Dies erzeugt für Sie ein Dilemma, müssen Sie doch Ihre Emotionen und Ihren Wunsch nach wirksamen Ergebnissen ausbalancieren. Dieses Dilemma hat unter anderem folgende Aspekte:

- Sie wollen konsequent und beständig bleiben, während Ihr Kind Ihnen verbal und körperlich mitteilt, wie wütend es ist.
- Sie wollen effektive Entscheidungen fällen und müssen gleichzeitig die unmittelbare Sicherheit gewährleisten.
- Sie wollen eine positive langfristige Veränderung unterstützen und müssen sich mit akutem kurzfristigem Verhalten befassen.

Die DTB konzentriert sich auf langfristige Veränderung[66] und hilft Eltern, die auf dem Weg dorthin auftauchenden Schwierigkeiten zu bewältigen (siehe Kapitel 10, Seite 145). Sie brauchen große Stärke und viel Mut, um Ihrem Kind beim Ändern seines Verhaltens zu helfen, indem Sie Änderungen an Ihrem eigenen Verhalten vornehmen.

Auf Wutanfälle reagieren

Die meisten Kinder bekommen Wutanfälle. Bei jüngeren Kindern treten sie häufiger auf; bei älteren können sie ein Zeichen für ernsthaftere Schwierigkeiten sein[67]. Hat Ihr Kind intensive Emotionen, werden auch seine Wutanfälle intensiver sein. Eltern verursachen keine Wutanfälle, doch kann, wie bereits gesagt, Ihre Reaktion Einfluss darauf haben, ob die Ausbrüche im Laufe der Zeit zunehmen oder abnehmen. Antworten Sie auf die Wutanfälle mit erhöhter Aufmerksamkeit oder der Erfüllung der Forderungen Ihres Kindes, wird es Wutanfälle als wirkungsvolles Mittel zur Befriedigung seiner Bedürfnisse sehen. Ignorieren Sie einen Wutanfall, wird Ihr Kind effektivere Wege finden, mit Ihnen zu kommunizieren.

Bei einem Wutanfall Ihres kleinen Kindes sollten Sie nicht in Panik geraten, sondern versuchen, ihn zu ignorieren – selbst dann, wenn er in der Öffentlichkeit stattfindet. Belohnen Sie Ihr Kind, wenn es in der Lage ist, Worte zu verwenden oder sich Raum zu nehmen. Wirksame Entscheidungen können beinhalten, dass Sie Ihrem Kind ein paar Minuten lang Ihre Aufmerksamkeit schenken, auch wenn Sie gerade beschäftigt sind. Schon wenige positive Minuten können einen Wutanfall gänzlich verhindern. Denken Sie daran, die Frustration und Enttäu-

schung Ihres Kindes zu validieren, wenn es nicht bekommt, was es will. Dies wird seine Emotionalität entschärfen und die Möglichkeit eines Wutanfalls auf ein Minimum reduzieren.

Ihre Reaktion auf Wutanfälle überprüfen

Falls Sie bislang ineffektiv auf die Wutanfälle Ihres Kindes reagiert haben und diese nun häufiger auftreten, länger anhalten, an Intensität zunehmen oder sich bei einem älteren Kind fortsetzen, das keine altersgerechten Möglichkeiten kennt, seine Bedürfnisse erfüllt zu bekommen, können Sie dem Kind andere Verhaltensweisen beibringen und effektiver vorgehen. Beachten Sie dafür folgende Punkte:

- Geben Sie den Forderungen Ihres Kindes nicht nach.
- Ignorieren Sie die Wutanfälle ruhig und beständig, selbst wenn sie anfänglich zunehmen.[68]
- Belohnen Sie bei anderen Gelegenheiten positive Verhaltensweisen (wie angemessenes Fragen) und/oder entwickeln Sie einen Vertrag für Tage ohne Wutanfall.
- Lenken Sie das Kind ab oder beruhigen Sie es, bevor der Wutanfall eskaliert.

Falls Ihre Versuche, die Wutanfälle zu reduzieren, keinen Erfolg gezeigt haben, sollten Sie darüber nachdenken, für sich und/oder für Ihr Kind professionelle Hilfe zu suchen. Letztendlich wird Ihr Kind effektivere Wege finden, seine Bedürfnisse und Gefühle auszudrücken.

Urteilen Sie nicht über sich, wenn Sie das Gefühl haben, das Verhalten Ihres Kindes ungewollt zu verstärken. Lernen Sie, ruhig zu bleiben, indem Sie sich selbst besänftigen oder Achtsamkeit praktizieren. Ihr Verhalten und das Ihres Kindes zu verändern erfordert Zeit; haben Sie Geduld mit sich und mit ihm.

Auf aggressives Verhalten reagieren

Was tun Sie, wenn die Wutanfälle Ihres Kindes aggressiv und gefährlich werden? Wie antworten Sie, wenn die Reaktion Ihres Kindes auf eine Grenze so aussieht, dass es sein Lieblingsspielzeug kaputt macht – eine Handlung, die Schuldgefühle, Reue und Traurigkeit zur Folge haben kann, wenn es sich letztendlich beruhigt hat? Was tun Sie, wenn die Reaktion Ihres Kindes auf irgendeine Erwartung darin besteht, dass es Sie

Neue Antworten auf die Wutanfälle Ihres Kindes

Denken Sie an eine spezielle Situation, als Ihr Kind einen Wutanfall hatte. Beantworten Sie in Ihrem Notizbuch die folgenden Fragen, um neue Lösungen zu entwickeln. Urteilen Sie hierbei nicht über sich.

- Was führte zu dem Wutanfall? Was wollte Ihr Kind?
- Wie haben Sie reagiert? Wurden Sie wütend oder frustriert? Gaben Sie seinem Wunsch nach? War es Ihnen peinlich oder machten Sie sich Sorgen, was andere denken?
- Wäre der Wutanfall schneller zu Ende gewesen, wenn Sie ruhig geblieben wären?
- Verpassten Sie eine Gelegenheit, auf das Kind einzugehen, als es auf effektive Weise um etwas bat?

oder seine Geschwister mit Haushaltsgegenständen bewirft? Wie können Sie effektiv handeln, wenn Sie sich vor dem Verhalten Ihres Kindes fürchten?

Dies sind sehr schwierige und schmerzhafte Fragen. Wenn die intensiven Emotionen Ihres Kindes in gefährliche Verhaltensweisen ausgeartet sind, sehen Sie sich womöglich mit Situationen wie den oben beschriebenen konfrontiert. Ihre Reaktionen auf diese Verhaltensweisen können Wut, Frustration, Enttäuschung, Angst, Furcht und Trauer beinhalten. Aggressives Verhalten löst bei jedem, der es beobachtet, eine emotionale Reaktion aus, auch bei Geschwistern.

Eltern sprechen davon, dass sie einen Eiertanz aufführen, immer nervös sind und verzweifelt versuchen, alles zu tun, um ein Durchdrehen ihres Kindes zu verhindern. Vielleicht vermeiden Sie es, Grenzen zu setzen oder Forderungen zu stellen – nur um trotzdem einen weiteren Aggressionsausbruch zu erleben. Sie mögen besorgt sein, immer auf den nächsten Anfall warten, weil Sie wissen, wie schnell einer ausgelöst ist. Sie mögen Angst um Ihr Kind und um den Rest der Familie haben. Sie können das Verhalten Ihres Kindes beeinflussen und dennoch außerstande sein, es zu steuern.[69] Der Schmerz, auf den Ihr Kind reagiert, kommt aus seinem Inneren, und letztendlich wird es seine Aufgabe sein, Wege für den Umgang mit ihm zu finden.

Denken Sie daran: Ihr Kind ist nicht sein Verhalten. Helfen Sie ihm, zu sehen, dass es seine Gefühle in einer Weise ausdrücken kann, die anderen nicht wehtut, und dass andere ihm dann eher zuhören. Erinnern Sie es daran, dass Sie es akzeptieren und lieben, auch wenn Sie ihm helfen, bessere Möglichkeiten zum Ausdrücken seiner intensiven Gefühle zu finden.

Suchen Sie sich professionelle Hilfe

Wenn das Verhalten Ihres Kindes so außer Kontrolle gerät, dass Sie sich vor seinen Reaktionen fürchten und um die Sicherheit Ihrer Familie besorgt sind, könnten Sie und Ihr Kind von der Hilfe eines Kinder- und Jugendlichenpsychotherapeuten profitieren. Tragen Sie auch keine Schuld an diesen Problemen, kann das Kennenlernen neuer Antworten doch für Ihre ganze Familie hilfreich sein. Sollten Sie das Gefühl haben, der Spezialist macht Sie für die Probleme Ihres Kindes verantwortlich, suchen Sie sich einen anderen, der Sie stärker unterstützt, weniger voreingenommen ist und sowohl Ihre Gefühle als auch die Ihres Kindes versteht und validiert.

Therapeutische Griffe

Müssen Sie Ihr Kind festhalten, weil es für sich selbst oder für andere eine Gefahr darstellt, sollten Sie sich in therapeutischen Griffen schulen lassen, um dies sicher und wirkungsvoll zu vollbringen. Nutzen Sie die Griffe ausschließlich zur Abwendung von drohendem Schaden für Ihr Kind oder andere Personen. Das Festhalten ist zwangsläufig traumatisch für das Kind (das sich eingeengt fühlt und meinen kann, zu ersticken) und den Elternteil (der spürt, wie sehr die Situation außer Kontrolle geraten ist), und Sie sollten darauf achten, dass es so schonend wie möglich erfolgt.

Denken Sie bei einem aggressiven, gefährlichen Ausbruch Ihres Kindes daran, Ihre erworbenen Fertigkeiten anzuwenden:

- Validieren Sie Ihr Kind so oft wie möglich, um eine Eskalation des Ausbruchs zu verhindern.
- Bringen Sie Ihrem Kind bei, eine Auszeit zu nehmen (an einem sicheren, ruhigen Ort) oder sich selbst zu beruhigen.
- Geben Sie Ihrem Kind sichere Spielsachen (wie Stressbälle oder Stofftiere), die es benutzen kann, wenn seine Gefühle eskalieren.
- Gewährleisten Sie Sicherheit, indem Sie beispielsweise Ihre anderen Kinder auf Abstand halten, wenn das betroffene Kind aggressiv ist. Möglicherweise müssen Sie auch das Autofahren oder irgendwelche anderen potenziell gefährlichen Aktivitäten unterbrechen, bis Ihr Kind in der Lage ist, sich ruhig zu verhalten.

Mag es auch selten vorkommen, werden einige Kinder doch so gefährlich, dass die Eltern sich umgehend Hilfe von speziell geschulten Polizeibeamten suchen müssen, die das Kind für eine Einschätzung ins Krankenhaus bringen können. Die Entscheidung, ein Kind in ein Krankenhaus einzuliefern, ist schwierig und schmerzhaft; die Eltern müssen gut über die unmittelbaren und langfristigen Bedürfnisse ihres Kindes nachdenken.

Effektives Verhalten vor und nach einem Aggressionsausbruch

Sie können ein Kind nicht wirksam erziehen, wenn Sie Angst vor ihm haben oder sich schuldig fühlen. Emotionales Reagieren erschwert das geplante und wohlüberlegte Treffen langfristiger Entscheidungen. Wenn Sie weiterhin einen Eiertanz vollführen, wird Ihr Kind nicht lernen, sein Verhalten zu kontrollieren, und wird Ihre Familie in Angst leben. Gehen Sie stattdessen im jeweiligen Moment weise auf Ihr Kind ein. Da Sie während einer Krise überwältigt sein können, sollten Sie im Voraus für sich selbst und andere Familienmitglieder einen Sicherheitsplan aufstellen. Dieser Plan kann beinhalten, dass Sie Ihr Kind festhalten, andere Kinder in Sicherheit bringen oder die 110 anrufen. Sprechen Sie mit Ihren anderen Kindern, wenn der Vorfall vorüber ist, und validieren Sie ihre Gefühle. Ist Ihr Kind ruhig, helfen Sie ihm, die Verantwortung für seine Verhaltensweisen zu übernehmen, ohne es zu bewerten oder sein Schamgefühl zu erhöhen. Erinnern Sie es daran, dass Sie es lieben.

Das Beispiel von Jannick gibt weiteren Aufschluss über dieses Thema.

....

Jannick, 8 Jahre

>> *Jannick hat einen älteren Bruder und eine jüngere Schwester. Genau wie sein Bruder begann er im Alter von zwei Jahren Wutanfälle zu bekommen, doch setzten sie sich bei ihm mit zunehmendem Alter fort und wurden heftiger. Erhielt Jannick keine Aufmerksamkeit von seiner Mutter, wenn er sie haben wollte, oder wurde ihm gesagt, er dürfe etwas Bestimmtes nicht tun, zerstörte er Gegenstände. Er schlug seine Geschwister, stieß sie und spuckte sie an, sodass sie Angst vor ihm bekamen. Wenn er anfing zu schreien, versteckten sich seine Geschwister in ihren Zimmern. Sie konnten keine Freunde einladen, weil immer Kämpfe ausbrachen – besonders dann, wenn Jannick das Spiel, das gerade gespielt wurde, nicht gewann. Anfänglich hatte er diese Schwierigkeiten nur zu Hause, dann aber auch in der Schule.*
Jannicks Eltern suchten sich professionelle Hilfe. Ein Kinder- und Jugendlichenpsychotherapeut brachte Jannick bei, seine Gefühle zu erkennen und effektiver mit ihnen umzugehen. In der Schule wurde Jannick außerdem in einer Gruppe zur Verbesserung der sozialen Kompetenzen untergebracht und erhielt die Erlaubnis, sich an den Beratungslehrer zu wenden, wenn er sich in der Schule aufregte.
Zusätzlich führten Jannicks Eltern die folgenden Praktiken ein:
Sie verbrachten mindestens fünfmal pro Woche mit jedem Kind individuelle, ungestörte Zeit (15 Minuten).
Sie validierten die Gefühle ihrer anderen Kinder, selbst wenn die Kinder auf ihre Eltern oder aufeinander wütend waren.
Jannick bekam einen Vertrag, um sich Belohnungen zu verdienen. Er erhielt einen Aufkleber in seine Liste (und viel Lob) für jede Stunde ohne Ausbruch, auch wenn er eine Ermahnung erhalten hatte, zwei Bonussticker am Ende eines Tages ohne Ausbruch und sofort ein kleines Geschenk, nachdem er sich die gesamte vorher festgelegte Anzahl Aufkleber verdient hatte.
Hatte Jannick einen Wutanfall, erhielt er in dieser Zeit keine Aufkleber.
Wurde er gefährlich, hielten seine Eltern ihn sicher fest. Nachdem sie ihn losgelassen hatten, verbrachte er Beruhigungszeit in seinem Zimmer.

Wenn Jannick ruhig war, versicherten seine Eltern ihm, dass sie ihn auch in den Momenten liebten, in denen seine Verhaltensweisen ihnen nicht gefielen.
Nach Ende eines Vorfalls sprachen Jannicks Eltern mit seinen Geschwistern über ihre Gefühle.
Dieser Plan gab Jannicks Eltern das Gefühl, größerer Kontrolle zu haben. Weil Jannick verstand, was von ihm erwartet wurde und welches die Konsequenzen seines Verhaltens sein würden, hatte auch er etwas mehr das Gefühl, die Lage unter Kontrolle zu haben. Jannicks Geschwister bekamen die Aufmerksamkeit, die sie brauchten, um ihre Gefühle über das Verhalten ihres Bruders anzusprechen. Jannicks Eltern lernten, ihre eigenen Gefühle ebenfalls zu validieren.◄

Andere Verhaltensprobleme

Wutanfälle und Aggressionsverhalten sind nicht die einzigen Probleme, denen Sie sich gegenübersehen können. In dem Bemühen, seine Wut, seine Traurigkeit oder seinen Schmerz zu bewältigen, kann Ihr Kind zu einer Reihe von Verhaltensweisen greifen, die alle ihre eigenen Schwierigkeiten erzeugen. Zu diesen Verhaltensweisen gehören unter anderem Risikobereitschaft, übermäßiges Essen bzw. die Weigerung zu essen oder das Spiel mit Feuer.

Gefährliches Verhalten

Was tun Sie, wenn Ihr Kind auf die Straße rennt, mit Streichhölzern spielt oder andere Verhaltensweisen an den Tag legt, die dazu führen können, dass es selbst oder jemand anders sich verletzt? Dann wird möglicherweise keine Zeit mehr sein, über Belohnungen zu sprechen oder das Kind an die Konsequenzen zu erinnern. In Situationen, in denen sich jemand verletzen kann, sollten Sie folgende Punkte befolgen:

1. Bringen Sie Ihr Kind umgehend in Sicherheit, auch wenn dies bedeutet, dass Sie es auf der Straße hochnehmen müssen und/oder einen Ausbruch riskieren.
2. Sprechen Sie mit Ihrem Kind über die Gefährlichkeit seines Verhaltens, wenn es in Sicherheit ist. Lassen Sie die Konsequenzen ruhig beängstigend klingen (Gefahr, von einem Auto angefahren zu werden, das Haus abzubrennen usw.).
3. Sagen Sie Ihrem Kind mit bestimmter Stimme, dass dieses Verhalten nicht erlaubt ist und dass Sie es bestrafen werden, sollte es sich noch einmal wiederholen.

Falls eine Konsequenz Ihr Kind nicht davon abhält, gefährliches Verhalten zu zeigen, müssen Sie unter Umständen seine Freiheit und Selbstständigkeit einschränken. Erinnern Sie es daran, dass Sie es nicht allein lassen können, wenn es Dinge tut, die nicht sicher sind. Verordnen Sie bei Bedarf weiter Auszeiten und andere Strafen und fahren Sie damit fort, mit ihm über Verhaltensweisen und Konsequenzen zu sprechen, bis es sich sicherer verhalten kann.

Wenn das Verhalten Ihres Kindes andere stört

Sie können mit Situationen konfrontiert sein, in denen das Verhalten Ihres Kindes andere erheblich stört. Wie reagieren Sie in solchen Situationen? Lassen Sie uns untersuchen, wie eine Antwort im folgenden Szenario aussehen könnte.

»Will nicht nach Hause!«

❯❯ *Sie und Ihr Kind sind schon seit mehreren Stunden auf dem Spielplatz. Jetzt müssen Sie los, um Ihr anderes Kind bei einer Freundin abzuholen. Sie wollen nicht zu spät kommen, weil Ihr anderes Kind sich sonst Sorgen machen würde. Sie haben Ihrem Kind schon mehrere Aufforderungen erteilt, und es hat sie alle ignoriert. Jetzt ist es Zeit, zu gehen, und es weigert sich, vom Klettergerüst zu kommen, auf dem es spielt. Sie haben langsam Angst, dass Sie zu spät kommen werden, und Ihr Kind reagiert immer noch nicht. Bleiben Sie so ruhig wie möglich, damit Sie auf weise Art die effektivste Antwort wählen können. Denken Sie daran: Wenn Sie ruhig bleiben, kann auch Ihr Kind ruhig bleiben.* ❮

Zu den effektiven Antworten zählen:
- Sie versprechen Ihrem Kind, dass Sie ihm eine besondere Freude machen werden, falls es mit Ihnen kommt, wenn Sie es darum bitten.
- Sie erzählen ihm, dass Sie nicht wieder mit ihm auf den Spielplatz gehen können, solange es Ihre Anweisungen nicht befolgt.
- Sie rufen Ihr anderes Kind (oder dessen Eltern) an, um es zu darüber zu informieren, dass Sie eventuell zu spät kommen.

Ein Kind mit intensiven Emotionen geht möglicherweise nicht effektiv auf Drohungen oder Forderungen ein, die im jeweiligen Moment ausgesprochen werden. Wenn Sie wissen, dass das Verhalten Ihres Kindes andere stören kann, sollten Sie im Voraus einen Plan entwickeln, um seine Angst minimal zu halten.

Der Plan kann unter anderem folgende Punkte umfassen:
- Sie nehmen sich viel Zeit, um alles entspannt zu erledigen.
- Sie lassen Ihrem Kind viel Zeit, um auf Sie zu reagieren.
- Sie sprechen mit Ihrem Kind über die positiven Konsequenzen, die sich ergeben, wenn es auf Ihre Bitte hin den Spielplatz verlässt (es wird wieder herkommen), und über die negativen, die im gegenteiligen Fall eintreten (es wird für längere Zeit nicht wieder herkommen).

Erfüllt Ihr Kind Ihre Erwartungen nicht, können Sie seine nächste Bitte um einen Spielplatzbesuch abschlagen. Validieren Sie seine Gefühle der Enttäuschung, auch während Sie diese Grenze aufrechterhalten. Wenn es das nächste Mal fragt, erinnern Sie es an die Konsequenzen des Nichthörens und versuchen, wieder mit ihm auf den Spielplatz zu gehen. Hört es abermals nicht auf Sie, warten Sie noch länger, bevor Sie es erneut mit auf den Spielplatz nehmen. Nutzen Sie Gelegenheiten, es ruhig und geduldig daran zu erinnern, dass Sie nicht mit ihm irgendwohin gehen können, wenn es nicht auf Sie hört. Wann immer Ihr Kind aber tatsächlich tut, worum es gebeten wird, belohnen und loben Sie es und gehen so bald wie möglich wieder mit ihm auf den Spielplatz.

Impulsives Verhalten

Impulsivität stellt eine große Herausforderung dar, wenn Ihr Kind intensive Emotions- und Verhaltensreaktionen zeigt. Ihr Kind kann sich selbst ernsthaft verletzen oder jemand anders verletzen, ohne dass es seine Absicht gewesen sein muss. So denkt es möglicherweise nicht logisch, wenn es aus dem Haus und auf die Straße rennt, ohne sich der nahenden Autos bewusst zu sein. Ein Kind, das begreift, dass sein Hustenmittel es schläfrig macht, kann versehentlich eine Überdosis einnehmen, weil es so frustriert ist, dass es sich in den Schlaf flüchten will. Und ein Kind, das wütend ist, weil es das Gefühl hat, dass sein jüngerer Bruder zu viel Aufmerksamkeit bekommt, kann den Kinderwagen seines Bruders den Hügel hinunterstoßen, ohne die Gefährlichkeit seines Handelns zu erkennen.

Eltern und Fachleute fragen sich häufig, ob ein Kind beabsichtigte, sich selbst oder andere zu verletzen. Die Frage der Absicht ist im Zusammenhang mit der Behandlung Ihres Kindes von Bedeutung. Sie ist weniger wichtig, wenn es um Entscheidungen zur Gewährleistung der Sicherheit bei Ihnen zu Hause geht. Ist Ihr Kind impulsiv, müssen Sie seiner Sicherheit und der Sicherheit der Menschen in seiner Umgebung ausreichend Beachtung schenken. Dabei ist es gleichgültig, ob sich die Impulsivität Ihres Kindes auf intensive Emotionen oder Aufmerksamkeitsstörungen zurückführen lässt oder auf die Unfähigkeit, über die langfristigen Konsequenzen von Verhaltensweisen nachzudenken. Sie werden nicht unbedingt in der Lage sein, Ihrem Kind die Verantwortungen zu übertragen, die andere Kinder in seinem Alter übernehmen.

Vielleicht stellen Sie sich Fragen der folgenden Art:

- Kann ich das Kind allein in einem Zimmer lassen? Im Haus?
- Wie oft muss ich nach ihm sehen?
- Kann ich es ein paar Minuten lang mit einem Geschwisterkind allein lassen? Länger?
- Kann es ohne Beaufsichtigung Zeit mit Spielkameraden verbringen?
- Muss ich alle potenziell gefährlichen Gegenstände außer Reichweite aufbewahren?
- Sollte ich die Haustür verschlossen halten, damit mein Kind nicht aus dem Haus laufen kann?

Fragen wie diese rufen bei Ihnen unter Umständen Wut oder Enttäuschung hervor. Sie wollen, dass Ihr Kind so »normal« wie möglich ist, und Sie möchten es normale Aktivitäten ausüben lassen, vor allem, wenn es ruhig wirkt. Wie so viele Eltern würden Sie gerne sehen, dass Ihr Kind zunehmend selbstständig wird, und vielleicht fühlen Sie sich unwohl damit, weiterhin ein Kind zu überwachen, von dem Sie (und Ihr Kind) meinen, es sei »zu alt, um wie ein Baby behandelt zu werden«.

Die Sicherheit eines Kindes zu gewährleisten und gleichzeitig eine altersgerechte Entwicklung zu fördern, ist ein schwieriger Balanceakt (siehe Kapitel 2, Seite 30). Gehen Sie auf Nummer sicher, aber lassen Sie Ihr Kind auch die Erfahrung ungefährlicher natürlicher Konsequenzen machen. Schätzen Sie die potenziellen Risiken ein, während Sie weise Entscheidungen treffen. Erkennen Sie, dass jedes Kind Gelegenheiten zum Lernen braucht. Helfen Sie Ihrem

Kind, zu verstehen, dass es mehr Freiheit und Selbstständigkeit haben wird, wenn es ein besseres Urteilsvermögen und einen effektiven Umgang mit seinem Verhalten zeigen kann.

Emotionaler Rückzug

Manche Kinder fürchten sich so sehr vor ihren Emotionen, dass sie jede emotionale Reaktion unterdrücken und sich in sich selbst zurückziehen. Bereitet ein stilleres Kind seinen Eltern im Allgemeinen auch nicht dieselbe Angst wie ein aggressives, beginnen Eltern sich doch Sorgen zu machen, wenn ihr Kind mehr und mehr Zeit allein in seinem Zimmer verbringt, bedrückende oder aggressive Musik hört und immer weniger Interesse an seinem Zuhause oder an der Schule zeigt. Einige Kinder, die sich in sich selbst zurückgezogen haben, können so stark von ihren Emotionen überwältigt werden, dass sie plötzlich explodieren – zur großen Überraschung und Bestürzung ihrer Eltern.

Wie in Kapitel 4 (Seite 84) besprochen, sollten Eltern sich der Tatsache bewusst sein, dass manche Kinder sich heimlich verletzen (indem sie sich beispielsweise Schnitte zufügen oder so lange an Schorf kratzen, bis sie bluten), um ihren emotionalen Schmerz zu lindern.

Nehmen Sie Ihr Kind ernst und sorgen Sie für seine Sicherheit

Die Fertigkeiten des Zuhörens, Validierens und Achtgebens auf das Kind sind beim Umgang mit einem stillen und in sich zurückgezogenen Kind genauso wichtig wie mit einem aggressiveren. Kinder drohen nicht, sich zu verletzen, um »Aufmerksamkeit zu bekommen«. Der Wunsch, dem Schmerz zu

entkommen, ist real, und weil Kinder nicht zukunftsbezogen denken[70], kann ein impulsiver Versuch, den Schmerz loszuwerden, verheerende Folgen haben.

Sind Kinder, die ihren Suizidgedanken entsprechend handeln, auch weiterhin selten, fügen sich doch immer mehr Kinder selbst Verletzungen zu. Wenn Ihnen das Verlangen Ihres Kindes, sich auf irgendeine Art wehzutun, Sorgen macht, sollten Sie eine Umgebung schaffen, die ihm Sicherheit bietet. Das könnte bedeuten, darauf zu achten, dass Medikamente sicher weggeschlossen und Messer nicht leicht zugänglich sind. Falls Ihr Kind davon spricht, dass es sterben möchte, oder sich bewusst Schmerzen zufügt, suchen Sie sich professionellen Rat, um ihm beim Bewahren seiner Sicherheit zu helfen. Und wenn Sie fürchten, Ihr Kind könnte seine Drohungen umgehend wahr machen, sollten Sie es in die Notfallambulanz des nächsten Krankenhauses bringen.

Verhaltensauffälligkeiten in der Öffentlichkeit

Sie beobachten Ihr Kind dabei, wie es im Sandkasten mit anderen Kindern spielt, als es plötzlich ein anderes Kind beißt. Oder Sie haben Ihrem Kind gesagt, es solle Ihre Hand halten, und es rennt über den Parkplatz und veranlasst ein Auto zu einer Vollbremsung. Ihr allgemeines Gefühl der Angst, Frustration und Enttäuschung wird durch Ihre Beschämung und Ihr Schuldgefühl noch verschlimmert, wenn diese Verhaltensweisen in der Öffentlichkeit auftreten. Möglicherweise fühlen Sie sich unzulänglich und unfähig und fragen sich, was andere von Ihnen denken. Falls Sie das dringende Bedürfnis verspüren, etwas zu tun, versuchen Sie ungeachtet der Urteile anderer, weise zu antworten. Vielleicht müssen Sie im jeweiligen Moment einige quälende Gefühle akzeptieren, um langfristig wirksam zu erziehen.

Nutzen Sie die bereits besprochenen Fertigkeiten, um Ihr Kind an sichere und effektive Verhaltensweisen zu erinnern. Bereiten Sie Ihr Kind im Voraus auf Ausflüge vor, indem Sie es über Ihre Erwartungen und Grenzen informieren, und machen Sie sämtliche Belohnungen oder Konsequenzen wahr, über die Sie gesprochen haben. Tut Ihr Kind einem anderen Kind weh, entfernen Sie es aus der Situation und lassen es eine Auszeit antreten, bei der es ein paar Minuten lang neben Ihnen sitzt. Vielleicht beschließen Sie auch, mit ihm nach Hause zu gehen. Erinnern Sie Ihr Kind daran, dass Sie nach Hause gehen werden, wenn es sich nicht sicher benehmen und Ihre Regeln nicht befolgen kann. Loben und belohnen Sie sichere und effektive Verhaltensweisen, wenn sie stattfinden.

Zusammenfassung

In diesem Kapitel haben wir über einige spezielle Verhaltensweisen gesprochen, mit denen Sie in Berührung kommen können, wenn Ihr Kind intensive Emotionen hat und nicht die Fähigkeit besitzt, seine Verhaltensreaktionen zu modulieren. Unterschiedliche Kinder zeigen unterschiedliche Reaktionen auf ihre Emotionen, und Ihr Kind begegnet seinem eigenen emotionalen Chaos womöglich mit einer Vielzahl von Antworten. Vielleicht ist es manchmal kooperativ und wird trotzdem aggressiv, wenn es emotional herausgefordert wird. Vielleicht ist es ruhig, bis es etwas will, und hat dann so lange einen Wutanfall, bis es das Gewünschte bekommt. Ihre Rolle besteht darin, die Sicherheit Ihres Kindes zu gewährleisten, während Sie ihm gleichzeitig beständig effektivere Wege zum Umgang mit seinen Emotionen beibringen.

Folgende Fertigkeiten haben wir in diesem Kapitel besprochen:
- Sie gewährleisten die Sicherheit Ihres Kindes und anderer Personen.
- Sie nutzen Verträge zur Belohnung sicherer Verhaltensweisen.
- Sie reduzieren das Auftreten von Wutanfällen und Aggression durch die Anwendung positiver und negativer Konsequenzen.
- Sie beurteilen den Bedarf an professioneller Hilfe und Unterstützung.

Im nächsten Kapitel werden wir uns ansehen, welche Auswirkung die Emotionalität Ihres Kindes auf den Rest der Familie hat.

Der ganzen Familie helfen

Kinder mit starken Emotionen sind nicht nur für ihre Eltern eine Herausforderung, sondern auch für die Geschwisterkinder und andere Verwandte.

Die Auswirkungen auf die gesamte Familie

Wie geht es den Angehörigen von emotionalen Kindern? Und was kann jeder Einzelne tun, damit es der ganzen Familie besser geht?

Wie antworten Sie, wenn Ihre Eltern oder Schwiegereltern gerne wissen wollen, warum Sie Ihr Kind nicht unter Kontrolle halten können, und viele Ratschläge dazu parat haben, wie Sie dies tun sollten? Was erwidern Sie, wenn Ihre Cousine Ihnen erzählt, dass sie ihre Kinder nicht mit Ihrem Kind spielen lassen will? Wie reagieren Sie, wenn Ihr Kind auf einer Familienfeier nicht mehr in den Griff zu bekommen ist? Wie können Sie auf die »normalen« Fragen und Sorgen anderer Kinder eingehen, wenn das von emotionaler Intensität betroffene Kind Ihre Zeit und Energie beherrscht? Wie viel teilen Sie mit Ihren anderen Kindern und wie helfen Sie ihnen, sich ebenfalls besonders zu fühlen?

Der Stein im Teich

Hat ein Familienmitglied intensive Emotionen, sind die Auswirkungen bei nahen wie bei entfernteren Verwandten spürbar. Man denke zum Vergleich an einen Stein, der in einen Teich geworfen wurde und einen Welleneffekt erzeugt. Je enger die Beziehung, umso stärker ist der Effekt. Sämtliche Angehörige sind betroffen, wenn ein Kind unter emotionaler Dysregulation leidet – am meisten die Mitglieder der Kernfamilie.

Beginnt ein Kind Anzeichen von intensiver Emotionalität zu zeigen, sind Sie möglicherweise so fassungslos und verwirrt, dass Ihre Angst Sie überwältigt. Während Sie Antworten auf endlose Fragen suchen, sind Ihre anderen Kinder vielleicht nicht nur durch das Verhalten ihres Geschwisterkinds verunsichert, sondern auch durch Ihre Verwirrung. Unter Umständen erkennen Sie nicht, dass Ihre anderen Kinder verstehen müssen, was los ist, und außerdem fehlen Ihnen die Worte oder die Einsicht, um es ihnen zu erklären. Während Sie lernen, können aber auch Ihre Kinder lernen.

Sie haben die schwierige, aber notwendige Verantwortung, Ihren anderen Kindern zu helfen, in einem zuweilen chaotischen

Zuhause ihr Leben so normal wie möglich zu meistern. Private Gespräche und Gruppendiskussionen mit Eltern sowie mit erwachsenen und älteren jugendlichen Geschwistern haben uns deutlich gemacht, welche langfristigen Auswirkungen das Leben mit einem Bruder oder einer Schwester mit intensiven Emotionen oder einer mit der Emotionsregulation zusammenhängenden Störung hat. Auch wenn diese Emotionalität eine Konsequenz der Lebensumstände und niemandes Schuld ist, wachsen die Geschwister des betroffenen Kindes doch mit eigenen Problemen auf, die von jenen Menschen, deren Aufmerksamkeit sich zwangsläufig an anderer Stelle konzentriert, häufig unbeachtet bleiben. Es mag Ihnen sehr schwierig erscheinen, auf die Bedürfnisse weiterer Kinder einzugehen, wenn ein Kind einen so großen Teil Ihrer emotionalen und physischen Energie beansprucht. In diesem Kapitel werden wir über Möglichkeiten sprechen, dies zu leisten.

Ebenfalls ist es Ihre Aufgabe, andere Familienmitglieder über die Probleme Ihres Kindes aufzuklären, damit sie Ihr Kind und Sie akzeptieren können. Möglicherweise sehen Sie es nicht als Ihre Verantwortung an, jedem zu helfen, die Situation zu verstehen, und vielleicht ärgert es Sie, dass andere sie nicht verstehen. Jedoch können die Verhaltensweisen Ihres Kindes unerklärlich wirken, solange man nicht mit ihnen lebt. Stigmata existieren weiterhin. Sie werden die einzige Person sein, die in der Lage ist, anderen beim Verstehen zu helfen. Informieren Sie sich; je mehr Verständnis und Wissen Sie besitzen, umso einfacher wird es für Sie sein, anderen die Probleme Ihres Kindes zu erklären.

Möglicherweise werden Ihre Erklärungen niemals ausreichen, um einige Ihrer Angehörigen zu befriedigen. Das ist traurig, aber wahr. Vielleicht stellen Sie fest, dass Sie sich von diesen Familienmitgliedern entfernen, weil ihre Urteile zu schmerzhaft sind. Sie sind nicht in der Lage, andere zu ändern, aber Sie können Ihr Kind und sich selbst vor den scharfen und verfälschenden Urteilen anderer schützen. Im nächsten Kapitel werden wir darüber sprechen, wie Sie auf sich selbst achten können. In diesem Kapitel kümmern wir uns darum, wie Sie die passenden Momente finden, um jene Familienmitglieder aufzuklären, welche die Situation zu verstehen versuchen.

Geschwister

Geschwister von Kindern mit intensiven Emotionen haben uns erzählt, wie sie versuchen, sich an ihre Lebensumstände anzupassen. Sie beschreiben, wie sie sich bemühen, »perfekt« zu sein, um ihren Eltern nicht noch zusätzliche Schwierigkeiten zu bereiten; wie unwohl sie sich angesichts der Forderungen fühlen, die ihr Bruder oder ihre Schwester an die Eltern stellt, und dass sie versuchen, ihre eigenen auf ein Minimum zu beschränken. Und dass sie vorgeben, kein Geschwisterkind zu haben, insbesondere, wenn dieses eine spezielle Schule besucht. Geschwister eines betroffenen Kindes berichten, sie fühlten sich »unsichtbar«. Sie erzählen, wie sie nach Wegen suchen, Anerkennung für ihre Leistungen zu bekommen, oder selbst eskalierendes Verhalten an den Tag legen, um wahrgenommen zu werden. Einige Geschwister schließlich sagen, sie wünschten, sie würden die Schwierigkeiten ihres Bruders oder ihrer Schwester besser verstehen.

Eine der schwierigeren und schmerzhafteren Konsequenzen daraus, Eltern eines Kindes zu sein, das unter intensiver Emotionalität und Schwierigkeiten mit der Verhaltensregulation leidet, ist der Effekt, den dieses Kind auf den Haushalt und vor allem auf Ihr anderes Kind bzw. Ihre anderen Kinder hat. Sie können nur wenig unternehmen, um die Tatsache zu ändern, dass die Schwierigkeiten eines Familienmitglieds unweigerlich Auswirkungen auf die anderen haben. Sie können jedoch den Schaden und das Trauma minimieren, die für Geschwister entstehen, und Möglichkeiten finden, den Geschwistern beim gesunden Aufwachsen zu helfen. Die Art, wie Sie auf Situationen eingehen, wird für Ihre anderen Kinder ein Vorbild sein. Ihre ruhige Validierung und Akzeptanz dieser Situationen wird sich als sehr förderlich erweisen. Wenn Sie ein zufriedenes Leben führen können, werden auch Ihre Kinder hierzu in der Lage sein.

Im Rest dieses Abschnitts werden wir uns darauf konzentrieren, wie Sie den Forderungen sämtlicher Ihrer Kinder nachkommen können, wenn ein Kind Ihre Gedanken, Ihre Zeit und Ihre Energie zu beherrschen scheint.

Ein elterlicher Balanceakt

Sie jagen hinter Ihrem Kind her, während es mitten in einem Verhaltensausbruch durchs Haus rennt. Einige Minuten zuvor saßen Sie noch am Küchentisch und halfen Ihren anderen Kindern bei den Hausaufgaben. Plötzlich haben Sie dazu keine Zeit mehr, haben nicht einmal mehr die Zeit, darüber nachzudenken, wo sie sind. Diese Szene könnte den Mitgliedern Ihrer Familie bekannt sein, ist dadurch aber für keinen von Ihnen weniger traumatisch. Sie möchten, dass Ihr Zuhau-

se ein sicherer Ort für alle Ihre Kinder ist, und trotzdem scheint dieses Ziel so schwer erreichbar zu sein.

Wie helfen Sie einem Kind, das andere zu verstehen, ohne die Gefühle des einen oder des anderen zu bagatellisieren? Wie erklären Sie, warum Sie unterschiedliche Erwartungen haben, ohne dass es so aussieht, als würde das Kind, das sich nicht unter Kontrolle halten kann, von Vorteilen profitieren? Wie gewährleisten Sie, dass Ihre anderen Kinder die Aufmerksamkeit, die Sie dem Kind mit Verhaltensausbrüchen zukommen lassen, nicht als Belohnung für diese Art des Verhaltens interpretieren? Wie minimieren Sie das Trauma in der Familie, wenn die Tortur anhält und auch bei Ihnen selbst Stress erzeugt?

Möglicherweise empfinden Sie angesichts der scheinbar unmöglichen Aufgabe, den Bedürfnissen aller Ihrer Kinder gerecht zu werden, eine ständige Anspannung. Und vielleicht fühlen Sie sich schuldig, wenn Sie nicht imstande sind, diese Aufgabe zu erfüllen. Unter Umständen stellen Sie sich einige oder sämtliche der folgenden Fragen:

- Wie kann ich anderen Kindern die emotionale Dysregulation erklären? Wie viel erzähle ich meinen anderen Kindern von dem Problem, ohne in die Privatsphäre des Kindes mit intensiven Emotionen einzudringen?
- Wie kann ich meinen »gesünderen« Kindern helfen, ihren Bruder oder ihre Schwester zu validieren und nicht zu bewerten, während ich gleichzeitig auch ihre Gefühle validiere?
- Welche Worte und Formulierungen vermittle ich meinen anderen Kindern, damit sie mit anderen über ihr Geschwisterkind

sprechen können, ohne zu bewerten, zu bagatellisieren oder zu übertreiben?

- Wie helfe ich meinen Kindern, sich sicher zu fühlen, wenn ihr Bruder oder ihre Schwester sich aggressiv verhält?
- Ermuntere ich meine anderen Kinder dazu, ihr Geschwisterkind mit einzubeziehen, wenn sie mit Freunden spielen?
- Wie bringe ich ein Kind zu einer Feier, wenn ein anderes sich mitten in einem Wutanfall befindet?
- Wie viel Zeit verbringe ich damit, einem Kind bei den Hausaufgaben zu helfen, wenn es eher in der Lage zu sein scheint, die Aufgaben selbstständig zu erledigen, und sein Geschwisterkind die Hilfe so viel stärker benötigt?
- Wie kann ich mir geduldig die Probleme und Gefühle eines Kindes anhören, wenn ich weiß, dass mein anderes Kind dadurch außer Kontrolle gerät?
- Wie lobe ich mein gesünderes Kind, ohne dass mein anderes Kind sich angesichts dessen, was es nicht leisten kann, schlecht fühlt?

Zusätzlich zu Ihrem Einfühlungsvermögen und Ihrer Aufmerksamkeit benötigen »gesündere« Geschwister Beständigkeit, Regeln und Erwartungen, auch wenn diese sich zwangsläufig von denen unterscheiden, die Sie für ihr Geschwisterkind etabliert haben. Gesündere Geschwister werden im Laufe ihres Großwerdens verstehen, dass Gerechtigkeit relativ ist und dass nicht alles immer gleich ist. Sie brauchen von Ihnen Folgendes:

- Verständnis und Akzeptanz ihrer Gefühle
- Validierung, dass ihre Probleme wichtig sind und Beachtung verdienen
- Bestätigung, dass ihr Geschwisterkind besondere Bedürfnisse hat, ihre eigenen Bedürfnisse aber auch besonders sind[71]

- Würdigung ihrer Einzigartigkeit
- Bestärkung zur Bewältigung ihrer eigenen Herausforderungen
- Anerkennung ihrer Leistungen

Die Auswirkung der Geburtenfolge

Die Geburtenfolge spielt eine Rolle bei den Erfahrungen, welche die Eltern und die Geschwister des betroffenen Kindes machen. Falls das Kind mit intensiven Emotionen Ihr älteres Kind ist, kann Folgendes auf Sie zutreffen:

- Sie haben keine Zeit, sich mit den normalen Entwicklungsschritten eines jüngeren Kindes zu beschäftigen oder sich an diesen zu erfreuen.
- Sie reagieren übermäßig sensibel auf das Verhalten Ihrer anderen Kinder und machen sich Sorgen, dass sie ähnliche Probleme haben werden.
- Sie empfinden Traurigkeit, wenn ein jüngeres Ihrer Kinder Meilensteine passiert, die sein älteres Geschwisterkind noch nicht imstande war zu erreichen.
- Sie sind dankbar, wenn ein jüngeres Kind verantwortungsvoller wird und weniger Aufmerksamkeit von Ihnen fordert, selbst wenn es noch nicht wirklich reif ist für diese Verantwortung.

Ist es Ihr jüngeres Kind, das Schwierigkeiten mit der Emotionsregulation hat, trifft vielleicht Folgendes auf Sie zu:

- Sie erwarten von Ihrem älteren Kind früher, als Sie es normalerweise täten, dass es selbstständiger und verantwortungsvoller handelt.
- Sie reagieren mit bittersüßen Gefühlen auf seine Leistungen, weil Sie erkennen, was Ihr anderes Kind möglicherweise nicht zu leisten imstande sein wird.

- Sie fordern, dass das ältere Kind alles unterlässt, was bei seinem Geschwisterkind einen Ausbruch auslösen könnte.
- Sie beschuldigen das ältere Kind, wenn das Verhalten des jüngeren eskaliert.

Um diesen Schwierigkeiten entgegenzuwirken, sollten Sie verstehen, dass jedes Ihrer Kinder ein einzigartiges Individuum ist und als solches behandelt werden muss. Erkennen Sie, dass alle Ihre Kinder ihre eigenen Stärken, Schwächen und Erfolge haben. Versuchen Sie im jeweiligen Moment präsent zu sein, sodass Sie die einmaligen Fähigkeiten eines jeden Kindes ohne Sorgen, Vergleiche oder Enttäuschungen würdigen können.

Unterschiede zwischen Geschwistern erklären

Stellen Sie sich vor, alle Ihre Kinder haben nach dem Abendessen irgendwelche Haushaltspflichten zu erfüllen, nur Ihr Kind mit intensiven Emotionen darf in sein Zimmer gehen und sich entspannen. Sie haben festgestellt, dass der Rest des Abends für alle einfacher verläuft, wenn Sie Ihrem Kind diese Zeit lassen. Ihre anderen Kinder jedoch ärgern sich über die Sonderbehandlung, die ihr Geschwisterkind ihrer Meinung nach bekommt. Während das Kind mit intensiven Emotionen ruhig ist, streiten Ihre anderen Kinder mit Ihnen. Sie, als Mutter oder Vater, möchten sich entfernen und ein wenig Abstand gewinnen. Tatsächlich könnte eine Auszeit in diesem Moment für Sie hilfreich sein. Möglicherweise fragen Sie sich, wie Sie

- den Geschwistern, die von Natur aus um Ihre Zeit und Aufmerksamkeit konkurrieren, besondere Umstände erklären.
- Akzeptanz fördern und dafür sorgen, dass diese an die Stelle ihres Ärgers und ihrer Missgunst tritt.

- vermitteln, dass etwas, das effektiv ist, sich nicht unbedingt gerecht anfühlt.

Die Wahrheit ist, dass jedes Ihrer Kinder anders ist und andere Bedürfnisse hat. Keines Kindes Bedürfnisse sind besonderer als die der anderen. Jedoch kann das, was für ein Kind effektiv ist, für die anderen ineffektiv sein. Vielleicht benötigt ein Kind strenge Grenzen und Vorgaben, weil es zu Impulsivität neigt; ein anderes Kind ist möglicherweise so diszipliniert, dass Sie zu einem entspannteren Stil ermuntern. Ein Kind lässt sich durch einen Computer in seinem Zimmer ablenken, während ein anderes den Computer in seinem Zimmer braucht, um ohne Ablenkung seine Hausaufgaben zu erledigen. Treffen Sie individuelle Entscheidungen, die auf den speziellen Bedürfnissen eines jeden Ihrer Kinder aufbauen. Und erklären Sie allen Kindern, dass Sie ihre Gefühle verstehen – selbst dann, wenn Sie effektive Entscheidungen fällen.

Ihre anderen Kinder werden sich der Schwierigkeiten Ihres Geschwisterkinds sehr bewusst sein. Zu versuchen, die Situation geheim zu halten, oder nicht gewillt oder imstande zu sein, über sie zu sprechen, wird langfristig negative Konsequenzen haben. Geheimnisse wirken sich in Familien fast immer destruktiv aus.[72] Kinder werden Erklärungen für eine unbeantwortete Frage finden, und diese sind nicht unbedingt hilfreich oder gesund. Ihre anderen Kinder könnten sich selbst die Schuld geben und sich schämen, genieren oder isoliert fühlen. Die Akzeptanz und das Verständnis der Probleme, die dem einen Familienmitglied durch seine emotionale Dysregulation entstehen, erleichtern das Gespräch, das Teilen und das Bewältigen. Zur Förderung dieses Verständnisses können Sie mit den

Geschwistern über Emotionen und Verhaltensweisen reden sowie darüber, dass das Gehirn mancher Menschen anders funktioniert. Sie können ihnen eine Möglichkeit an die Hand geben, mit ihren Freunden über die Sache zu sprechen, wenn sie dies möchten, oder sie mit Beratungslehrern oder anderen Eltern sprechen lassen. Je mehr Ihre gesünderen Kinder sich mitteilen können, umso besser wird ihre Anpassung an das Leben gelingen.

Die Erklärungen, die Sie Ihren anderen Kindern geben, müssen ihrer Entwicklung angemessen sein und werden sich dementsprechend ändern. Sie können

- zu einem jungen Kind sagen, sein Bruder (bzw. seine Schwester) »hat Schwierigkeiten, mit seiner Wut umzugehen, und gar nicht die Absicht, zu Hause so zerstörerisch zu sein, auch wenn es so aussieht. Er kann sich einfach nicht unter Kontrolle halten, aber wir versuchen ihm dabei zu helfen, dies zu lernen.« Lassen Sie Ihr Kind wissen, dass Sie das Problem erkennen und versuchen, korrigierend einzugreifen.
- zu einem älteren Kind sagen: »Deine Schwester (bzw. dein Bruder) hat ein paar Schwierigkeiten, mit denen sie geboren wurde. Wenn du wütend bist, kannst du mit diesen Gefühlen umgehen. Sie kann das nicht. Das heißt aber nicht, dass es in Ordnung wäre, wenn sie sich zerstörerisch verhält, und wir versuchen ihr die Hilfe zu geben, die sie braucht, um ihr Verhalten zu ändern.« Ist bei Ihrem Kind eine Diagnose gestellt worden, können Sie dies seinem Bruder oder seiner Schwester mitteilen und erklären, was es bedeutet.
- darüber sprechen, dass es bei jedem Menschen irgendetwas gibt, das er zu überwinden oder zu bewältigen hat, und dass jeder mit seinen eigenen Herausforderungen lebt. Erklären Sie, dass jeder unter schwierigen und manchmal beängstigenden Bedingungen sein Bestes gibt.
- genug Information bieten, ohne Ihr Kind zu überfordern oder Mitleid mit einem Geschwisterkind zu erzeugen.

Denken Sie bei diesen Interaktionen mit Ihren Kindern an Folgendes:

- Validieren Sie die Gefühle eines jeden Kindes, indem Sie aufmerksam zuhören und keine Gefühle abtun, selbst dann nicht, wenn sie Ihnen trivial oder negativ vorkommen.
- Versichern Sie ihnen, dass die Probleme ihres Geschwisterkinds niemandes Schuld sind.
- Widerstehen Sie der Versuchung, Ihre Kinder zu vergleichen, und richten Sie es ein, mit jedem Kind so oft wie möglich Zeit allein zu verbringen.
- Versuchen Sie den Leistungen, Aktivitäten und Interessen jedes einzelnen Ihrer Kinder Aufmerksamkeit zu schenken.
- Hören Sie sich die Ängste Ihrer anderen Kinder an (insbesondere nach einem Aggressionsausbruch).
- Geben Sie Ihnen die Gewissheit, dass Sie alles tun werden, um ihre Sicherheit zu gewährleisten.
- Stellen Sie einen Sicherheitsplan auf. In diesem sollte stehen, an welchen Ort ein jedes Kind zu Hause gehen kann, wenn ein Geschwisterkind außer Kontrolle gerät.

Entwickeln Sie außerdem beruhigende Aktivitäten, von denen Ihre anderen Kinder Gebrauch machen können, wenn sie Angst haben oder sich Sorgen machen. Sie können ihnen auch mitteilen, was Ihnen selbst hilft. Des Weiteren ist es möglicherweise nützlich, Ihr »gesünderes« Kind an Aktivitäten außer Haus teilnehmen zu lassen, wenn es hierzu Lust hat. Passen Sie jedoch auf, dass Sie es nicht aus dem Haus treiben, um es auf diese Weise zu beschützen; dies könnte zu einem späteren Zeitpunkt in seinem Leben Unmut zur Folge haben. Akzeptieren Sie es schließlich, wenn Ihr gesünderes Kind trotz Ihrer Bemühungen verärgert und wütend ist, wertet und nicht bereit ist, zu tun, um was Sie bitten. Versichern Sie ihm aktiv, dass Sie es lieben.

Falls Sie glauben, dass die Schwierigkeiten zu Hause erhebliche Auswirkungen auf Ihre anderen Kinder haben und beginnen, deren Freundschaften und schulische Leistungen sowie andere Bereiche ihres Lebens in Mitleidenschaft zu ziehen, sollten Sie sie ruhig fragen, ob sie gerne mit einem Fachmann sprechen würden. Seien Sie sich der Tatsache bewusst, dass Ihre gesünderen Kinder sich große Sorgen machen können, einmal dieselben Probleme zu haben wie ihr Geschwisterkind, und dass Ihr Vorschlag, einen Berater aufzusuchen, ihre Ängste noch verstärken kann. Versichern Sie ihnen, dass es hilfreich ist, mit jemandem zu sprechen, und nicht bedeutet, dass sie einmal genauso sein werden wie ihr Geschwisterkind. Bieten Sie ihnen Hilfe an, aber erzwingen Sie keine Entscheidung.

Wie eingangs erwähnt, müssen Eltern einen Balanceakt ausführen. Vielleicht haben Sie das Gefühl, im Vermitteln zwischen den Bedürfnissen unterschiedlicher Familienmitglieder festzustecken, und sind von einem Kind so überwältigt, dass Sie nicht auf die Bedürfnisse des anderen eingehen können. Kurzfristige Lösungen haben unter Umständen langfristige Probleme zur Folge. Sprechen Sie mit den gesünderen Geschwistern, wenn Sie die Zeit und Energie haben, verleihen Sie ihren Bedürfnissen Bedeutung und erinnern Sie jedes Ihrer Kinder daran, dass es auf seine Art besonders ist.

Die erweiterte Familie

Jede erweiterte Familie ist anders, und jede hat ihre eigenen Erwartungen und Regeln, implizite wie explizite. Wie werden die älteren Angehörigen behandelt? Ist dies eine Familie, in der Dinge geheim gehalten werden oder deren Kommunikationsstil offene Gespräche ausschließt? Wie verhandelt die Familie und wie versteht sie die Gefühle ihrer Mitglieder? Akzeptiert die Familie die Vorstellung, dass intensive Emotionen auf Störungen des Gehirns zurückzuführen sein können und nicht auf falsche Erziehung?

Die Antworten auf diese Fragen werden Einfluss darauf haben, wie Sie mit der Tatsache umgehen, dass Ihr Kind nicht der in seiner Familie erwarteten Norm entspricht. Denken Sie klug über Ihre Antworten auf die folgenden Fragen nach. Welche Konsequenz wird es haben, wenn Sie Ihr Kind zwingen, der Erwartung der Familie zu entsprechen und trotz der Intensität seiner Emotionen an einem Familientreffen teilzunehmen? Wie können Sie einer Familie, die nicht in der Lage ist, über schwierige Gefühle zu reden, erklären, dass selbst das Verhalten Ihres Kindes nicht immer verstehen? Wie bringen Sie anderen bei, Ihr Kind zu validieren, wenn diese die Existenz eines Problems lieber ignorieren würden oder, schlimmer noch, das Kind für seine Verhaltensweisen verantwortlich machen? Wie helfen Sie Ihrem Kind, wenn die Erwartungen der Familie seine Fähigkeiten übersteigen? Ist jedes Familienereignis bei Ihnen und Ihrem Kind ein Anlass zur Sorge? Was tun Sie, wenn Sie wissen, dass jeder Besuch dazu führt, dass Ihr

Kind sich schlechter fühlt, weil es erkennt, dass es sich nicht so verhält wie die anderen und nicht auf seine Art akzeptiert wird?

Großeltern

Was passiert, wenn es in Ihrer erweiterten Familie die Regel ist, dass Enkelkinder ihre Großeltern mit offenen Armen empfangen? Wie reagieren Sie, wenn Ihr Kind bei einer Änderung seiner Routine ängstlich ist und der Besuch der Großmutter oder des Großvaters für das Kind einen Trigger darstellt? Wenn Sie wirksame Erziehung praktizieren, können Sie ihm die Erlaubnis geben, in seinem Zimmer zu bleiben, bis es sich wohl und ruhig genug fühlt, um herauszukommen und sich zum Rest der Familie zu gesellen. Möglicherweise stecken Sie dann jedoch in dem Dilemma, dass Sie einerseits Ihr Kind unterstützen und andererseits ein Elternteil erfreuen wollen, das nicht über dasselbe Verständnis verfügt wie Sie.

Erinnern Sie sich bei Gelegenheiten wie diesen an Ihre eigenen Trigger und finden Sie Wege für den Umgang mit Ihrer eigenen Angst. Sie könnten versucht sein, Ihrer Mutter oder Ihrem Vater nachzugeben und zu erwarten, dass Ihr Kind sich verhält wie die anderen. Oder vielleicht haben Sie das Gefühl, dass Sie Ihr Kind vor Menschen beschützen müssen, die das Problem nicht verstehen. Falls Sie spüren, dass Sie selbst wütend und frustriert werden, sollten Sie eine Möglichkeit finden, sich kurz zu entfernen – körperlich, emotional oder gedanklich. Erkennen Sie, dass es normalerweise nicht möglich ist, es allen recht zu machen, und denken Sie gründlich über den effektivsten Weg für den Umgang mit dieser Situation nach. Berücksichtigen Sie dabei die folgenden Punkte:

- Die Bedürfnisse Ihres Kindes sind sehr wichtig und es muss wissen, dass Sie seine Anstrengungen zum Umgang mit seinen Emotionen unterstützen.
- Sie können auf ruhige Art erklären, warum Ihr Kind in seinem Zimmer ist, und Ihre Mutter bzw. Ihren Vater bitten, Geduld zu haben, bis Ihr Kind für den Besuch bereit ist.
- Ihre Eltern können diese Situation als persönliche Zurückweisung der Liebe ansehen, die sie ihrem Enkelkind geben möchten. So schwer es auch ist, versuchen Sie ihre Gefühle der Zurückweisung und Verwirrung zu validieren.
- Ein Kind mit intensiven Emotionen in eine emotional geladene Situation hineinzustoßen, wird wahrscheinlich auf ein Ende hinauslaufen, das für jeden ungünstig ist.
- Sie können Ihren Eltern helfen, zu verstehen, dass dies nicht die Schuld Ihres Kindes – oder Ihre Schuld – ist.
- Es kann eine Hilfe sein, Großeltern zu ermuntern, die Individualität und die Stärken eines jeden Enkelkindes zu akzeptieren.

Versuchen Sie, nicht in die Defensive zu gehen, wenn Ihre Mutter oder Ihr Vater Sie oder Ihr Kind bewerten. Ebenso wenig, wie Sie die Gefühle Ihres Kindes steuern können, können Sie die Einstellungen Ihrer Angehörigen steuern. Sie können aber ihre Gefühle validieren, auch wenn Sie sie nicht mögen oder nicht mit ihnen einverstanden sind.

Möglicherweise wollen Großeltern Ihr Kind disziplinieren, wenn sie der Meinung sind, sein Verhalten sei nicht angemessen. Oder sie verlangen, dass Sie Ihr Kind für Verhaltensweisen disziplinieren, auf die Sie anders reagieren oder die Sie zu ignorieren gelernt haben. Großeltern verstehen nicht unbedingt, warum Sie ein Kind validieren, das sie als »verwöhnt« beurteilen oder von dem sie glauben, es dürfe sich »alles erlauben«. Sie können ohne Abwehrhaltung erklären, dass Ihr Kind einige Schwierigkeiten hat, auf die Sie in geplanter, effektiver Weise antworten, ihre »Disziplin« langfristig nicht so hilfreich sein würde, wie sie glauben, und Validierung Ihrem Kind helfen wird, sich wohler in seiner Haut zu fühlen und sein Verhalten zu verbessern. Letzten Endes ist es Ihr Kind, und Sie müssen sich daran erinnern, dass Sie es wirksam erziehen. Lassen Sie die Urteile anderer (auch wenn Sie sie lieben) keinen Einfluss auf Ihre Entscheidungen haben. Gehen Sie den Weg weiter, für den Sie sich klugerweise entschieden haben, so schwer es auch ist.

Verwandte aufklären

Falls Ihre Verwandten für neue Ideen aufgeschlossen sind, können Sie ihnen einiges von dem vermitteln, was Sie über intensive Emotionen gelernt haben. Geben Sie ihnen Bücher, Zeitschriften und Zeitungsartikel; finden Sie die passenden Momente, um sie über Folgendes aufzuklären:

- Ihr Kind wurde mit seiner emotionalen Intensität geboren und ist nicht schuld an ihr. Ebenso wenig kann Ihre Erziehung für diese Intensität verantwortlich gemacht werden.
- Ihr Kind gibt sein Bestes – und Sie ebenfalls.
- Die Verhaltensweisen Ihres Kindes sind Mittel, die es für den Umgang mit seinen Emotionen gefunden hat, und Sie versuchen, ihm beim Erlernen effektiverer Verhaltensweisen zu helfen.

- Es wird dem Kind leichter fallen, Zeit mit Angehörigen zu verbringen, wenn es sich akzeptiert und validiert fühlt.
- Darauf zu bestehen, dass Ihr Kind sich anpasst oder auf eine bestimmte Weise verhält, wird nach hinten losgehen, indem es seine Emotionalität steigert und die Wahrscheinlichkeit problematischer Verhaltensweisen erhöht.
- Ihr Kind lernt Fertigkeiten, die dazu führen können, dass es die Gruppe für eine Weile verlässt oder Zeit alleine verbringt. Bestärken Sie Angehörige darin, sein Verhalten nicht persönlich zu nehmen und kein hartes Urteil über das Kind zu fällen.
- Auch wenn Ihr Kind ruhig wirkt, sein Leben ist schmerzhaft. Es wird immer stärker als andere daran arbeiten müssen, ein angemessenes Verhalten beizubehalten.

Falls Sie es schwierig finden, diese Informationen an Ihre Angehörigen weiterzugeben, falls man in Ihrer Familie über bestimmte Dinge normalerweise nicht spricht oder falls Ihre Verwandten nicht in der Lage sind, Ihr Kind zu akzeptieren, müssen Sie Ihr Kind und sich selbst schützen. Hierfür gilt es zu akzeptieren, dass einige Angehörige in Ihrem Leben nur eine geringe Rolle spielen. Umgeben Sie sich mit Menschen, die Sie unterstützen und Ihr Kind akzeptieren. Und wenn Sie dann doch Zeit mit Ihren Verwandten verbringen, dürfen Sie nicht von ihnen erwarten, anders zu sein, als sie tatsächlich sind. Wenn Sie sie akzeptieren können, obwohl Sie nicht mit ihnen einer Meinung sind, werden Sie weniger wütend, weniger verletzt und weniger frustriert sein. Und Sie werden sogar Ihrem Kind helfen, da Sie wirksame zwischenmenschliche Kompetenzen modellhaft vorleben.

Wenn Ihr Kind sich bei Verwandten besser benimmt

Manche Kinder können sich aus einer Reihe von Gründen bei anderen Familienmitgliedern besser benehmen als bei Ihnen. Möglicherweise empfindet Ihr Kind einen Besuch bei einer Tante oder den Großeltern als ein besonderes Ereignis, das keinen Stress bei ihm erzeugt oder keine unangenehmen Anforderungen an es stellt. Unter Umständen blüht Ihr Kind auf, wenn es alleine Zeit mit einem Verwandten verbringt. Vielleicht wird es sogar mit besonderen Aktivitäten verwöhnt, die es als wohltuend und stärkend erlebt, und zeigt deshalb keine intensiven Emotionen und kein dysreguliertes Verhalten. Dies kann andere Verwandte zu dem Glauben verleiten, alle Schwierigkeiten, die Sie mit Ihrem Kind haben, seien Ihre Schuld und das Kind hätte diese Schwierigkeiten gar nicht, wenn Sie besser zu erziehen wüssten. Das kann ein gewaltiger Trigger für Sie sein – für Sie oder für jeden Elternteil, der sehr hart daran arbeitet, ein Kind wirksam zu erziehen, das Gefühls- und Verhaltensausbrüche zeigt.

Es kann schmerzhaft sein, von anderen bewertet zu werden, die Ihre Erfahrungen nicht teilen, die nicht mit Ihrem Kind leben und die nicht die Verantwortung für seine Erziehung tragen. So viel Sie auch versuchen, anderen die Natur der Schwierigkeiten Ihres Kindes und Ihre Versuche, Ihr Bestes zu geben, verständlich zu machen, werden Sie doch nicht in der Lage sein, ihr Denken zu steuern. Sie werden sich besser fühlen, wenn Sie akzeptieren können, dass andere das alles nicht verstehen. Erinnern Sie sich ganz ruhig daran, weise zu denken, während Sie über Folgendes nachdenken:

- Wenn Ihr Kind von Besuchen bei diesem Verwandten profitiert, sollten Sie dafür sorgen, dass die Besuche sich fortsetzen. Fühlt sich Ihr Kind bei diesen Besuchen hin- und hergerissen oder ist es durch die Aussagen der Verwandten über Sie verwirrt, kann es sinnvoll sein, die Besuche einzustellen.
- Es kommt Ihrem Kind zugute, wenn es einen Verwandten hat, bei dem es sich wohlfühlt. Auch ermöglicht dies Ihnen, eine Auszeit von seinen Verhaltensweisen zu nehmen.
- Wenn Sie in Erwiderung auf die Reaktionen Ihrer Verwandten in die Defensive gehen oder wütend werden, werden sich deren negative Urteile über Sie nur verstärken.
- Sie müssen die Urteile anderer nicht akzeptieren und nicht auf sie eingehen.
- Es wird hilfreich sein, ein Unterstützungsnetzwerk aus anderen Eltern zu finden, die verstehen, was Sie durchmachen.

Wenn die Erwartungen Ihrer Familie Ihnen das Leben noch schwerer machen, sollten Sie an das alte Sprichwort denken, dass man sich seine Familie nicht aussuchen kann. Sie können jedoch wählen, wie viel Zeit Sie mit Ihrer Familie verbringen und wie sehr Sie ihr Gehör schenken. Sie haben keine Kontrolle über Ihre Verwandten, aber Sie haben Kontrolle über Ihre Reaktionen auf sie. So groß die Versuchung auch sein mag, versuchen Sie, nicht emotional zu reagieren. Bewerten Sie Ihre Erziehung weiterhin danach, ob sie für Ihr Kind wirksam ist oder nicht – nicht danach, ob sie Ihrer Familie gefällt oder nicht.

Seien Sie dankbar, wenn Ihre Familie – oder ein Teil davon – Ihr Kind versteht und akzeptiert. Nehmen Sie die Hilfe und Unterstützung dieser Angehörigen ohne Scham oder Schuldgefühle an. Ihre Unterstützung und

Validierung wird es Ihnen leichter machen, Ihr Kind wirksam zu erziehen, und deshalb Ihnen beiden zugutekommen.

Zusammenfassung

Wenn Sie in die Erziehung eines Kindes mit intensiven Emotionen eingespannt sind, nehmen Sie möglicherweise den Stress Ihrer anderen Kinder nicht wahr. Vielleicht bemerken Sie auch nicht, wie die Reaktionen von Angehörigen entweder Ihre Belastung erhöhen oder aber dringend benötigte Unterstützung bieten. Geschwister und Verwandte müssen Informationen erhalten, um stärkere Akzeptanz und größeres Verständnis zu entwickeln. Auch müssen ihre Bedürfnisse und Gefühle validiert werden. Versuchen Sie, weise Entscheidungen zu fällen, die für Ihr betroffenes Kind, Ihre anderen Kinder und Sie selbst wirksam sind.

In diesem Kapitel haben wir über Möglichkeiten gesprochen, wie Sie

- auf entwicklungsgerechte Art und Weise auf die Bedürfnisse, Gefühle und Fragen Ihrer gesünderen Kinder eingehen.
- Mitglieder der erweiterten Familie aufklären und ihnen helfen, Ihr Kind und Ihre Erziehung zu akzeptieren.
- weise Entscheidungen in Erwiderung auf die Erwartungen der erweiterten Familie treffen.

In unserem letzten Kapitel werden wir untersuchen, wie Sie beim wirksamen Erziehen Ihres Kindes auf sich selbst aufpassen und für den Erhalt Ihrer eigenen Gesundheit und Ihres eigenen Wohlbefindens sorgen können.

Wie Sie für sich selbst sorgen

Eltern eines emotionalen Kindes bleibt kaum Zeit, an sich selbst zu denken. Dabei sind Achtsamkeit und Selbstfürsorge gerade für sie besonders wichtig.

Fragen Sie sich, wie Sie ruhig bleiben sollen, wenn um Sie herum so viel Emotionalität herrscht? Wissen Sie nicht, wie Sie sich um die Bedürfnisse aller anderen kümmern sollen, wenn Sie selbst das Gefühl haben, zu ertrinken? Fühlen Sie sich von dem Chaos in Ihrem Zuhause überfordert? Verspüren Sie manchmal den Wunsch, wegzulaufen?

Die Erziehung eines Kindes mit intensiven Emotionen kann bei einer Mutter oder einem Vater eine überwältigende Mischung aus Gefühlen erzeugen. Möglicherweise wissen Sie nicht, wie Sie auch nur eine weitere Sache erledigen sollen, und schon gar nicht, wie Sie es effektiv tun sollen. Wir werden dem, was es für Sie zu tun gilt, nun ein weiteres wichtiges Element hinzufügen: Sie müssen für sich selbst sorgen, indem Sie sich gut behandeln, Dinge tun, die Sie gerne mögen, und sich um Ihre eigenen Bedürfnisse kümmern. Sie verdienen es, Freude zu haben. Und Sie dürfen sich die Zeit nehmen, für sich selbst zu sorgen.

Selbstfürsorge ist unerlässlich

Sie mögen sich fragen, wie Sie es schaffen sollen, die täglichen Anforderungen zu bewältigen, sich für Ihr Kind einzusetzen – während Sie gleichzeitig seine Sicherheit gewährleisten und es wirksam erziehen –, für die Bedürfnisse Ihrer anderen Kinder ansprechbar zu sein und auch noch für sich selbst zu sorgen. In Wirklichkeit hängt hiervon Ihre Fähigkeit ab, alles andere zu tun. Sie können sich nicht um andere kümmern oder im Angesicht des Chaos ruhig bleiben, wenn Sie sich nicht um sich selbst kümmern. Denken Sie an die Ansage im Flugzeug, die Sie gemahnt, im Falle, dass die Sauerstoffmasken herunterfallen, als Erstes Ihre eigene Maske aufzusetzen. Ohne Ihre Sauerstoffversorgung würden Sie nicht in der Lage sein, für andere tätig zu werden. Dasselbe Prinzip gilt bei unserem Thema – Sie können das, was Sie für Ihre Familie tun müssen, nicht tun, wenn Sie selbst ausgelaugt sind. Achten Sie auf sich selbst, wird es leichter für Sie sein, sich um andere zu kümmern. Dies bestätigten uns die Eltern in unseren Gruppen, die gelernt haben, wie wichtig Selbstfürsorge ist.

Bei unseren Gesprächen mit Eltern haben wir viele der Sorgen gehört, die Sie als Mutter oder Vater eines Kindes mit intensiven Emotionen haben können. Zu diesen gehören:

- ein Gefühl überragender Furcht, Sorge und Angst
- Selbstzweifel hinsichtlich Ihrer Fähigkeiten, Ihr Kind zu erziehen (oder zu lieben)
- Befürchtungen, dass Ihr Kind nicht gesund werden wird, und daraus resultierende Gefühle der Trauer und des Verlusts
- die Furcht, von anderen (darunter auch Lehrer und Sozialdienstleister) als inkompetenter Elternteil bewertet zu werden
- die Unfähigkeit, etwas zu unternehmen oder zu entspannen, weil Sie immer das Gefühl haben, in Bereitschaft zu sein
- ein ständiges Bemühen, die beste Hilfe für Ihr Kind zu finden, verbunden mit der Wut, Frustration und Enttäuschung, wenn das Befolgen der erhaltenen Ratschläge keine Auswirkungen auf das Verhalten Ihres Kindes hat
- Schuldgefühle angesichts dessen, was Ihre anderen Kinder bei Ihnen zu Hause erleben, und/oder wegen Ihrer Unfähigkeit, sich so viel um sie zu kümmern, wie Sie es gerne täten
- Isolation, die auf fehlender Geduld mit Sorgen und Anliegen beruht, die Sie für belanglos halten, und das Gefühl, dass niemand wirklich versteht, was Sie durchmachen[73]
- Uneinigkeit und Stress zwischen Ihnen und dem anderen Elternteil Ihres Kindes oder Ihrem Partner bzw. Ihrer Partnerin

- finanzielle Sorgen, weil die besonderen Bedürfnisse wertvolle finanzielle Ressourcen verschlingen

Sie haben entweder einige, gar keine oder sämtliche der oben aufgelisteten Sorgen. Vielleicht empfinden Sie einfach jeden einzelnen Tag als einen Marathon, und Sie freuen sich nicht darauf, ihn zu laufen. Ihr Familienleben kann Ihnen wie ein Unwetter vorkommen, in dem Ihnen die Orientierung fehlt.

Dieselben Fertigkeiten, die Ihrem Kind helfen, sich zu beruhigen, bilden die Grundlage für die Mittel und Wege, die auch Ihnen selbst helfen können. Die Akzeptanz, dass Sie Selbstfürsorge verdienen und brauchen, wird Ihnen ein zufriedeneres Leben ermöglichen. Damit werden Sie in der Lage sein, Ihr Kind wirksam zu erziehen. In diesem Kapitel präsentieren wir einige Leitlinien, die Ihnen helfen sollen, das in Ihrem eigenen Leben Wirksame zu tun.

Akzeptanz

Wenn Ihr Kind intensive Emotionen hat, ist Ihr Leben schwierig und herausfordernd. Möglicherweise sind Sie wütend oder verärgert, und vielleicht sind Sie der Ansicht, die emotionale Verletzlichkeit Ihres Kindes sei nicht gerecht – weder für Ihr Kind noch für Sie oder Ihre Familie. Es mag stimmen, dass Ihnen und Ihrer Familie ein schwieriges Blatt zugeteilt wurde. Jedoch ist Ihr Leben so, wie es ist, und das Leugnen Ihrer Realität führt nur zu noch mehr Leid[74] und zu einer verminderten Fähigkeit, voranzukommen. Sie müssen mit den Karten spielen, die Ihnen zugeteilt wurden. Bestimmte Gegebenheiten werden sich nicht ändern, egal, wie viel Mühe Sie sich geben. Das zu akzeptieren, was Sie nicht ändern können, erleichtert Ihnen, das zu ändern, was sich ändern lässt.

Es ist nicht leicht, zu dieser Akzeptanz zu gelangen, und der Weg dorthin ist kein passiver Prozess. Sie müssen

- erkennen, was sich ändern lässt und was nicht.
- daran denken, dass ein Leugnen der Realität diese nicht auflöst.
- sich aktiv entspannen, damit Sie die Dinge auf neue und andere Weise sehen können[75].
- sich selbst validieren und Geduld haben, während Sie sich in Richtung Veränderung bewegen.
- sich an die Annahmen erinnern (Kapitel 2, Seite 31) und daran glauben, dass Sie Ihr Bestes tun, auch während Sie versuchen, noch besser zu werden.

Urteilen Sie nicht über sich

Wir haben festgestellt, dass Eltern selbst dann damit fortfahren, sich zu bewerten, wenn sie ihren Kindern gegenüber wertfreier werden. Vielleicht ärgern Sie sich weiterhin über sich selbst, wenn Sie Ihr Kind anschreien oder das Anwenden der gelernten Fertigkeiten vergessen. Möglicherweise sind Sie frustriert, wenn Sie sich überfordert fühlen, Situationen nicht beherrschen können oder weniger erfolgreich sind, wie Sie es Ihrer Meinung nach sein »sollten«. Sie mögen das Gefühl haben, dass Sie ihren eigenen Erwartungen nicht gerecht werden können.

Erinnern Sie sich an die Richtlinien für nicht wertendes Verhalten:

- Vergleichen Sie sich nicht mit anderen; eines jeden anderen Leben sieht von außen besser aus.

- Vermeiden Sie es, in den Kategorien »richtig« und »falsch« oder »gut« und »schlecht« zu denken. Denken Sie vielmehr darüber nach, ob Sie erfolgreich waren oder nicht.
- Kleben Sie sich kein Etikett auf.
- Erinnern Sie sich daran, dass Veränderung möglich ist.
- Betrachten Sie sich mit einer annehmenden Haltung.

Genauso, wie Sie von Ihrem Kind keine Perfektion erwarten, sollten Sie auch von sich selbst keine erwarten. Wenn Sie davon ausgehen, dass Sie immer alles richtig machen werden, ist Enttäuschung über die eigene Person unausweichlich. Schätzen Sie realistisch ein, was Sie tun können und was nicht. Haben Sie Geduld. Verzeihen Sie sich. Sie geben Ihr Bestes; an anderen Tagen werden Sie noch besser sein.

So wie die intensiven Emotionen Ihres Kindes seine Fähigkeit zu hören und seine Leistungsfähigkeit beeinträchtigen, so beeinträchtigen Ihre Emotionen Ihre Fähigkeit, sich selbst zu akzeptieren und im Umgang mit anderen erfolgreich zu sein. Je mehr Sie für sich selbst sorgen, je besser Sie sich körperlich und emotional fühlen, umso größer werden Ihre Akzeptanz – und Ihr Erfolg – sein.

Sie können die Schwierigkeiten Ihres Lebens nicht leugnen. Der erste Schritt, den Sie zur Verbesserung Ihres Lebens unternehmen können, besteht darin, Ihr Leben so zu akzeptieren, wie es ist. Wenn Sie erkennen und akzeptieren, was sich ändern lässt und was nicht, werden Sie weniger frustriert und enttäuscht sein. Mag es auch manchmal recht schwierig sein, können die in diesem Buch beschriebenen Fertigkeiten Ihnen doch helfen, für Sie selbst und jedes Mitglied Ihrer Familie ein bedeutsames und erfülltes Leben zu schaffen.

Beruhigende Aktivitäten für Sie

Wie bereits in den Kapiteln 4 (Seite 75) und 5 (Seite 86) besprochen, helfen Ihnen Fertigkeiten der Disstress-Toleranz[76], Stress- oder Krisenzeiten zu bewältigen und die langfristigen Schwierigkeiten Ihres Lebens zu meistern.

Diese Fertigkeiten sind für Sie genauso wichtig wie für Ihr Kind. Denken Sie daran, dass angenehme Aktivitäten und das Sorgen für Ihre eigene Gesundheit Sie weniger anfällig für negative Emotionen machen. Sie werden mit Situationen oder auftretenden Schwierigkeiten wirksamer umgehen, wenn Sie sich für Folgendes Zeit nehmen:

- Sorgen Sie für ausreichend Schlaf und achten Sie auf Ihre körperliche Gesundheit.
- Beruhigen Sie sich selbst.
- Machen Sie einen Spaziergang oder gehen Sie anderen beruhigenden Aktivitäten nach.
- Üben oder praktizieren Sie Achtsamkeit.

Durch Ihre Geschichte der Emotion (Kapitel 1, Seite 24) werden Sie erkennen, wann Sie angespannt sind. Versuchen Sie die Zeichen nicht zu ignorieren. Wenn Sie Ihre Emotionen in einem frühen Stadium regulieren, wird Ihre Geschichte wahrscheinlich einen besseren Ausgang nehmen. Beruhigen Sie sich, indem Sie ein paarmal tief durchatmen, eine kurze Achtsamkeitsübung durchführen oder einen geistigen Urlaub machen. Selbst inmitten eines emotionalen Unwetters können diese paar Sekunden recht hilfreich sein.

Manchmal stellt sich Ruhe ein, wenn Sie einfach eine kurze Auszeit von dem im jeweiligen Moment ablaufenden Geschehen nehmen können.

Eine kurze Achtsamkeitsübung

Probieren Sie diese kurze Achtsamkeitsübung aus, wenn Sie einen Moment innehalten müssen, um Atem zu holen und ruhiger zu werden.

- Machen Sie einen tiefen Atemzug.
- Erinnern Sie sich an einen Ort, den Sie besucht haben, der friedlich und beruhigend war (vielleicht an einem Strand, in den Bergen, an einem Bach, den Sie entlanggewandert sind, usw.). Sehen Sie vor Ihrem geistigen Auge und so detailliert wie möglich, was Sie damals sahen.
- Erinnern Sie sich daran, was Sie hörten (das Geräusch der Wellen, singende Vögel), wie es roch (die Meeresluft), was Sie fühlten (den wehenden Wind, die Sonne auf Ihrem Gesicht, den Sand unter Ihren Füßen).
- Verweilen Sie mit dieser Vorstellung ein paar Sekunden oder Minuten.
- Spüren Sie die Ruhe, die Sie an jenem Tag empfanden.
- Machen Sie einen weiteren tiefen Atemzug.

Machen Sie einen geistigen Urlaub

Wählen Sie eine oder mehrere dieser kurzen Übungen aus, um im Geiste Urlaub zu machen.

- Sitzen Sie an Ihrem Schreibtisch, die Augen geschlossen und die Füße hochgelegt, und machen Sie ein paar tiefe Atemzüge.

- Schließen Sie für eine Sekunde die Augen und besuchen Sie im Geiste einen Ort, an dem Sie sich wohlfühlen.
- Gehen Sie ins Badezimmer, spritzen Sie sich ein wenig Wasser ins Gesicht und machen Sie zwei tiefe Atemzüge.
- Gehen Sie langsam und achtsam in Ihrem Zuhause oder Büro umher.

Beruhigende Aktivitäten

Machen Sie die Selbstfürsorge zur Gewohnheit, damit Sie die Kraft haben, mit auftretenden Situationen umzugehen. Eltern erzählen uns, sie konzentrierten sich so sehr auf die Bedürfnisse ihres Kindes, dass sie vergessen, Dinge zu tun, die immer für ihre Entspannung gesorgt haben. Jetzt brauchen Sie diese Fertigkeiten mehr denn je. Tun Sie Dinge, die Ihnen helfen, sich gut zu fühlen, und legen Sie so den Grundstein für wirksamere Entscheidungen und weise Antworten.

Inmitten des Chaos vergessen Sie möglicherweise die Fertigkeiten der Disstress-Toleranz. Wenn Sie ständig Feuer löschen, können Sie sich kaum daran erinnern, was Ihnen hilft, klar zu denken, wirkungsvoll zu planen und ruhig zu bleiben. Erstellen Sie, so wie Sie es mit Ihrem Kind getan haben, eine Liste von Aktivitäten, an denen Sie Freude haben und die Sie besänftigen. Halten Sie die Liste griffbereit und machen Sie von ihr Gebrauch, wenn Sie gestresst oder auf andere Art emotional sind. Zeigen Sie die Liste Ihrem Lebenspartner oder einem guten Freund, der Sie daran erinnern kann, die Fertigkeit anzuwenden, wenn Sie selbst dies vergessen. Denken Sie daran, dass je nach Stressniveau unterschiedliche Aktivitäten

hilfreich sind; bei starkem Angstgefühl sprechen Sie vielleicht auf ein heißes Bad oder das Auftragen einer beruhigenden Lotion an, haben aber Schwierigkeiten, zu lesen.

Das Folgende ist eine Auflistung beruhigender und besänftigender Aktivitäten, von denen Eltern uns erzählt haben, dass sie ihnen helfen:

- Laufen oder andere sportliche Betätigung
- ungestört ein unterhaltsames Buch lesen
- sich eine Massage gönnen
- Gartenarbeit
- Hobbys wie Stricken, Sticken, Malen
- im Fernsehen eine Lieblingssendung oder -sportveranstaltung ansehen
- Musik hören oder selber musizieren
- einen Freund/eine Freundin anrufen oder treffen
- anderen Eltern helfen oder sich ehrenamtlich engagieren

Denken Sie daran, sich selbst zu validieren und Ihre Anstrengungen zu loben[77]. Ihr Kind ist nicht die einzige Person, die sich besser fühlt, wenn ihre Bemühungen oder Leistungen anerkannt werden. Nehmen Sie jegliche Fehler, die Sie machen, als Lektionen für die Zukunft an. Lassen Sie es nicht zu, dass negative Emotionen die Herrschaft übernehmen. Fokussieren Sie sich auf die Gegenwart und erfreuen Sie sich am Positiven. Umgeben Sie sich mit Menschen, die verstehen, wie Ihr Leben aussieht, und die Ihnen an jenen Tagen Validierung bieten können, an denen Sie selbst hierzu nicht in der Lage sind. Sämtliche Fertigkeiten, die Sie für Ihr Kind erworben haben, lassen sich auch auf Sie anwenden.

Zeit mit dem Partner als beruhigende Aktivität

Es ist nicht leicht, sich Zeit zum Ausgehen mit Freunden oder als Paar zu nehmen. Vielleicht haben Sie Schwierigkeiten, eine Kinderbetreuung zu finden, oder die durch Ihr anstehendes Weggehen ausgelöste Angst Ihres Kindes sorgt für einen Ausbruch, als Sie gerade das Haus verlassen wollen. Jedoch hilft Eltern das Zusammensein unter angenehmen Bedingungen, effektiver als Team zusammenzuarbeiten. Es bietet Ihnen Möglichkeiten, sich zu vergnügen, das Positive zu schätzen und Ihre Beziehung zu erneuern und zu stärken. Außerdem erinnert es Sie daran, dass Sie mit Situationen nicht allein zurechtkommen müssen. Schaufeln Sie diese Zeit frei und machen Sie sie zu einer Priorität. Dies wird sich das nächste Mal bezahlt machen, wenn Ihre Familie in eine chaotische Situation verwickelt ist. Das Kooperieren mit Ihrem Partner verleiht Ihnen die Stärke, effektiver mit der Situation umzugehen.

Um Hilfe bitten

Eltern glauben zuweilen (fälschlicherweise), sie sollten in der Lage sein, alleine mit ihrem Kind zurechtzukommen und den Bedürfnissen ihrer Familie gerecht zu werden. Vielleicht sind Sie der Ansicht, Ihre Familie sei Ihre Verantwortung und es sollte Ihnen möglich sein, für sie zu sorgen. Sie haben Angst, es könnte als ein Zeichen Ihrer Schwäche oder Inkompetenz gewertet werden, um Hilfe zu bitten.

In Wirklichkeit ist es Ausdruck von Mut und Stärke, die Schwierigkeiten zu akzeptieren, vor denen Sie stehen, und zuzugeben, dass Sie Hilfe brauchen. Wenn Ihr Kind intensive Emotionen hat, die sich auf die gesamte Familie auswirken, ist es eine wirksame und weise Entscheidung, andere um Hilfe zu bitten. Können Freunde oder Angehörige Ihnen nicht helfen, suchen Sie sich Unterstützungsgruppen oder andere Eltern, deren Leben ebenfalls eine Herausforderung darstellt.

Es gibt für andere viele Möglichkeiten, Ihnen zu helfen. Sie könnten

- Validierung bieten und Ihnen zuhören, wenn Sie reden müssen.
- Sie darin unterstützen, beruhigende Fertigkeiten anzuwenden, wenn Sie gestresst sind.
- auf Ihre Kinder aufpassen, damit Sie eine Pause einlegen oder zusammen mit Ihrem Partner eine angenehme Zeit verbringen können.
- Ihre Anstrengungen loben, die Sie unternehmen, um sich selbst und Ihrem Kind zu helfen.
- Ihren anderen Kindern helfen, wenn Ihr Kind mit den intensiven Emotionen sich gerade in einer Krise befindet.

Ihre eigenen besänftigenden Aktivitäten

Schreiben Sie Ihre eigene Auflistung beruhigender Aktivitäten in Ihr Notizbuch. Beantworten Sie hierfür die folgenden Fragen:
- Was besänftigt Sie?
- Welche Aktivitäten entspannen Sie?
- Bei welchen Aktivitäten fühlen Sie sich wohl?

Listen Sie weitere beruhigende Aktivitäten auf.

Mütter und Väter, Ehefrauen und Ehemänner

Wenn Ihr Kind intensive Emotionen und Verhaltensweisen zeigt, wenn Experten sich über die beste Vorgehensweise uneinig sind, wenn nichts zu funktionieren scheint und Frustration um sich greift, weisen Eltern sich häufig gegenseitig die Schuld zu. Jeder Elternteil neigt dann zu der Überzeugung, dass nur er die richtigen Antworten weiß und der andere Elternteil im Irrtum sein muss. Erinnern Sie sich in diesen Situationen daran, es gibt keine absolute Wahrheit[78] und es kann nützlich sein, anzuerkennen, dass man unterschiedlicher Meinung ist. Auch hilft Ihnen die Akzeptanz, dass andere Optionen ebenfalls gültig sind, sich besser zu fühlen und – paradoxerweise – mehr das Gefühl zu haben, die Lage zu beherrschen. Denken Sie daran, sich effektiv zu verhalten, indem Sie sich gegenseitig zuhören, einander respektieren und versuchen, sich einen Kompromiss (oder eine gänzlich neue Lösung) einfallen zu lassen, mit der Sie beide zufrieden sind.

Möglicherweise haben Sie manchmal das Gefühl, Ihr Kind würde Sie »manipulieren«. Bekommt es von Ihnen nicht die Antwort, die es gerne hätte, geht es vielleicht zum anderen Elternteil. Eltern können dieses Verhalten unterbinden, indem sie sich einheitlich verhalten und gegenseitig in ihren Entscheidungen unterstützen. Sind Sie und Ihr Partner unterschiedlicher Meinung, diskutieren Sie hierüber später unter vier Augen und treffen für die Zukunft Vereinbarungen. Ist einer von Ihnen der Ansicht, Ihr Kind habe recht und Ihr Partner unrecht, unterstützen Sie Ihren Partner und teilen ihm erst später im Geheimen Ihre Meinung mit. Denken Sie daran, dass Ihr Kind Beständigkeit braucht und dass Eltern bei diesem Bemühen als Partner agieren müssen.

Das Folgende sind Ratschläge dafür, wie Sie am wirksamsten zusammen erziehen und Ihre Beziehung aufrechterhalten können:
- Treffen Sie keine Annahmen über Ihren Partner oder seine Absichten.
- Validieren Sie den Standpunkt Ihres Partners.
- Arbeiten Sie – so schwierig dies auch sein mag – daran, Ihrem Kind einheitliche, beständige Antworten zu geben, auch wenn Sie nicht immer einer Meinung sind.
- Reden Sie miteinander, teilen Sie Ihre Sorgen und lernen Sie, wie Sie einander unterstützen können.
- Denken Sie daran, dass das Wohl Ihres Kindes Ihr gemeinsames Ziel ist und dass die effektivste Antwort die ist, die am besten funktioniert.

Unterstützung und Selbsthilfegruppen

Es kann einen Punkt in Ihrem Leben geben – den Sie vielleicht bereits erreicht haben –, an dem Sie einsehen, dass Sie Hilfe und Unterstützung für sich und/oder Ihr Kind benötigen. Sie suchen nach Fachleuten und nach Informationen. Wenn Sie dies lesen, sind Sie entweder in einer frühen Phase Ihres Versuchs, Dinge zu verstehen, oder haben bereits ein weites Stück auf diesem Weg zurückgelegt.

Eltern finden Informationen, indem sie Selbsthilfegruppen besuchen, von denen manche von Eltern, andere von Fachleuten geleitet werden. Sie können durch Schulpersonal, Experten für psychische Gesundheit, Freunde oder andere Eltern an diese Gruppen verwiesen werden. Zu Beginn empfinden Sie möglicherweise Angst oder Traurigkeit, wenn Sie Eltern sehen, deren Kinder kränker sind als Ihres oder die schon länger mit Problemen ringen. Wenn Sie an einer Gruppe mit Eltern teilnehmen, deren Kinder bereits erwachsen sind, beginnen Sie sich unter Umständen hoffnungslos und geschlagen zu fühlen. Nehmen Sie nicht wegen einer negativen Erfahrung von sämtlichen Gruppen Abstand. Letzten Endes berichten die Eltern, mit denen wir arbeiten, es sei eine Gruppe Eltern mit denselben Sorgen und Befürchtungen wie sie gewesen, die ihnen geholfen habe, voranzukommen und mit ihrem Leben Frieden zu schließen. Halten Sie nach einer Gruppe Ausschau,

- in der Sie sich wohlfühlen,
- in der Sie mit Eltern reden können, deren Kinder in einem ähnlichen Alter sind wie Ihres,
- die Ihnen Unterstützung und hilfreiche Information bietet,
- die Ihnen hilft, sich besser zu fühlen,
- auf deren Treffen Sie sich freuen.

Einige Gruppen bieten Informationen, andere bieten Unterstützung, und manche bieten beides. In den formelleren und zeitlich begrenzten psychoedukativen Gruppen lernen Sie etwas über die emotionale Dysregulation und andere Störungen sowie über wirksame Strategien und Behandlungsmöglichkeiten. Außerdem erhalten Sie Informationen über hilfreiche Ressourcen. Manchmal treffen sich die Teilnehmer nach Ende der offiziellen Gruppensitzungen weiterhin in informellem Rahmen.

In den informelleren Selbsthilfegruppen haben Sie Zeit, über Ihre speziellen Sorgen zu sprechen und sich die Geschichten anderer Eltern anzuhören. Sie erfahren, welche Strategien sich bei anderen Eltern bewährt haben, und nutzen die Gruppe, wenn Sie die Teilnahme am meisten brauchen oder wollen.

Einige Eltern empfinden die Struktur der psychoedukativen Gruppen als hilfreicher, für andere erweisen sich die Unterstützung und die Zwanglosigkeit der Selbsthilfegruppen als nützlich. Manche Eltern nehmen an beiden teil. Sie können mit unterschiedlichen Gruppen experimentieren, bis Sie finden, was Ihnen am meisten hilft.

Der Vorteil einer jeden Gruppe ist der, dass Sie mit Eltern sprechen und sich austauschen können, die ähnliche Erfahrungen machen wie Sie und »sich damit auskennen«. Zu wissen, dass Sie nicht allein sind, kann ziemlich heilsam sein. Sie werden zudem feststellen, dass das Geben und Nehmen von Unterstützung und der Austausch mit anderen Eltern unbezahlbar sein kann.

Im Hier und Jetzt leben

Die DBT lehrt Sie das Regulieren von Emotionen, indem sie Sie dazu ermuntert, »ohne Rücksicht auf Sorgen«[79] den Augenblick zu schätzen. Für Eltern, die sich ständig Sorgen darüber machen, was ihr Kind als Nächstes anstellen wird, ist dies ein besonders wichtiger Ratschlag. Wenn Ihr Kind seine Sache gut macht oder wenn Sie Zeit mit ihm genießen, sollten Sie sich dessen bewusst sein, es anerkennen und den Moment auskosten. Versuchen Sie, nicht daran zu denken, was zuvor passiert ist, oder sich Gedanken darüber zu machen, was als Nächstes geschehen könnte. Lernen Sie, für diesen Augenblick zu leben und ihn zu schätzen.

Sich Sorgen über etwas zu machen, verhindert nicht, dass es geschieht. Das Sorgenmachen nimmt Ihnen vielmehr jedes Vergnügen, das Sie im jeweiligen Moment haben. Wir ermuntern die Eltern von Kindern mit emotionaler Dysregulation dazu, in Ihrer Vorstellung einen Schnappschuss von Augenblicken zu machen, die sich gut anfühlen, sodass sie sich später daran erinnern können. Wenn Sie vollständig präsent sind und sich der Momente der Freude und des Friedens bewusst sind, werden Sie diese mehr genießen. Sie werden außerdem in der Lage sein, zukünftig zu diesen Momenten (und diesen angenehmen Gefühlen) zurückzukehren.

Zu lernen, sich auf positive Augenblicke zu fokussieren, ohne sich Sorgen darüber zu machen, was als Nächstes passieren wird, kann das Leben verändern. Widmen Sie sich diesen gewöhnlichen Familienmomenten; sie sind etwas Besonderes in Ihrer Familie. Sie werden mehr Augenblicke dieser Art finden, wenn Sie sich auf sie konzentrieren. Es könnten folgende Momente sein:

- der eine Tag in der Woche, an dem Ihr Kind ohne Mühe aufsteht und sich für die Schule fertig macht
- eine Woche ohne einen Anruf aus der Schule
- ein paar Minuten, in denen Ihre Kinder miteinander reden oder spielen
- die spontane Umarmung, die Ihr Kind Ihnen ohne den leisesten Anlass gibt
- die Freude Ihres Kindes über seine eigenen Leistungen oder Erfolge
- eine ruhige Stunde, in der jeder tut, was er soll
- eine spezielle Aktivität, die Sie mit Ihrem Kind teilen können, wenn seine Geschwister anderswo beschäftigt sind

Machen Sie einen Schnappschuss; kosten Sie den Moment aus; erinnern Sie sich an ihn, wenn Sie dies wollen oder brauchen.

Leben Sie Ihr Leben

Sie verdienen es, ungeachtet der Schwierigkeiten, welche die intensiven Emotionen Ihres Kindes erzeugen, ein eigenes zufriedenes Leben zu haben. Sie können ein eigenes Leben haben. Hierfür müssen Sie möglicherweise Abschied von dem Kind nehmen, das Sie sich erträumt hatten, um das Kind zu akzeptieren, das Sie haben. Sie müssen zudem unter Umständen einige Kompromisse eingehen und hinnehmen, dass Ihr Leben nicht unbedingt so ist, wie Sie es erwartet haben.

Wenden Sie die besprochenen Fertigkeiten an, um Folgendes zu akzeptieren:
- Sie können möglicherweise nicht alles tun, was Sie tun möchten.

- Sie können andere um Hilfe bitten, damit Sie Gelegenheit haben, Ihr Leben zu genießen.
- Sie können darauf vertrauen, dass Angehörige oder Freunde sich effektiv um Ihr Kind kümmern, sodass Sie mit gutem Gefühl weggehen und Ihr Kind zurücklassen können.
- Sie können den Selbstvorwurf (dass Sie die Probleme verursacht haben) und das Gefühl der Schuld (dass Sie Ihr Kind nicht gesund machen können) loslassen.

Um das Beste aus Ihrem Leben zu machen, müssen Sie sich von jedem Schuldgefühl befreien, das Sie empfinden, wenn Sie sich vergnügen oder um sich selbst kümmern. Ihr Kind wird nicht weniger leiden, wenn Sie mehr leiden. Sie und Ihr Kind werden davon profitieren, wenn Sie in der Lage sind, sich Zeit für angenehme Aktivitäten zu nehmen, ohne sich schuldig zu fühlen oder zu befürchten, dass alles auseinander bricht, Ihre eigenen Grenzen zu respektieren und andere dazu anzuhalten, sie ebenfalls zu respektieren, zu akzeptieren, dass Sie es nicht immer allen recht machen können, und zu glauben, dass Sie – und Ihr Kind – Ihr Bestes geben, selbst wenn Sie ziemlich hart daran arbeiten, noch besser zu werden.

Wenn Sie ein Leben gestalten, das sinnvoll und erfüllt ist, werden Sie in der Lage sein,
- weise zu denken und zu antworten (Kapitel 1, Seite 18).
- Ihr Kind mit einem ausgewogeneren Fokus zu erziehen (Kapitel 2, Seite 30).
- effektiver auf Ihr Kind einzugehen, wenn es von seinen Emotionen überwältigt ist (Kapitel 4, Seite 75).

- Ihrem Kind bei der Aneignung effektiver Fertigkeiten für den Umgang mit seinen Emotionen und Verhaltensweisen zu helfen (Kapitel 5, Seite 86, und 8, Seite 122).
- dem Rest Ihrer Familie beim wirksamen Bewältigen und Minimieren des zusätzlichen Schadens zu helfen, der durch das Emotions- und Verhaltenschaos eines an emotionaler Intensität leidenden Kindes verursacht wird (Kapitel 9, Seite 134).

Es ist Ihnen möglich, Ihr Leben zu leben und zu genießen. Im Laufe der Jahre haben wir viele Eltern kennengelernt, welche die positive Wirkung der Selbstfürsorge und der besprochenen Fertigkeiten erfahren haben. Sie berichten von einem erfüllteren, befriedigenden Leben. Wir hoffen, diese Fertigkeiten werden auch Ihnen helfen, ein volles und friedliches Leben zu leben.

Zusammenfassung

In diesem Kapitel haben wir uns mit den Bedürfnissen beschäftigt, die Sie als Mutter oder Vater eines Kindes mit intensiven Emotionen haben. Wir haben Sie dazu ermuntert, Möglichkeiten zu finden, für sich selbst zu sorgen, damit Sie weniger anfällig für negative Emotionen sind, in der Gegenwart zu leben und Ihr Leben auf eine Weise zu leben, die sich gut für Sie anfühlt und Ihnen Ruhe und Freude beschert. Wir hoffen, Sie haben erkannt, dass Selbstfürsorge Sie in die Lage versetzt, alles andere effektiver zu erledigen.

Zu den Fertigkeiten, die in diesem Kapitel behandelt wurden, gehören folgende:

- Beruhigungsfertigkeiten für Eltern
- Sie lernen, den Augenblick zu schätzen.
- Sie denken daran, dass es keine absolute Wahrheit gibt.
- Sie akzeptieren das Leben so, wie es ist.
- Sie lernen, dass Sie ein zufriedenes und erfülltes Leben haben können, auch wenn Sie ein Kind mit intensiven Emotionen erziehen.

Wir haben gesehen, dass diese Fertigkeiten die Ruhe im Leben anderer Eltern erhöht und ihnen ihre Kindern nähergebracht haben. Es ist unsere Hoffnung, dass Sie mit Wissen, Ruhe und Geduld sowie mit Akzeptanz Ihres Kindes und Ihrer selbst in den Genuss eines ähnlichen Ergebnisses kommen werden. Wir hoffen, Sie fühlen sich durch die Fertigkeiten und die Informationen, die Sie in diesem Buch erworben haben, validiert und gestärkt und schöpfen neue Hoffnung. Erkennen Sie den Mut an, den Sie durch das Lesen dieses Buches gezeigt haben, und würdigen Sie die in Ihrem Willen zur Veränderung liegende Stärke. Wir sind uns sicher, dann gelingt Ihnen der Schritt hin zu einer wirksameren Erziehung.

Service

Quellen

1   Linehan, M. M. Dialektisch-Behaviorale Therapie der Borderline-Persönlichkeitsstörung. München: CIP-Medien, 1996.
2   Linehan, München 1996.
3   Lazarus, R. S. & S. Folkman. Stress, Appraisal, and Coping. New York: Springer Publishing Company, 1984.
4   Linehan, Trainingsmanual, München 1996.
5   Werner, H. Comparative Psychology of Mental Development. New York: International Universities Press, Inc., 1948; Ciottone, R. Gespräch mit den Autorinnen am 20. Mai 2008 in Worcester, MA.
6   Linehan, München 1996.
7   Linehan, München 1996.
8   Linehan, München 1996.
9   Linehan, München 1996.
10 Linehan, München 1996.
11 Chess, S., A. Thomas & H. Birch. Characteristics of the individual child's behavioral responses to the environment. In: American Journal of Orthopsychiatry 29: S. 791–802, 1959.
12 Fox, N. A., & S. D. Calkins. The development of self-control of emotions: Intrinsic and extrinsic influences. In: Motivation and Emotion 27: S. 7–26, 2003.
13 Linehan, München 1996.
14 Linehan, München 1996.
15 Linehan, München 1996.
16 Beck, A. T. Depression: Causes and Treatment. Philadelphia: University of Pennsylvania Press, 1972 Peterson, L. E. & P. D. Gerson. Changing thoughts, feelings, and behaviors: A common-sense approach. Referat, gehalten auf dem Massachusetts Psychological Association Fall Meeting, 1975.
17 Linehan, Trainingsmanual, München 1996.
18 Linehan, Trainingsmanual, München 1996.
19 Linehan, München 1996.
20 Linehan, München 1996.
21 Linehan, München 1996.
22 Miller, A. L. & C. Swenson Aufzeichnungen bei der Konferenz Advanced Topics in Dialectical Behavior Therapy, 18.–19. Oktober 2001, Holyoke, MA.
23 Linehan, München 1996.
24 Linehan, München 1996.
25 Linehan, München 1996.
26 Linehan, München 1996.
27 Linehan, München 1996.
28 Linehan, München 1996.
29 Linehan, München 1996.
30 Linehan, Trainingsmanual, München 1996.
31 Linehan, München 1996.
32 Fruzetti, A. E. Validating and invalidating responses in families. Referat, gehalten auf: Borderline Personality Disorder: Historical and Future Perspectives 2005, gesponsert von der National Education Alliance for Borderline Personality Disorder (NEA-BPD) und dem McLean Hospital. Burlington, MA.
33 Linehan, München 1996.
34 Linehan, München 1996.
35 Miller, A. L., J. H. Rathus, M. M. Linehan & C. Swenson. Dialectical Behavioral Therapy with Suicidal Adolescents. New York: Guilford Press, 2007.
36 Miller, New York 2007.
37 Miller, New York 2007.
38 Linehan, Trainingsmanual, München 1996.
39 Piaget, J. The Language and Thought of the Child. New York: Harcourt Brace, 1926; Piaget, J. Judgment and Reasoning in the Child. New York: Harcourt Brace, 1928.
40 Linehan, Trainingsmanual, München 1996.
41 Linehan, Trainingsmanual, München 1996.
42 Linehan, München 1996.
43 Linehan, München 1996.
44 Linehan, München 1996.
45 Wolfe, A. E. Get Out of My Life, but First Can You Drive Me & Cheryl to the Mall? A Parent's Guide to the New Teenager, Revised and Updated. New York: Farrar, Straus, & Giroux, 2002.
46 Linehan, München 1996.
47 Linehan, München 1996.
48 Linehan, Trainingsmanual, München 1996.
49 Linehan, München 1996.
50 Linehan, München 1996.
51 May, G. Will and Spirit. San Francisco: Harper & Row, 1982.
52 Linehan, Trainingsmanual, München 1996.
53 Linehan, Trainingsmanual, München 1996.
54 Linehan, Trainingsmanual, München 1996.
55 Pavlov, I. P. Lectures on Conditioned Reflexes. Trans W.H. Gantt. New York: Liveright Publishing Company, 1928.
56 Skinner, B. F. The Science of Human Behavior. New York: The Free Press, 1953.
57 Skinner, New York 1953.
58 Skinner, New York 1953.
59 Skinner, New York 1953.
60 Premack, D. Toward empirical behavior laws. In: The Psychological Review 66: S. 219–233, 1959.
61 Skinner, New York 1953.
62 Skinner, New York 1953.
63 Kodak, T., D. C. Lerman, V. Volkert & N. Trosclair. Further examination of factors that influence preference for positive versus negative reinforcement. In: Journal of Applied Behavior Analysis 40: S. 25–44, 2007.
64 Linehan, Trainingsmanual, München 1996.
65 Goodenough, F. L. Anger in Young Children. Minneapolis, MN: University of Minnesota Press, 1931.
66 Linehan, München 1996.

67 Belden, A. C., N. R. Thomson & J. L. Luby. Temper tantrums in healthy versus depressed and disruptive preschoolers: Defining tantrum behaviors associated with clinical problems. In: The Journal of Pediatrics 152: S. 117–122, 2008.

68 Skinner, B. F. The Behavior of Organisms. Acton, MA: Copley Publishing Group, 1938.

69 Mason, P. T. & R. Kreger. Stop Walking on Eggshells: Taking Your Life Back When Someone You Care About Has Borderline Personality Disorder. Oakland, CA: New Harbinger Publications, Inc., 1998.

70 Piaget, J. Judgment and Reasoning in the Child. New York: Harcourt Brace, 1928.

71 Safer, J. The Normal One: Life with a Difficult or Damaged Sibling. New York: Bantam Dell, 2002.

72 Imber-Black, E., Hg. Secrets in Families and Family Therapy. New York: Norton, 1993.

73 Karp, D. A. The Burden of Sympathy: How Families Cope with Mental Illness. New York: Oxford University Press, Inc., 2001.

74 Linehan, Trainingsmanual, München 1996.

75 Linehan, Trainingsmanual, München 1996.

76 Linehan, München 1996.

77 Linehan, München 1996.

78 Miller, A. L. & C. Swenson. Aufzeichnungen bei der Konferenz Advanced Topics in Dialectical Behavior Therapy, 18.–19. Oktober 2001, Holyoke, MA.

79 Linehan, Trainingsmanual, München 1996.

80 Linehan, Trainingsmanual, München 1996.

Hier finden Sie hilfreiche, vorwiegend englischsprachige Internetadressen und Literaturempfehlungen, die sich mit emotionaler Dysregulation sowie der Dialektisch-Behavioralen Therapie beschäftigen.

Internetadressen

Annenberg Foundation Trust at Sunnylands
Auf dieser Webpräsenz finden sich Informationen über die „Adolescent Mental Health Initiative", eine Quelle für Jugendliche mit psychischen Gesundheitsproblemen. Zudem besteht Zugriff auf Bücher über Jugendliche mit unterschiedlichen psychischen Erkrankungen, von Betroffenen selbst verfasst.
www.annenbergpublicpolicycenter.org/ahrci/adolescent-mental-health-initiative-book-series/

Behavioral Tech, LLC
Dies ist die offizielle, von Dr. Marsha Linehan zusammengestellte DBT-Website. Hier finden Sie u. a. allgemeine Informationen über die DBT, ein Verzeichnis, das bei der Suche nach einem mit der DBT arbeitenden Therapeuten hilft, eine Auflistung einschlägiger Konferenzen mit Verlinkungen sowie Buch- und Videoempfehlungen.
www.behavioraltech.com

BPChildren
Diese Website bietet neben Informationen über die bipolare Störung auch Hilfsmittel für Eltern, darunter Stimmungsbarometer, Poster, Magneten und Buchempfehlungen. Zu finden sind Informationen für Kinder, Teenager, Lehrer und Eltern sowie speziell für Kinder konzipierte interaktive Spiele.
www.bpchildren.org

Creative Therapy Associates
Hier finden Sie zahlreiche Fühlplakate, Magnete und andere Gegenstände, die Ihnen und Ihrem Kind beim Verständnis von Emotionen und beim Umgang mit diesen helfen können.
www.ctherapy.com

Iris the Dragon
Über diese Website lassen sich illustrierte Kinderbücher beziehen, die speziell für Kinder mit Emotions- und Verhaltensschwierigkeiten gedacht sind. Die Bücher helfen einem Kind beim Erlangen von Selbsterkenntnis und vermitteln ihm, dass es mit seinen Schwierigkeiten nicht alleine ist.
www.iristhedragon.com

National Alliance on Mental Illness (NAMI)
In den USA ist NAMI häufig die erste Anlaufstelle für Eltern, die vermuten, dass bei ihrem Kind ein psychisches Problem vorliegt. Die Organisation bietet die Teilnahme an Informations- und Selbsthilfegruppen, die von Eltern geleitet werden (darunter ein neues Programm für Eltern namens NAMI Basics) und in der Regel kostenlos sind. Des Weiteren gibt es ein Programm, das die effektivere Zusammenarbeit von Eltern und Schulen unterstützt. Die Website von NAMI enthält Informationen über schwere emotionale Störungen und psychische Erkrankungen sowie über Behandlungsmöglichkeiten und Hilfsangebote.
www.nami.org

National Education Alliance for Borderline Personality Disorder (NEA-BPD)
Diese Organisation und ihre Webpräsenz stellen Informationen über die Borderline-Persönlichkeitsstörung zur Verfügung, darunter zahlreiche Audio- und Videovorträge von Experten im Bereich der emotionalen Dysregulation.
www.borderlinepersonalitydisorder.com

Pat Harvey
Pat Harveys Website klärt über die DBT auf und enthält weitere Informationen über das DBT-Fertigkeitentraining für Eltern und Geschwister sowie Links zu zusätzlichen Quellen.
www.patharveymsw.com

Treatment and Research Advancements National Association for Personality Disorder (TARA)
Diese Organisation und die dazugehörige Website bieten Informationen über Störungen wie die emotionale Dysregulation sowie über Hilfsangebote und Behand-

lungsmöglichkeiten, darunter die DBT. Auf der Website finden sich auch Informationen über DBT-Workshops für Familien.
www.tara4bpd.org

Literaturempfehlungen

Brach, T. (2003). **Radical Acceptance: Embracing Your Life With the Heart of a Buddha.** New York: Bantam Books; dt. **Mit dem Herzen eines Buddha: Heilende Wege zu Selbstakzeptanz und Lebensfreude.** München: O. W. Barth, 2013.

Das Buch zeigt Ihnen, wie Sie Ruhe und Akzeptanz in Ihr Leben bringen.

Brantley, J. (2007). **Calming Your Anxious Mind.** Oakland, CA: New Harbinger Publications, Inc.; dt. **Der Angst den Schrecken nehmen: Achtsamkeit als Weg zur Befreiung von Ängsten.** Freiburg: Arbor, 2009.

Brantleys Buch bietet Übungen und Beispiele, mit denen Sie auch dann Ruhe finden können, wenn Ihr Leben voller emotionaler Intensität ist.

De Gangi, G. & A. Kendall (2008). **Effective Parenting for the Hard-to-Manage Child: A Skills-Based Book.** New York: Taylor and Francis Group.

Dieses Buch enthält zusätzliche Erziehungsmethoden und Achtsamkeitsübungen, die Ihnen bei der Erziehung eines Kindes mit intensiven Emotionen helfen.

Griffith, G. (2005). **Will's Choice.** New York: HarperCollins.

In diesem Buch berichtet eine Mutter über ihre Versuche, nach dem Suizidversuch ihres halbwüchsigen Sohnes die wirksamste Behandlung für den Jungen zu finden. Untersucht werden die

Dilemmas, denen Eltern sich gegenübersehen, wenn ihr Kind sich durch seine emotionale Dysregulation in Gefahr bringt.

Nhat Hanh, T. (1991). **Peace is Every Step.** New York: Bantam Books; dt. **Ich pflanze ein Lächeln.** München: Arkana, 1992.

Dieses Buch hilft Ihnen, Wege zu finden, Achtsamkeit in Ihrem Leben anzuwenden.

Karp, D. A. (2001). **The Burden of Sympathy: How Families Cope with Mental Illness.** New York: Oxford University Press, Inc.

Mit seiner einfühlsamen soziologischen Sicht validiert Karp die Gefühle von Familienangehörigen, die sich fragen, wie sie auf die Bedürfnisse eines geliebten Menschen eingehen sollen, der an einer psychischen Erkrankung leidet.

Kreger, R. (2008). **The Essential Family Guide to Borderline Personality Disorder.** Center City, Minnesota: Hazelden.

Kregers Buch enthält nützliche Ratschläge für jede Familie, in der ein Mitglied an emotionaler Dysregulation leidet (hierbei muss es sich nicht um eine Borderline-Persönlichkeitsstörung handeln).

Kundtz, D. (2000). **Quiet Mind: One-Minute Retreats from a Busy World.** Berkeley, CA: Conari Press.

Dieses Buch ist voller schnell und leicht durchzuführender Übungen, mit denen Sie Achtsamkeit und Gewahrsein in Ihr Leben bringen.

Mason, P. T. & R. Kreger (1998). **Stop Walking on Eggshells: Taking Your Life Back When Someone You Care About Has Borderline Personality Disorder.** Oakland, CA: New Harbinger Publications, Inc.; dt. **Schluss mit dem Eiertanz: Für Angehörige von Menschen mit Borderline.** Köln: Balance buch + medien Verlag, 2009.

Das Buch von Mason und Kreger bietet hilfreiche Orientierung für Angehörige, die versuchen, angemessen auf einen an emotionaler Dysregulation leidenden Menschen einzugehen.

McKay, M., J. C. Wood & J. Brantley (2007). **The Dialectical Behavior Therapy Skills Workbook: Exercises for Learning Mindfulness, Interpersonal Effectiveness, Emotion Regulation, and Distress Tolerance.** Oakland, CA: New Harbinger Publications, Inc.; dt. **Starke Emotionen meistern: Dialektische Verhaltenstherapie in der Praxis.** Paderborn: Junfermann, 2008.

Dieses Arbeitsbuch liefert weitere Einzelheiten zu den DBT-Fertigkeiten, die im vorliegenden Buch besprochen werden. Leicht verständliche Übungen zeigen Ihnen, wie Sie die Fertigkeiten in Ihrem Leben anwenden.

Moorman, M. (1992). **My Sister's Keeper.** New York: Norton and Company.

My Sister's Keeper von Margaret Moorman ist ein sehr ergreifender Bericht darüber, welche Auswirkungen die psychische Erkrankung eines Mädchens auf das Leben seiner Mutter und seiner Schwester hat. Erzählt wird aus der Sicht der Schwester.

Raeburn, P. (2004). **Acquainted with the Night.** New York: Broadway Books.

Dieser in der Ichform geschriebene Bericht über die Probleme eines Vaters, die beginnen, als seine Kinder Anzeichen einer emotionalen Dysregulation zeigen, validiert die Gefühle von Eltern, die nach Antworten auf sehr schwierige Fragen und Situationen suchen.

Penzo, J. A. & P. Harvey (2008). **Understanding parental grief as a response to mental illness: Implications for practice.** Journal of Family Social Work 11: 323–328.

Spradlin, S. (2003). **Don't Let Your Emotions Run Your Life.** Oakland, CA: New Harbinger Publications, Inc.

Dieses Arbeitsbuch leitet Sie anhand von Übungen, Beispielen und leicht verständlichen Erklärungen durch das DBT-Modul der Emotionsregulation.

Liebe Leserin, lieber Leser,

hat Ihnen dieses Buch weitergeholfen? Für Anregungen, Kritik, aber auch für Lob sind wir offen. So können wir in Zukunft noch besser auf Ihre Wünsche eingehen. Schreiben Sie uns, denn Ihre Meinung zählt!

Ihr TRIAS Verlag

E-Mail Leserservice
kundenservice@trias-verlag.de

Lektorat TRIAS Verlag
Postfach 30 05 04
70445 Stuttgart
Fax: 0711 89 31-748

Bibliografische Information der Deutschen Nationalbibliothek
Die Deutsche Nationalbibliothek verzeichnet diese Publikation in der Deutschen Nationalbibliografie; detaillierte bibliografische Daten sind im Internet über http://dnb.d-nb.de abrufbar.

Programmplanung: Katja Widmann
Projektmanagement: Anja Bippus
Redaktion: Sophie Wölbling, Düsseldorf
Übersetzung: Christine Sadler, Hamburg

Bildredaktion: Christoph Frick
Umschlaggestaltung und Layout: CYCLUS Visuelle Kommunikation, Stuttgart
Umschlagillustration: Dominique Loenicker
Zeichnungen im Innenteil: Grafikbüro Schaaf, Karlsruhe

Die US-amerikanische Originalausgabe erschien 2009 unter dem Titel »Parenting a Child Who has Intense Emotions: Dialectical Behavior Therapy Skills to Help Your Child Regulate Emotional Outbursts & Aggressive Behaviors«.

© 2009 Pat Harvey and Jeanine A. Penzo
First published by New Harbinger Publications, Inc.

1. Auflage 2019

© 2019 TRIAS Verlag in Georg Thieme Verlag KG, ein Unternehmen der Thieme Gruppe, Rüdigerstraße 14, 70469 Stuttgart
www.trias-verlag.de

Printed in Germany

Satz: Reemers Publishing GmbH, Krefeld
gesetzt in Adobe Indesign CC2018
Druck: Westermann Druck Zwickau GmbH, Zwickau

Gedruckt auf chlorfrei gebleichtem Papier

ISBN 978-3-432-10596-3

Auch erhältlich als E-Book:
eISBN (ePub) 978-3-432-10598-7

1 2 3 4 5 6

Wichtiger Hinweis: Wie jede Wissenschaft ist die Medizin ständigen Entwicklungen unterworfen. Forschung und klinische Erfahrung erweitern unsere Erkenntnisse. Ganz besonders gilt das für die Behandlung und die medikamentöse Therapie. Bei allen in diesem Werk erwähnten Dosierungen oder Applikationen, bei Rezepten und Übungsanleitungen, bei Empfehlungen und Tipps dürfen Sie darauf vertrauen: Autoren, Herausgeber und Verlag haben große Sorgfalt darauf verwandt, dass diese Angaben dem Wissensstand bei Fertigstellung des Werkes entsprechen. Rezepte werden gekocht und ausprobiert. Übungen und Übungsreihen haben sich in der Praxis erfolgreich bewährt.

Eine Garantie kann jedoch nicht übernommen werden. Eine Haftung des Autors, des Verlags oder seiner Beauftragten für Personen-, Sach- oder Vermögensschäden ist ausgeschlossen.

Besuchen Sie uns auf facebook!
www.facebook.com/ trias.tut.mir.gut

Lassen Sie sich inspirieren!
www.pinterest.com/ triasverlag